Gerhard Prause/
Thomas v. Randow:

Der Teufel in der Wissenschaft

Wehe, wenn Gelehrte irren:
Vom Hexenwahn bis zum Waldsterben

Knaur

Inhalt

Gerhard Prause schrieb Seite 7 bis 175,
Thomas v. Randow Seite 176 bis 309.

Vorwort

Jemanden »wissenschaftsgläubig« zu nennen ist heute fast eine Beleidigung. »Wissenschaftsgläubig« ist ein abwertendes Schimpfwort. Doch gerade diejenigen, die es gerne benutzen, stützen ihre eigenen Thesen ebensogerne mit dem Hinweis, daß sie wissenschaftlich bewiesen oder untermauert seien. Trotz aller Wissenschaftsfeindlichkeit gilt »wissenschaftlich« auch heute noch als Synonym für »wahr«, »richtig«, »verläßlich«.
Das hat sich in Jahrtausenden ebensowenig gewandelt wie die Tatsache, daß sich Forscher irren können. Von Irrtümern in der Wissenschaft handelt dieses Buch, von Fehlern, die Gelehrten unterlaufen sind und dank der Autorität ihrer Urheber oft über lange Zeit als gesicherte Faktoren gegolten haben.
In allen Disziplinen haben sich Wissenschaftler um Methoden bemüht, Forschungsergebnisse gegen Irrtümer abzusichern. Doch Theoretiker und Experimentatoren sind auch nur Menschen, deren Denken von Ideologien und Vorurteilen, von Autoritätshörigkeit und Opportunismus gesteuert oder zumindest mitbestimmt wird. Sie sind die kleinen Teufel, die auf den Schultern der Gelehrten sitzen und ihnen ins Ohr flüstern: »Wie werden die Kollegen dein Ergebnis beurteilen?« oder: »Wird es dir auch keine Unannehmlichkeiten bereiten?« oder: »Siehst du nicht, wie gut es deine langgehegte Überzeugung bestätigt?«. Viele Irrtümer beruhen nur auf der Unzulänglichkeit theoretischer oder technischer Instrumente. Daß mancher Irrweg dennoch zu neuer Erkenntnis führen mag, lehrt die Geschichte der Wissenschaften an überraschend vielen Fällen. Die

Geschichte verzeichnet aber auch folgenschwere Mißverständnisse, Fehler von Denkern und Fehleinschätzungen wissenschaftlicher Erkenntnisse, die sich entsetzlich ausgewirkt haben.
Solche Relevanz von Wissenschaft hat uns zum Schreiben dieses Buches bewogen, das wir für die Taschenbuchausgabe durchgesehen und – wo es notwendig war – korrigiert und aktualisiert haben. Wir möchten vorführen, wie sich Fehler in Lehre und Forschung einschleichen. Vor allem geht es darum, zur Skepsis gegenüber Aussagen zu mahnen, die im Namen der Wissenschaft gemacht werden. Wir möchten insbesondere zur kritischen Betrachtung solcher Forschungsergebnisse aufrufen, die besonders plausibel klingen oder geeignet sind, unsere Vorurteile zu bestätigen. Denn wann immer irrige Erkenntnisse von Wissenschaftlern tragische oder gar katastrophale Folgen gehabt haben, sind es solche gewesen, die dem Zeitgeist besonders gut entsprachen.

Gerhard Prause, Thomas v. Randow
Hamburg, im September 1989

Kein Mitleid mit Hexen

Hunderttausende unschuldiger Menschen – ihre Zahl wird auf 300000 bis 500000 geschätzt – wurden während des 15., 16. und 17. Jahrhunderts wegen angeblicher Hexerei verbrannt, vor allem Frauen, aber auch Männer und viele Kinder. Über den Hexenwahn, der von etwa 1360 bis 1700 das ganze christliche Europa und sogar Teile der Neuen Welt erfaßt hatte, über die grausamen Verfolgungen, die Prozesse und die Hinrichtungen ist seither viel geschrieben worden. Aber dieser Massenmord im ausgehenden Mittelalter und zu Beginn der Neuzeit ist dennoch kaum begreiflich. Schwer verständlich ist vor allem, wie es dazu kommen konnte. Ist das Phänomen überhaupt erklärbar? In einigen Untersuchungen begnügt man sich damit, es als unlösbares »Geheimnis der Weltgeschichte« stehen zu lassen, in vielen anderen ist bei der Suche nach Ursachen und Schuldigen von »Massenhysterie« die Rede und von unwissenden, ungebildeten, abergläubischen Volksmassen, die niemand habe zur Vernunft bringen können, vom »finsteren Mittelalter«, das über die Vernunft, über den Geist, über den gesunden Menschenverstand triumphiert habe. Aber war jene Zeit des angeblich so finsteren Mittelalters nicht zugleich die Zeit der Renaissance und des Humanismus, der geistigen Wiedergeburt aus der Antike, Zeit der Neuentdeckung des Menschen und seiner Befreiung zu ungestümer Lebensbejahung und einer sich bis zum Immoralismus steigernden Lebensauffassung? Und war es nicht schließlich auch die Zeit der Reformation?

Daran besteht nun wirklich kein Zweifel. Aber wie gehen solche Gegensätze zusammen? Gehen sie überhaupt zusammen? Oder stützen sie gar die Behauptung, daß die ungebildeten Massen, die am humanistischen Wissen keinen Anteil hatten, gewissermaßen außerhalb der Kontrolle der Vernunft geraten seien?

Aber eine solche Vorstellung wäre ganz falsch. Nicht die Unvernunft war schuld, nicht ein Mangel an Vernunft, sondern die irregeleitete Vernunft selber: Es waren Wissenschaftler, Gelehrte, Universitätsprofessoren, hochangesehene Theologen, Philosophen, Philologen und Juristen, die die Existenz von Hexen und Hexern für wahr und ihre Verfolgung, ja ihre Ausrottung, für notwendig erklärten. Dies wurde lange Zeit viel zuwenig beachtet und soll hier, als Beispiel eines verhängnisvollen wissenschaftlichen Irrtums, ausführlicher dargestellt werden.

Die meisten Forschungsarbeiten zum Thema Hexenwahn kranken daran, daß sie den Komplex für sich gesondert behandeln, ohne Beziehung zu gleichzeitigen und vorausgehenden Geschehnissen und Phänomenen. Oder es wird allzu einseitig und gewaltsam versucht, ursächliche Beziehungen herzustellen. Dies gilt auch für die Untersuchungen von Gunnar Heinsohn und Otto Steiger. Die beiden Bremer Professoren, die Sozial- beziehungsweise Wirtschaftswissenschaft lehren, kamen zunächst in einer Reihe von Aufsätzen und 1985 in ihrem Buch »Die Vernichtung der weisen Frauen« zu der Überzeugung, daß es bei der Hexenverfolgung vor allem um die Auslöschung des Wissens von der Geburtenkontrolle gegangen sei. In der Tat waren viele »Hexen« Hebammen, die nicht nur Geburtshilfe leisteten, sondern auch Geburtenkontrolle ausübten, durch empfängnisverhütende Mittel, durch Abtreibung, durch Unfruchtbar- oder Impotentmachen, manchmal auch durch Töten von Neugeborenen. Nachdem die europäische Bevölkerung infolge Verarmung und vor allem durch die Pest, den Schwarzen Tod, in den Jahren 1347 bis 1353 von achtzig auf sechzig Millionen reduziert worden war, seien –

so formulierten Heinsohn und Steiger in einer Vorstudie zu ihrem Buch – Klerus und Adel übereingekommen, eine »verstärkte Menschenproduktion« in Gang zu setzen, um »ihr Arbeitskräftereservoir wiederaufzufüllen und dadurch eine ausreichende Einkommensquelle wiederzuerlangen«, und »daß dieses Ziel durch eine weitreichende Ausrottung der Geburtenkontrolle erreicht wurde, dramatisch ausgedrückt, durch die Hexenjagden der Neuzeit und die völlige Veränderung der Rolle der Hebamme«.

In ihrem Buch haben Heinsohn und Steiger ihre These ausführlicher und differenzierter ausgearbeitet, halten aber an ihrer Grundüberzeugung fest, daß die Ausrottung der Hexen aus bevölkerungspolitischen Gründen geschah, um mit den weisen Frauen das Wissen von Verhütungsmöglichkeiten auszumerzen. Zwar verlangsamte sich gut hundert Jahre nach dem Schwarzen Tod die Bevölkerungsabnahme, und es folgte eine Periode allmählicher Zunahme, die über zweieinhalb Jahrhunderte ging, und um 1750 kam es zu einer Bevölkerungsexplosion. Aber daß dies alles von Angehörigen des Klerus und des Adels erdacht und planmäßig über drei Jahrhunderte durchgeführt worden sein soll, das ist nicht zu belegen. Zwar wurde in päpstlichen Bullen, wurde auch im »Hexenhammer« auf »Hexen-Hebammen« und ihre angeblichen Teufelskünste hingewiesen (worauf wir noch zurückkommen werden), aber sie waren nur eine kleine Gruppe unter den vielen Frauen, die der Hexerei verdächtigt wurden.

Die Ausrottung der Hexen und Hexer und vieler ihrer Kinder hatte andere, zugleich allgemeinere und tiefer liegende Ursachen als die durch Hebammen ausgeübte Geburtenkontrolle. Und unter Hexerei fiel unendlich viel anderes. Im wesentlichen jedoch bestand Hexerei, die auch mit Zauberei und Magie zusammenfallen konnte, darin, daß jemand im Bund mit dem Teufel stand. Vor solcher Art von Zauberei warnte Papst Johannes XXII. in mehreren Bul-

len schon in den zwanziger Jahren des 14. Jahrhunderts, also lange bevor die Pestwelle über Europa kam und zwanzig Millionen Tote forderte. Johannes XXII. (1316 bis 1334) setzte Zauberer mit Ketzern gleich und autorisierte ihre Bestrafung, weil sie einen Pakt mit der Hölle geschlossen hätten.
Zauberer hatten einst, in der Antike, eine große Rolle gespielt, und zwar in allen Kulturen. Ebenso Magier, die als Vermittler göttlichen Willens galten. Zeitweise war Zaubern verboten, jedenfalls das böse Zaubern, mit dem Menschen Schaden zugefügt wurde, das ihnen Krankheit oder gar den Tod brachte. Zaubern konnte aber auch Segen bringen. Mit Zaubersprüchen und magischen Anweisungen, die zum Teil in alten Zauberbüchern, in babylonischen, assyrischen, ägyptischen, hebräischen, auch in arabischen Texten überliefert sind, sollten natürliche Vorgänge auf übernatürliche Weise beeinflußt werden. Das Wissen um solche Dinge wurde mit der Ausbreitung des Christentums verdrängt, ging aber nie ganz verloren. Im Mittelalter, vor allem im Zeitalter des Humanismus und der Renaissance, als ein ungeheures Interesse an antiken Texten aufbrach, wurde auch die antike Magie wiederentdeckt und wiederbelebt.
Damals war es möglich, daß humanistische Gelehrte zugleich Kleriker und Experten für Magie waren, wie zum Beispiel der vielseitig gebildete Humanist Johannes Trithemius, eigentlich Johann Zeller aus Trittenheim (1462 bis 1516). Mit 21 Jahren war er Abt des Benediktinerklosters Sponheim bei Kreuznach geworden und hatte in kurzer Zeit die Klosterbibliothek zu einer der großartigsten Bibliotheken Deutschlands gemacht. Johannes Trithemius stand mit den meisten humanistischen Größen seiner Zeit in freundschaftlichem Briefwechsel. Als ihn seine wissenschaftlichen, mehr noch seine klosterreformerischen Bestrebungen in Gegensatz zu seinen Mönchen brachten,

verließ er das Kloster und ging für einige Zeit zum Kurfürsten Joachim I. von Brandenburg, bis er 1506 die Schottenabtei St. Jakob in Würzburg übernahm. Er wußte viel über Magie, schrieb auch darüber, und man sagte ihm nach, daß er mit Höllengeistern umzugehen verstehe. Magie war nicht grundsätzlich verboten; man unterschied damals die »Magia divina«, die göttliche Magie, von der »Magia diabolica«, die unnatürliche Eingriffe versuchte und deswegen nicht erlaubt war.

Lange Zeit hatte die Kirche gelehrt, daß es Zauberei und Hexerei nicht gebe. Ausdrücklich verurteilte der »Canon Episcopi«, der vermutlich auf eine Synode der karolingischen Zeit (um 800) zurückgeht und auf den sich in den folgenden Jahrzehnten zahlreiche Bischöfe immer wieder beriefen, den Glauben an Hexenluftfahrten und Tierverwandlungen, auch den Glauben an angehexte Krankheiten, und er verbot Gottesurteile und Zweikämpfe. Der Kanon forderte die Bischöfe auf, dafür zu sorgen, daß »die verderbliche und vom Teufel erfundene Kunst der Zauberei und Hexerei ganz aus ihren Sprengeln verschwinde... Denn es ist zu beachten, daß einige verdorbene Weiber, die sich wieder dem Teufel zugewandt haben, durch die Vorstellungen und Trugbilder des Teufels irregeführt werden, so daß sie glauben und behaupten, daß sie nachts mit der Göttin der Heiden Diana und mit einer großen Menge Weiber auf Tieren durch die Luft reiten und große Strecken in nächtlicher Stille zurücklegen; daß sie Dianas Befehle wie die einer Herrin entgegennehmen und zu bestimmten Zeiten zu ihrem Dienst gerufen werden«. Dies sei aber ein großer Irrtum und eine leere Einbildung, denn die Weiber »glauben dadurch, daß es außer dem einen Gott noch eine andere Gottheit oder göttliche Macht gebe«. Der Teufel aber sei es, der die Geister dieser Frauen beherrsche und »sich selbst in die Erscheinung und Gestalt verschiedener Personen verwandelt«, so daß sie für wirklich halten, was ihnen nur in ihrer verwirrten Einbildung vom Teufel vorgegaukelt werde. Wenn man diese Dinge trotzdem glaube und für wahr halte, sei man vom christlichen Glauben abtrünnig, hieß es in dem Kanon weiter. Und Abtrünnige sollten bestraft, notfalls verbannt werden.

Es war jedoch keine Rede davon, sie etwa mit dem Tode zu bestrafen. Im Gegenteil; zu der Zeit war man noch überzeugt, »Hexen« und »Zauberer« durch Bekehrung wieder zum rechten Glauben zurückführen zu können. Da hieß es: »...in Hinsicht der Zaubereien, abergläubischen Wahrsagereien und Vorbedeutungen und derjenigen, die Wetter oder andere Hexereien machen, hat das Konzilium verordnet, daß, wo immer sie ertappt werden, der Erzpriester der Diözese acht habe, daß sie aufs schärfste geprüft werden, ob sie vielleicht ihre bösen Taten, die sie begangen haben, bekennen. Die Verhaftung muß jedoch mit solcher Mäßigung geschehen, daß sie das Leben nicht verlieren, sondern daß sie im Kerker niedergebeugt gerettet werden, bis sie durch Gottes Eingebung Besserung der Sünden verheißen...«

Zauberer wurden also zu jener Zeit noch nicht sonderlich ernst genommen; nach Auffassung der Kirchen waren sie in Wahrheit gar keine Zauberer, weil es Zauberer eben nicht gab. Noch im Jahr 1080 tadelte Papst Gregor VII. in einem Schreiben die Unsitte, stets Priestern oder Frauen die Schuld an Stürmen und Krankheiten und anderen Übeln zuzuschreiben; in Wahrheit seien auch sie nichts anderes als göttliche Fügungen.

Von diesem Standpunkt, der ein hohes Maß an Selbstsicherheit voraussetzte, aber ging die Kirche im 14. Jahrhundert ab. Das geschah nicht zufällig, sondern lag an eben jenem besonders dramatischen, unruhigen und unsicheren Jahrhundert, dem die amerikanische Historikerin Barbara Tuchman mit ihrem Buch »Der ferne Spiegel« eine eigene Untersuchung widmete, wobei sie viele Parallelen zu unserem 20. Jahrhundert fand. Sie nennt das 14. Jahrhundert »eine gewalttätige, gequälte, verwirrte, leidende und zerfallende Zeit, ein Zeitalter, in dem, wie viele glaubten, Satan triumphierte«. In den Nachwehen des Schwarzen Todes und des Ersten Weltkriegs fand sie die »gleichen Mißlichkeiten: wirtschaftliches Chaos, soziale Unruhe, steigende Preise, Profitsucht, Niedergang der Moral, geringe Produktivität, industrielle Trägheit, frenetischen Vergnügungswahn, Verschwendungssucht, Luxus, Ausschweifung, soziale und religiöse Hysterie, Habgier, Geiz und Mißwirtschaft«.

Es war für viele eine schwere Zeit, dieses unruhige 14. Jahrhundert, in dem viel Neues aufkam und viel Kritik an bestehenden Institutionen. Auch die Kaiser hatten es schwer, sich zu behaupten. Ebenso die Päpste, nachdem die beiden vorausgegangenen Jahrhunderte für das westliche Christentum und für das Papsttum Zeiten zunehmender Stärkung und Festigung gewesen waren. Dann aber regte sich Widerstand gegen den wachsenden Autoritätsanspruch der Päpste gegenüber den weltlichen Herrschern. Und diesem Widerstand, der von verschiedenen Seiten kam, von deutschen Königen und Kaisern, von italienischen Fürsten, am stärksten aber von französischer Seite, waren die Päpste bald nicht mehr gewachsen. Sie mußten sich auf Kompromisse einlassen. Und so wurde das 14. Jahrhundert für sie zur »Babylonischen Gefangenschaft der Kirche«: Von 1309 bis 1377 residierten die Päpste nicht in Rom, nicht in Italien, wo sie ständig Kriege führen mußten, um ihre Territorien zu verteidigen, sondern in Frankreich, in Avignon. Freiwillig war Papst Clemens V., ein furchtsamer Gefolgsmann König Philipps des Schönen von Frankreich, sittenlos, geldgierig, feige, mit der Kurie dorthin gegangen. Oder vielmehr, er hatte dem Druck des französischen Königs nachgegeben. In Avignon gerieten Clemens und seine nächsten Nachfolger, die alle Franzosen

waren, völlig unter den Einfluß Frankreichs. Und das führte zu einem Rückgang der päpstlichen Autorität in der ganzen Christenheit.
Die Päpste verloren vor allem deswegen an Ansehen, weil sie in Avignon verschwenderisch hofhielten und für ihre Kriege in Italien unverhältnismäßig viel Geld ausgaben, nachdem schon im vorangegangenen Jahrhundert die Kreuzzüge ins Heilige Land Unsummen verschlungen hatten. Sie mußten sich nach immer neuen Geldquellen umtun. Viel häufiger wurden jetzt materielle Kirchenbußen verhängt, die dadurch in Verruf kamen. Dies galt auch für den Ablaß, den Nachlaß zeitlicher Sündenstrafen, vor allem der Fegefeuerstrafen. Der Ablaß wurde nun nicht mehr nur gegen Gebete, fromme Taten und reuiges Verhalten gewährt, sondern zunehmend gegen Spenden und im nächsten Jahrhundert allein gegen bares Geld. Das wuchs sich schließlich zu jenen Mißbräuchen aus, gegen die zu Beginn des 16. Jahrhunderts Luther in seinen Thesen protestierte, wodurch die Reformation ausgelöst wurde.
In England führte das Verhalten der Päpste schon gegen Ende des 14. Jahrhunderts zu organisiertem Widerstand. Da forderte John von Wycliffe, Professor der Theologie in Oxford, die Abschaffung der päpstlichen Oberherrschaft, ja, der Papst erschien ihm als der Antichrist. Fünf Bullen erließ Gregor XI. gegen John Wycliffe, Teile seines Werkes wurden verworfen, andere sogar für häretisch erklärt. 1415, als Wycliffe schon gut dreißig Jahre tot war, erklärte das Konstanzer Konzil ihn zum Ketzer, und drei Jahre später wurde die Verbrennung seiner Gebeine angeordnet. Dasselbe Konzil erklärte auch den tschechischen Kirchenreformer Johann Hus, der Wycliffes Lehren aufgenommen hatte, zum Ketzer; Hus wurde noch 1415 in Konstanz verbrannt.
Derart aggressives, ja brutales Verhalten der katholischen Kirche läßt nicht auf Stärke und Selbstsicherheit schließen.

Eher auf das Gegenteil. Die Stellung der Kirche, die Politik der Päpste wurden wesentlich bestimmt durch die Spaltung der Welt in einen christlichen, gläubigen Teil und einen ungläubigen, überwiegend islamischen Teil. Die Anhänger des Islam, der von Mohammed im 7. Jahrhundert in Mekka und Medina gestifteten Religion, hatten in beispiellosen Siegeszügen bis etwa 750 große Teile der Welt erobert: Syrien und Palästina mit den heiligen Stätten der Christenheit, Ägypten und Nordafrika, die Iberische Halbinsel, Arabien und Persien. Zwar stellte der Islam inzwischen keine Einheit mehr dar, sondern war aufgesplittert in drei Konfessionen, und der anfängliche Eroberungssturm war schon bald abgeflaut, ja, in Spanien war der größere Teil den moslemischen Mauren in den ersten Jahrhunderten der Reconquista wieder abgenommen worden, aber für die christliche Welt blieb der Islam noch lange Zeit eine Bedrohung.

Er war aber auch eine große Herausforderung. Diese bestand – wenigstens zum Teil – in der Erkenntnis, daß die Kultur der Ungläubigen keineswegs unterentwickelt sein mußte, weder wirtschaftlich noch kulturell, noch ethisch, ja nicht einmal in religiöser Hinsicht. Bei der Begegnung christlicher Ritter mit den Moslems während der Kreuzzüge stellte sich sogar heraus, daß die Welt des Orients in vieler Hinsicht weiter entwickelt war als die christliche. Das galt zum Beispiel auf wissenschaftlichen Gebieten. Im Orient waren mehr Schriften der antiken Philosophen erhalten geblieben als im Abendland. Und besonders in der Medizin wußte man dort sehr viel mehr als im Westen. Die Moslems hatten große Krankenhäuser mit zahlreichen Fachärzten, auch Ärztinnen, die zahlreiche Medikamente kannten. In der westlichen Welt hatte es Krankenhäuser bis dahin nicht gegeben. Eigentlich war im Orient alles besser, reizvoller, vielseitiger, luxuriöser, also diesseitiger und in mancher Hinsicht fortschrittlicher als im Abendland.

Schon im 12. und 13. Jahrhundert lernten zum Beispiel die islamischen Studenten an ihren Universitäten, daß – was ein Jahrtausend zuvor schon die Pythagoräer gelehrt hatten – die Erde eine Kugel ist.
Das alles barg Gefahren für die Christen; jedenfalls sah die Kirche, sahen die Päpste es so. Und wer mit den Moslems sprach, sie tolerierte, mit ihnen verhandelte, statt sie mit Waffen zu bekämpfen, der mußte ihnen suspekt erscheinen, so wie Kaiser Friedrich II., der 1229 in dem von ihm geführten 5. Kreuzzug die heiligen Stätten der Christenheit zurückeroberte, ohne Blut zu vergießen. Jeder war ihnen verdächtig, der in seinen Ansichten auch nur im geringsten vom kirchlich-katholischen Denkschema abwich. Dahinter stand die hysterische Angst, daß die Zahl der Abtrünnigen im eigenen Lager zunehmen könne und daß die Abtrünnigen mit den Ungläubigen sympathisieren, ja sich mit ihnen verbünden könnten. Als abtrünnig galten ihnen auch solche, die die Lehre Christi reiner zu verwirklichen meinten, als es die Kirche tat. Da waren zum Beispiel in Südfrankreich die Albigenser, wie sie nach der Stadt Albi genannt wurden, auch Katharer, die »Reinen«, genannt oder Patarener, Manichäer, Apostoliker. Sie hielten alles Irdische für böse. Die ganze Welt erschien ihnen als Schöpfung des Teufels, des Gegenspielers Gottes, die durch Askese überwunden werden müsse, durch ein Leben in Armut. Die päpstliche Hierarchie lehnten sie ab.
Daß die Kirche Irrlehren nicht dulden wollte, ist verständlich. Auffallend aber ist die Härte, mit der sie gegen die Albigenser vorging: Die Albigenser oder Katharer wurden zum Anlaß für die Einrichtung der Inquisition. Im Jahr 1184 verfügte Papst Lucius III. die »Aufsuchung der Häretiker« und führte damit die bischöfliche Inquisition ein. Von da an war im Kampf gegen Abtrünnige, Ketzer, Häretiker, bald auch gegen Zauberer und Hexen statt des bis dahin allein geltenden Anklageprozesses der Inquisi-

tionsprozeß möglich. Das war ein Strafverfahren, in dem der Richter ohne öffentliche oder private Klage von Amts wegen die Spuren und Beweise eines Verbrechens ermittelte, und zwar geheim.

Die Bestimmungen für Inquisitionsprozesse wurden vom Vierten Laterankonzil (1215) unter Papst Innozenz III. bestätigt, der gegen die Albigenser zu einem »Kreuzzug« aufrief. In den dann folgenden blutigen Albigenserkriegen ging die französische Krone mit grausamer Brutalität gegen die Albigenser vor: Tausende wurden umgebracht, auch Frauen und Kinder. Da aber selbst nach diesem Ausrottungskreuzzug noch Anhänger jener Irrlehre am Leben vermutet wurden, begründete Papst Gregor IX. 1231/32 die päpstliche Inquisition. Sie begann mit der öffentlichen Mahnung an alle Häretiker, sich zu stellen, und sie verpflichtete alle Gläubigen zur Anzeigepflicht; Männer mußten ihre Frauen, Frauen ihre Männer, Kinder ihre Eltern anzeigen, jeder mußte Verdächtige melden. Die Denunzianten blieben dem Angeklagten unbekannt. Die Angezeigten wurden von der Inquisition vorgeladen oder sofort verhaftet. Verteidiger waren in Inquisitionsprozessen nicht zugelassen. Papst Innozenz IV. erlaubte (von 1252 an) die Anwendung der Folter, die von Clemens IV. im Jahr 1265 noch einmal ausdrücklich bestätigt und in den nächsten Jahren wesentlicher Bestandteil der Inquisitionsprozesse wurde. Solche Verfahren fanden nahezu in allen Ländern Europas statt.

Schon bald waren die Päpste mit weltlichen Herrschern übereingekommen – zuerst mit Kaiser Friedrich I. (Barbarossa), dann auch mit anderen –, daß für Ketzer die schwerste Strafe anzuwenden sei, also die Todesstrafe. Sie wurde bei ihnen in der radikalsten Form angewendet, die nicht nur das Leben beendete, sondern zugleich den Körper vernichtete, was eine Wiederauferstehung auf ewig ausschließen sollte: Ketzer wurden verbrannt. Nicht selten

wurden Ketzer, die längst tot und begraben waren (und vielleicht erst nach ihrem Tod zu Ketzern erklärt wurden), aus ihrem Grab geholt und noch nachträglich ins Feuer geworfen. Da es der Kirche nicht zustand, Todesstrafen zu verhängen oder sie gar zu vollziehen, brauchte sie die Hilfe der weltlichen Gerichtsbarkeit. Ihr, dem »weltlichen Arm«, überließ sie die Schuldigen, mit der Bitte um Begnadigung, einer Bitte, die indessen früh zur reinen Formel erstarrte.
Wichtig ist in diesem Zusammenhang, daß die weltlichen Herrscher auch von sich aus für die Todesstrafe bei Ketzern eintraten; denn durch Irrlehren sahen sie auch ihre Macht und das Wohl und die Ordnung ihrer Staaten gefährdet. Die Päpste aber waren, zumindest anfänglich, nicht in jedem Fall für die Todesstrafe, sondern ließen Möglichkeiten des Widerrufs, der Buße, des Abschwörens zu, also eine Rückkehr auf den rechten Weg. Doch mit der Zeit wuchs die Skepsis gegenüber bußfertigen Beteuerungen und sogar gegenüber Bekehrungen. Skepsis und Mißtrauen waren zuvor schon im Fall bekehrter spanischer Juden und Mauren aufgekommen, und so gerieten auch sie, besonders die Juden, immer häufiger in Gefahr, bei der Inquisition denunziert und dann als Ketzer verfolgt zu werden. Ebenso Zauberer und Hexen.
Es ist offenkundig, daß die Methoden der Inquisition mit ihren heimlichen Denunzierungen, den vagen, kaum je nachprüfbaren Beschuldigungen anstelle deutlich umrissener Anklagen, gerade dazu geeignet waren, Hexen aufzuspüren und zu verurteilen. Und sie trugen so zur Ausbreitung des Hexenwahns wesentlich bei. Von der zweiten Hälfte des 13. Jahrhunderts an wurden Inquisitionsprozesse auch gegen Hexen geführt. Das nahm rasch zu, wobei es von Anfang an zu Massenprozessen kam, weil die Suche nach Mitschuldigen der Angeklagten in vielen Fällen immer mehr Verdächtige in einen Prozeß verstrickte. Prozes-

se gegen Hexen blieben aber nicht lange der Inquisition vorbehalten. Dazu war die weltliche Gerichtsbarkeit im Aufspüren und Verfolgen von Hexen viel zu eifrig, ja zunehmend eifriger als die päpstliche. Und im 16. Jahrhundert, nachdem zuvor die Hexen häufig allein von weltlichen Gerichten abgeurteilt worden waren, löste sich der Hexenprozeß von der Inquisition. Von da an wurden, vor allem in Deutschland, in der Schweiz und in den Niederlanden, unabhängig von kirchlicher Aufsicht Hexen verfolgt, verurteilt, verbrannt.
Zu der Überzeugung, daß es Hexen wirklich geben müsse und sie nicht nur, wie die Kirche so lange behauptet hatte, ein Produkt der Einbildung seien und daß die Hexen und die Dämonen tatsächlich Böses bewirkten, waren die Scholastiker gekommen. Die Scholastiker, vor allem die Denker der Hochscholastik im 13. Jahrhundert wie Thomas von Aquin, Bonaventura, Abertus Magnus, Duns Scotus, Roger Bacon und im folgenden der Spätscholastiker Wilhelm von Ockham und andere, versuchten die christliche Offenbarungslehre mit philosophischer, an Aristoteles geschulter Logik zu durchdringen und zu festigen, sie also in ein sicheres System zu bringen. Dabei kamen sie sehr oft mit Spitzfindigkeit zu wirklichkeitsfremden Anschauungen. Gleichwohl setzten sich viele Ergebnisse scholastischen Denkens als wissenschaftliche Erkenntnisse durch und blieben über Jahrhunderte gültig. Zu diesen gehörte die Überzeugung von der wirklichen Existenz des Teufels, der Dämonen, der Zauberer und Hexen.
Nicht daß die Scholastiker diese geheimnisvollen Wesen erfunden hätten. In den Phantasien der Menschen, in ihren Erzählungen, in Dichtungen, Mysterien, vor allem auch in Lebensgeschichten und Berichten von Heiligen und berühmten Kirchenvätern, spielten Dämonen und der Teufel seit alters her eine bedeutende Rolle, und bald taten dies auch Zauberer und Hexen. Es gehörte geradezu zum We-

sen eines Heiligen, daß er mit dem leibhaftig erschienenen Teufel erfolgreich gekämpft und seinen Versuchungen widerstanden hatte. Teufelswahn und Teufelsfurcht beherrschten die Menschen. Vom 11. Jahrhundert an trat der Teufel in schwarzer Farbe und grotesker Gestalt in Bühnenaufführungen der Mysterien auf und prägte sich dadurch und durch künstlerische Darstellung an Gebäuden und auf Gemälden dem allgemeinen Bewußtsein immer tiefer ein. Alles Böse, alle Schrecken und Katastrophen, schlechtes Wetter und Krankheiten wurden seinem Einfluß und dem der von ihm befehligten Dämonen zugeschrieben. Der Teufel konnte in vielerlei Gestalt erscheinen, als Mann oder als Frau, als Ochse oder als Hund, als Affe oder Katze, als Bär oder Schwein, als was immer er wollte, sogar als Nonne oder Klosterprior.

Fest verankert war im Volksglauben auch die Vorstellung, daß der Teufel mit Menschen geschlechtlichen Verkehr haben könne und ihn oft tatsächlich habe, und zwar entweder als Incubus, der Liebesverkehr mit Frauen hatte, oder als Succubus, als weiblicher Dämon, der Männer im Schlaf sexuell bedrängt. Auf solche Weise wurde der schwarze, gehörnte, geschwänzte Teufel – wie er meist dargestellt wurde – zum Vater von Teufelskindern. Und genauso konnten sich die Dämonen vermehren, so daß die ganze Welt bald voll von ihnen war und sie überall Schabernack treiben konnten: Steine in Käse verwandeln oder Käse in Steine, Ochsen durch die Luft fliegen oder Esel Harfe spielen lassen. Gar nicht mehr lustig aber war es, wenn der Teufel oder die Dämonen über Menschen das Malefizium brachten, was fast immer bedeutete, daß sie Männer impotent und Frauen unfruchtbar werden ließen. Nach Meinung der damaligen Menschen scheint das sehr häufig vorgekommen zu sein. Jedenfalls wurde über das Malefizium viel geschrieben, und es spielte in den Hexenprozessen immer wieder eine wichtige Rolle.

Daß diese und zahlreiche andere Übeltaten der Dämonen in Wirklichkeit stattfanden und daß die Dämonen und der Teufel sogar an den damals aus dem Orient bekannt gewordenen Zaubereien und Weissagungen, vor allem der Astrologie, beteiligt seien, behauptete schon vor den Scholastikern um 1230 der angesehene Pariser Bischof Wilhelm von der Auvergne, der auf die Theologische Fakultät der Pariser Universität großen Einfluß ausübte. Für seine bis ins einzelne ausgearbeitete Dämonenlehre, eine seltsame Mischung von Gelehrsamkeit und Naivität, vermengte er Gedanken von Augustinus, Plato und Aristoteles, wobei er es letzterem ausdrücklich als Irrtum anlastete, daß er nicht an Dämonen geglaubt hatte. Der Bischof selber war vom Dämonenglauben geradezu durchdrungen und berief sich sogar auf eigene, persönliche Erfahrungen. Er forderte seine Mitmenschen auf, die Dämonen mit christlichen Mitteln zu vertreiben, sie in ferne Gegenden zu verbannen. Er wies darauf hin, daß die Philosophie sich auf diesem Sektor in manchen Fragen noch nicht entschieden habe und daß es ihr nicht gelungen sei, die Natur der Dämonen und ihre Bosheit zu erklären. Er lehrte, daß die Dämonen Stürme hervorrufen, Schiffsuntergänge bewirken, Häuser und Städte in Brand setzen und Menschen krank machen können. Das unter den Menschen so sehr zunehmende Malefizium kenne er in seiner ganzen Vielgestalt; es komme von den in der Luft vorhandenen Dämonen, denen Gott erlaubt habe, den Menschen zu erscheinen, allerdings nur in Gestalt von unreinen und schreckenerregenden Tieren wie Kröten, Schlangen und schwarzen Katzen.
Wilhelm von der Auvergne hatte mit seinen Schriften und mit seiner Dämonenlehre nicht zuletzt deswegen so durchschlagenden, eigentlich verhängnisvollen Erfolg, weil er als Bischof von Paris dem Dominikanerorden die Aufnahme an der Pariser Hochschule vermittelte; so wurde dieser Orden zu der Instanz, die die theologische Wissenschaft in

den nächsten Jahrhunderten entscheidend beeinflußte und dabei immer an Wilhelms Dämonenlehre festhielt.
Viele Scholastiker gehörten dem Dominikanerorden an, der 1215 in Toulouse von Dominikus gegründet worden war als ein Predigerorden, der die Lehre der Kirche in Armut unter die Menschen tragen sollte. Zunächst hatte er das erklärte Ziel, die abtrünnigen Albigenser in den Schoß der Kirche zurückzuführen, deren Armutsideal die Dominikaner nun gleichsam verkirchlichten. Auch der später heiliggesprochene und zum Kirchenlehrer erhobene Thomas von Aquin, geboren um 1225 bei dem italienischen Städtchen Aquino, erzogen im Kloster Monte Cassino und an der Universität Neapel, trat (um 1243) dem Dominikanerorden bei. Thomas von Aquin war in Köln Schüler von Albertus Magnus, lehrte danach in Paris, dann in Orvieto, in Viterbo und Rom, schließlich wieder in Paris, bis ihm 1272 die Leitung des neuen Generalstudiums seines Ordens in Neapel übertragen wurde.
Als einer der ersten erkannte er die Berechtigung des Wissens neben dem Glauben an, den Wert der Philosophie mit den ihr eigenen Prinzipien und Methoden gegenüber der Theologie. Er faßte den überlieferten Augustinismus, der den Willen und die Liebe über den Intellekt gestellt hatte (Voluntarismus gegen Intellektualismus), mit den Lehren des Aristoteles, die in ihrem ganzen Umfang erst zu seiner Zeit bekannt geworden waren, in einer philosophisch-theologischen Synthese zusammen. Zwar blieb auch bei Thomas von Aquin die Philosophie noch der Theologie untergeordnet, doch galt das thomasische System – was für unseren Aspekt entscheidend ist – nicht mehr als eine Glaubenslehre, sondern als hieb- und stichfeste Wissenschaftserkenntnis. Die an den Hochschulen gelehrte Theologie galt zu jener Zeit und in den nächsten Jahrhunderten als die eigentliche und wahre Wissenschaft.
Thomas von Aquin und andere Scholastiker, wie zum

Beispiel Petrus Lombardus, Bonaventura, sein Kölner Lehrer Albertus Magnus, lehrten die Wirklichkeit des Maleficium Impotentiae. Ausgehend von dem angeblich so häufigen Vorkommen solcher Fälle von Impotenz, behaupteten sie, daß Männer wirklich durch schädlichen Zauber von Dämonen oder »Strigen«, das waren Hexen, zum Geschlechtsakt unfähig gemacht werden könnten. Und das geschehe stets im Auftrag des Teufels. Ganz entschieden wies Thomas von Aquin alle Einwendungen zurück (die es ja immer gegeben hatte und immer noch gab). So wurde behauptet, es existiere in Wirklichkeit kein derartiges Malefizium, dieses lebe nur in der Vorstellung von Menschen und sei nicht auf Hexen und den Teufel zurückzuführen, sondern auf noch unbekannte natürliche Ursachen. Die skeptische Frage, warum denn Gott dem Teufel ausgerechnet über den Geschlechtsakt solch große Gewalt gegeben haben solle, beantwortete Thomas so: Das habe seinen guten Grund darin, daß die Erbsünde, durch die der Mensch zum Sklaven des Teufels geworden, eben vermittelst des Zeugungsaktes in den Menschen gelange. Deshalb habe Gott dem Teufel über diesen Akt größere Gewalt verliehen als über andere – ähnlich wie die Kraft der Zauberei sich deshalb am meisten an Schlangen bewähre, weil der Teufel in Gestalt einer Schlange Eva versucht und zur Sünde verführt habe.

Über das Maleficium Impotentiae haben alle Scholastiker nachgedacht und geschrieben, ganz im Sinne des Thomas von Aquin. Der Franziskaner Bonaventura hielt noch eine besondere Form dieses Malefiziums für möglich, von der er meinte, daß sie sehr häufig vorkomme. Dabei wurden die Männer – wobei Gottes geheime Absichten im Spiele seien, aber auch immer die des Teufels – von Zauberinnen nur im Hinblick auf eine einzige Frau impotent gemacht, und bei dieser handelte es sich um die eigene Ehefrau. Hier erhob sich nun freilich erneut die Frage, warum Gott, der doch selber die Ehe geschaffen hatte, dem Teufel und den Dämonen erlaubte, den Vollzug der Ehe zu verhindern. Auch darauf fanden die Scholastiker eine Antwort: Gott läßt solche Ehestörung zu wegen der Sünden derer, die von der Störung betroffen werden, erklärte Albertus Magnus. Diese Antwort enthielt allerdings die Voraussetzung, daß nur sündige Menschen, gewissermaßen zur Strafe, mit dem Maleficium Impotentiae belegt wurden.

Das Problem war damit noch lange nicht nach allen Seiten und in allen Konsequenzen durchdacht. Aber schon zeigt sich, wie ungeheuer schwierig es war, die in kirchlichen Schriften, in den Biographien von Heiligen, vor allem in der weltlichen Literatur und schließlich im wirklichen Leben vorkommenden Fälle von Malefizium einleuchtend und logisch in ein System zu bringen, das noch dazu der Heiligen Schrift nicht widersprechen durfte. Als der Franziskaner Johannes Duns Scotus, der zunächst in Oxford, dann in Paris lehrte, über diese Art des Maleficium Impotentiae nachsann, kam er zu dem Ergebnis, daß ein solches Malefizium einen Pakt des betreffenden Mannes mit dem Teufel voraussetze. Das eröffnete natürlich ganz neue Perspektiven.

Die Vorstellung von einem bewußt oder unbewußt geschlossenen Pakt zwischen Mensch und Teufel, und zwar bei allen möglichen Zaubereien, wie er zum Beispiel in der bekannten Sage von Dr. Faust vorkommt, war an sich nicht neu, sondern hatte eine lange Tradition, die weit in die Antike zurückreichte. Die Scholastiker knüpften an die alten Überlieferungen an und machten den Teufelspakt zu einem festen Bestandteil ihres philosophisch-theologischen Systems. Sich auf Augustinus berufend, erklärte Thomas von Aquin, daß die Zauberer nicht aus eigener Kraft wirken können, sondern nur mit Hilfe von Teufelspakten. Auch die alten Zauberweiber, schrieb Thomas, die »Faszination« ausübten, haben mit dem Teufel Bündnisse ge-

schlossen. Ausdrücklich warnte er, daß es keinem Christen erlaubt sei, mit den Dämonen Verträge zu schließen. Bei Bonaventura und anderen findet sich dieselbe Vorstellung, nämlich daß die magischen Künste ihre Kraft allein aus einem Teufelspakt beziehen, »solum ex diabolica pactione«; der Teufel habe mit dem Zauberer den Vertrag geschlossen, daß er gewisse, zwischen ihnen verabredete Zeichen anerkennen und auf deren Anwendung sich ihm stets zur Verfügung stellen werde.
Der Gelehrte Duns Scotus machte warnend noch auf folgendes aufmerksam: Daß die bösen Geister solche Verträge halten und wirklich im gegebenen Augenblick dem Menschen helfen, geschieht nicht etwa aus Vertragstreue – so anständig sind die Dämonen und der Teufel nicht –, sondern »weil sie sich sagen, daß niemand ihnen fernerhin dienen möchte, wenn sie vertragsbrüchig würden«.
Grundsätzlich neu bei der Vorstellung vom Teufelspakt war der von Thomas von Aquin eingebrachte Gedanke, den dann alle Scholastiker von ihm übernahmen, daß es zwei Formen von Teufelspakten gebe: Es seien entweder stillschweigende, heimliche oder ausdrückliche, förmlich geschlossene Pakte (pacta tacita vel expressa). Thomas setzte bei jedem abergläubischen Brauch zumindest den stillschweigenden Vertrag mit dem Teufel voraus. Und schon diesen, von ihm einfach unterstellten Vertrag verstand er als ein wirkliches Anhängen an den Teufel und als Absage an Gott. Somit war für Thomas von Aquin schon dieser stillschweigende Teufelspakt, der »pactum implicitum«, schwerste Sünde, förmliche Apostasie, also Abfall vom Glauben und folglich Häresie, Ketzerei.
Die Lehre vom stillschweigenden Teufelspakt, der bei allen verdächtigen Erscheinungen vermutet werden konnte, auch bei Wahrsagern und natürlich bei allen Zauberern und Hexen, sollte verhängnisvolle Folgen haben. Denn nun war es unabwendbar, daß Hexen, da sie mit Ketzern gleichge-

stellt waren, vor die Inquisition gehörten. Was Thomas von Aquin und andere Scholastiker verkündeten, lehrten, gleichsam festschrieben, kann zwar aus heutiger Sicht leicht als unverbindliches Theoretisieren, ja als spitzfindige Gedankenspielerei mißverstanden werden, zu ihrer Zeit und für die nächsten Jahrhunderte aber – und das darf hier nie außer acht gelassen werden – galten ihre Einsichten als streng wissenschaftliche Erkenntnisse, die kaum jemand in Frage stellen konnte. Darauf hat schon vor nahezu einem Jahrhundert der deutsche Historiker Joseph Hansen in seinem Buch »Zauberwahn, Inquisition und Hexenprozeß im Mittelalter« nachdrücklich hingewiesen, doch ist dieser so wichtige Aspekt später fast in Vergessenheit geraten: »Denn die Verfasser«, schrieb Hansen, »sind eben doch die anerkannten Größen der mittelalterlichen Wissenschaft, einer Wissenschaft, welche die menschliche Vernunft als Grundlage zu besitzen behauptete, welche Vernunft und menschliche Wesenheit geradezu gleichsetzte und sie nur geklärt und geadelt wissen wollte durch einen höheren offenbarten Glauben. Es sind die Männer, die das gesamte Wissen ihrer Zeit beherrschten und zu einem System zusammenfaßten, die heute noch von einem beträchtlichen Teil der Menschheit als Größen und unerreichte Vorbilder verehrt werden, die also heute noch eine nicht zu unterschätzende Bedeutung im geistigen Leben besitzen. Es war diesen Männern aber hier nicht weniger als sonst heiliger Ernst, wenn sie ihren ganzen, und keineswegs unbedeutenden, Scharfsinn in Bewegung setzten, um aus den Glaubenssätzen und dem in der patristischen Epoche der christlichen Kirche angesammelten Vorstellungsstoff mit Hilfe ihrer schulmäßig vermittelten Philosophie Schlüsse auf Schlüsse zu ziehen, die menschliche Vernunft auf die christliche Offenbarungslehre anzuwenden und die Sisyphusarbeit zu versuchen, alle möglichen transzendenten Begriffe, welche die in unkritischem Glauben übernommene ältere

Tradition in unbestimmter Fassung bot, durch immer neue Zerlegung und Zuspitzung, durch unermüdliche Analyse und Synthese, durch feinste Sublimierung zu entwickeln und das Gesamtergebnis dieser Arbeit als das allein richtige System der Weltanschauung zu proklamieren ...«
Daß dies – wie eben gesagt – inzwischen nahezu in Vergessenheit geraten konnte, ist übrigens weder Zufall noch bloße Nachlässigkeit der nachfolgenden Forschergenerationen, sondern beruht zu einem wesentlichen Teil auf Absicht. Denn nur allzuoft ist den Biographen der Großen der Gedanke schlichtweg unerträglich, daß sich eben diese, genauer »ihre« Großen auf so verhängnisvolle Weise geirrt haben. So kommt es, daß solche Irrtümer dann in Biographien und ebenso in Theologie- und Philosophiegeschichten verkleinert oder gar verschwiegen werden. So ist zum Beispiel in Luther-Biographien so gut wie nie die Rede von Luthers Hexenglauben und seiner Überzeugung, die Hexen müßten verbrannt werden (worauf wir noch zurückkommen).
Je scharfsinniger die Scholastiker die Hexen- und Teufelsprobleme zu lösen versuchten, desto mehr Probleme tauchten auf. Es war wirklich eine Sisyphusarbeit, die sie da begonnen hatten, um die gefährdete Welt zu sichern und alles in eine feste Ordnung zu bringen. Jede geklärte Frage führte zu neuen Fragen. Jenen Skeptikern, die die Existenz von Dämonen in das Reich menschlicher Phantasie verweisen wollten, begegnete Thomas von Aquin mit dem Argument, ihr Zweifel verstoße gegen die Autorität der Heiligen, die ja Begnungen mit Dämonen beschrieben hatten, ja, ein solcher Zweifel widerspreche dem wahren Glauben, der die wirkliche Existenz der gefallenen Engel, der Teufel, lehre. Das war nun freilich ein höchst gefährliches Argument, gefährlich für die Skeptiker, die dadurch nur allzu leicht in den Verdacht geraten konnten, Ungläubige zu sein oder doch – wie wir heute sagen würden – so etwas wie

Sympathisanten der gefallenen Engel. Es war für sie also besser, gegenüber solcher Argumentation zu schweigen, obgleich sie ja keinerlei Beweiskraft hatte, sondern lediglich eine Behauptung war.
Und so schwiegen sie; grundsätzliche Kritik kam in den nächsten dreieinhalb Jahrhunderten nicht auf. Das mag manchem vielleicht verwunderlich erscheinen. Aber es ist ja auch in den modernen Wissenschaften nicht gerade selten, daß unbewiesene Behauptungen für wahr genommen werden und Kritik nicht laut wird, obwohl doch in unserer freien und vernünftigen Welt für Kritiker unvergleichlich weniger auf dem Spiel steht als für Kritiker des im Mittelalter herrschenden theologischen Systems. Diese hätten immerhin riskiert, exkommuniziert oder gar verbrannt zu werden.
Thomas von Aquin zog nicht nur die Angaben der Heiligen über ihre Begegnungen mit Dämonen und gefallenen Engeln als beweiskräftiges Argument für die Existenz dieser Wesen heran. Auch die Existenz der guten Engel galt ihm als bewiesen, weil diese ebenfalls vielen Heiligen deutlich erschienen waren. Aber da erhoben sich sogleich neue Fragen, nämlich auf welche Weise Engel und Dämonen denn nun eigentlich existierten und ob und wie Menschen sie voneinander unterscheiden könnten. Hier entwickelte sich für die Scholastiker geradezu ein Lieblingsthema. Zunächst überwog die Meinung, Engel seien reine Geister, also körperlos. Dann aber meinte man, die Engel könnten sich, wenn sie es wollten, einen beliebigen wirklichen Körper schaffen und in ihm den Menschen erscheinen. Wieder war es Thomas von Aquin, der sich mit Entschiedenheit gegen jene wandte, die der Meinung waren, Engel nähmen niemals Körper an. Thomas behauptete und setzte seine Behauptungen durch, daß Engel sich mit ihren Körpern, die sie annehmen, sehr schnell von einem Ort zu einem anderen bewegen können, vermutlich in einer Art von

Flug. Er führte aus, daß sie sprechen können, was ja durch die Heilige Schrift belegt wird, ja, daß sie auch essen können. Aber, so meinte er weiter, sie können nicht verdauen; denn ihre Körper führen kein vollkommenes organisches Leben, es sind nur Körpergestalten.

Dies alles nahm er auch für die Dämonen an. Bei ihnen stellte sich nun aber darüber hinaus die Frage, von der man bei den guten Engeln begreiflicherweise absah, auf welche Weise sie mit Menschen geschlechtlichen Verkehr haben konnten. Daß sie da Möglichkeiten hatten, wurde nicht mehr bestritten; es ging nur noch um die Methode. Wie die Engel besaßen auch die Dämonen nur angenommene Körper. Auch sie konnten essen, aber nicht verdauen. Also, folgerte Thomas, könne es ihnen nicht möglich sein, Samen zu bilden. Aber er erkannte einen Ausweg: Der Dämon könne in Gestalt eines Weibes, also als Succubus, zunächst einem Manne beiliegen, sich dann »sofort in einen Incubus verwandeln und vermöge der Geschicklichkeit und Schnelligkeit, die ihm eigen ist, den hierbei empfangenen Samen noch in fortpflanzungsfähiger Temperatur einem Weibe zuführen«. Auf diese Weise könnten Dämonen mit Menschen Nachkommen zeugen. Zwar räumte Thomas ein, das aus einer solchen Verbindung hervorgegangene Kind könne nicht als Kind des Dämons angesehen werden, da dieser ja nur eine Vermittlerrolle gespielt habe, aber hier half der hochangesehene Kanonist und Liturgiker Wilhelm Durandus weiter, Professor in Bologna und Modena und hoher Amtsträger der Kurie. Er leitete aus der besonderen Geschicklichkeit, mit der der Dämon oder der Teufel bei diesem komplizierten Vorgang verfahren müsse, die Möglichkeit her, daß dabei der menschliche Samen gleichsam potenter gemacht werde, was zur Folge habe, daß die auf solchem Umweg entstandenen menschlichen Wesen besonders wohlgestaltet und kräftig würden. Dies wurde nun freilich nicht etwa als eine Veredelung verstanden, sondern

im Gegenteil als satanisches Blendwerk. Und einige Jahrzehnte später sprach der Franziskaner Petrus von Aquila die Vermutung aus, daß auf diese Weise wohl auch der Antichrist entstehen werde.
Heute, rund sieben Jahrhunderte später, nachdem die verschiedensten Wissenschaften viele Probleme gelöst haben, Probleme, die im Mittelalter noch überhaupt nicht zur Debatte standen, ist es leicht, über solche Ansichten zu lächeln. Im 13., 14., 15., 16., ja weit ins 17. Jahrhundert hinein aber galten sie als letzte und gesicherte Erkenntnisse, gewonnen vor allem von Albertus Magnus, Thomas von Aquin und Bonaventura, dem großen Dreigestirn der mittelalterlichen Wissenschaft, und von anderen übernommen und im einzelnen weiter ausgeführt. Auch die Lehre von der Vermehrung der Dämonen und die Vorstellung vom geschlechtlichen Verkehr zwischen Mensch und Teufel mit der Methode von Succubus und Incubus fanden sogleich Eingang in die wissenschaftliche Theologie und wurden dort fest verankert.
Das hatte schon bald auch praktische Folgen, noch ehe diese Vorstellungen auch in den Rechtsbüchern festgeschrieben wurden, allerdings zunächst nur vereinzelt. Im Jahr 1275 wurde in Carcassonne eine Frau verbrannt, weil sie für schuldig befunden wurde, mit dem Teufel fleischlichen Umgang gehabt zu haben. Im Jahr 1318 erhob Papst Johannes XXII. gegen Zauberer den pauschalen Vorwurf, daß sie Unzucht mit dem Teufel trieben. Und 1332 kam der spanische Bischof und Theologe Alvarus Pelayo aufgrund persönlicher Beobachtungen in einem Nonnenkloster zu der Erkenntnis, daß die Frauen mit 102 Fehlern behaftet seien, von denen einer in ihrer Neigung bestehe, geschlechtlichen Umgang mit Dämonen zu haben. Aber erst nachdem jene Erkenntnisse aus dem theoretischen Denken von Philosophie und Theologie ins Rechtsdenken übertragen worden waren und dann sowohl im kirchlichen als auch

im weltlichen Recht die Grundlage für entsprechende Anordnungen und Gesetze bildeten, kam es ganz zwangsläufig immer häufiger zu solchen praktischen Auswirkungen. Indessen sollten bis dahin noch etwa zwei Jahrhunderte vergehen.

In der Zwischenzeit wurde der ganze Dämonen- und Teufelskomplex von den Philosophen und Theologen weiter durchdacht und systematisiert. Entscheidende Fragen entstanden für die Scholastiker aus dem alten und weitverbreiteten Volksglauben, daß Dämonen oder sogar besonders begabte Menschen sich in andere Geschöpfe verwandeln und daß sie durch die Lüfte fliegen könnten. Wie schon gesagt, waren solche Vorstellungen von den kirchlichen Autoritäten lange Zeit abgelehnt und sogar unter Strafe gestellt worden. Das machte nun gewisse Schwierigkeiten. Der lange zuvor lebende Heilige Augustinus (354 bis 430), der bedeutendste lateinische Kirchenlehrer des christlichen Abendlandes, dessen Schriften ja noch immer große Wirkung ausübten, besonders auf die Scholastiker, aber hatte die Ansicht vertreten, Dämonen könnten schnell allerlei Samen zusammensuchen und deren Entwicklung beschleunigen, könnten auch die Elemente der Körper mischen oder ihnen fremde Elemente hinzufügen und so Körper verwandeln. Albertus Magnus, Thomas von Aquin, Bonaventura, Peter von Tarantasia übernahmen diese Vorstellung und gingen dabei sogar noch etwas weiter. Die Dämonen, so führten sie übereinstimmend aus, könnten das Hervorbringen solcher Tiere, die bei zugeführter Wärme aus Fäulnis entstehen, zum Beispiel Würmer, Frösche und Schlangen, durch geschicktes Anwenden der ihnen wohlbekannten Naturkräfte beschleunigen und so also wirklich diese Tiere hervorbringen. Weiter wollten sie allerdings nicht gehen, und Thomas von Aquin betonte ausdrücklich, einen Menschen in ein Tier zu verwandeln, würde gegen die göttlichen Naturgesetze verstoßen, sei also in Wirklichkeit nie möglich. Schon gar nicht konnte es möglich sein, daß Menschen sich selber in Tiere verwandeln.

Diese Auffassung blieb über lange Zeit gültig. Erst im 15. Jahrhundert wandelten die Vertreter der eigentlichen scholastischen Hexenliteratur sie ab. Aber auch sie hielten noch daran fest – wie der Dominikaner Jordanes von Bergamo um 1460 –, daß es Dämonen seien, die in der Gestalt von Katzen nachts in die Häuser dringen und Kinder töten; mit Spitzfindigkeit ging Jordanes jedoch ein wenig darüber hinaus, indem er erklärte, daß die Dämonen bei den Hexen die Illusion hervorriefen, sie seien selbst in diese Tiere verwandelt gewesen. Und Hieronymus Visconti ergänzte: Wird eine solche dämonische Katze auf ihrem nächtlichen Streifzug verletzt und zeigt sich eine entsprechende Verletzung morgens an einer Frau (wie es in Rom im Jahr 1420 vorgekommen sein soll), dann hat der Teufel der im Bett gebliebenen Hexe die gleiche Verletzung beigebracht. Zu Beginn des 16. Jahrhunderts aber, um 1525, vertrat der italienische Dominikaner Bartholomäus de Spina entschlossen den Standpunkt, Hexen könnten sich tatsächlich in Katzen verwandeln. Oder auch in Wölfe, Mäuse und andere Tiere. Diese entschiedene Ansicht, die ja im Volksglauben, in Sagen und Erzählungen, also auch in der Literatur, seit langem verbreitet war, fand damit Eingang in die wissenschaftliche Theologie und zugleich ins Rechtswesen.

Ebensoviel Zeit und noch mehr Scharfsinn erforderte die wissenschaftliche Erörterung der Frage, ob Menschen mit Hilfe des Teufels nachts über weite Entfernungen durch die Lüfte fliegen könnten. Von solchen Flügen – und das erschwerte das Problem – war nicht nur bei Zauberern und Hexen die Rede, sondern ebenso in frommen kirchlichen Erzählungen und Heiligenlegenden. In der Vita des im 5. Jahrhundert lebenden Bischofs Antidius von Besançon wird berichtet, wie der Bischof einmal in wenigen Stunden

von Besançon nach Rom und wieder zurück geflogen sei. Oder von einem Kreuzfahrer wurde erzählt, er sei in einer Stunde von Jerusalem auf einem Zauberroß durch die Luft heim nach Lüttich geflogen. Solche Beispiele, mit denen sich ganze Bände füllen ließen, hatten Jahrhunderte hindurch nur als das gegolten, was sie waren, nämlich als phantastische Erzählungen. Aber als die Scholastiker diese Frage wissenschaftlich zu erklären versuchten, um sie wie alles andere auch in ihr allumfassendes System einordnen zu können, war die bis dahin übliche Einstufung ins Reich der bloßen Phantasie nicht mehr so einfach. Ja, sie war eigentlich gar nicht mehr möglich, weil sie nicht oder doch nur sehr schwer mit den Evangelien-Berichten von der Versuchung Christi durch den Teufel in Einklang zu bringen war, wie sie von Matthäus (Kapitel 4) und ganz ähnlich von Lukas (Kapitel 4) überliefert sind. Da wurde Jesus vom Geist in die Wüste geführt, wo ihn – so Lukas – der Teufel vierzig Tage lang versuchte und ihn dann auf einen hohen Berg führte und ihm »alle Reiche der ganzen Welt« zeigte und ihn mit dem Angebot der Weltherrschaft verführen wollte. Bei Matthäus wird Jesus vom Teufel nicht auf einen Berg gebracht, sondern nach Jerusalem: »Da führte ihn der Teufel mit sich in die heilige Stadt und stellte ihn auf die Zinne des Tempels . . .« Mußte also nicht der Teufel mit ihm durch die Luft geflogen sein?
Schon lange vor den Scholastikern hatten sich Bibelkommentatoren über diese Berichte Gedanken gemacht. Um 400 hatte der Kirchenlehrer und Heilige Chrysostomos seiner Verwunderung Ausdruck gegeben, daß es den Einwohnern Jerusalems offenbar gar nicht aufgefallen war, daß Satan den Christus oben auf den Tempel stellte. Gut vierhundert Jahre später meinte der fränkische Gelehrte Hrabanus Maurus, Erzbischof von Mainz, die Versuchung habe in der Wüste stattgefunden und die Exkursionen nach Jerusalem auf den Tempel und auf den großen Berg seien

nur Imagination gewesen. Andere Kommentatoren aber glaubten, der Teufel habe einen Körper angenommen und Jesus auf seinen Schultern getragen, jedoch nicht im Fliegen, sondern im Gehen. Wieder andere waren überzeugt, er habe Jesus nur hinter sich her geführt.

Diesen schloß sich Albertus Magnus an, der das »pinnaculum templi«, wie es in der Vulgata hieß, nicht für die Spitze des Tempels hielt, sondern für einen kanzelartigen Vorbau, den man zu Fuß erreichen konnte. Zu dieser Ansicht kam auch Thomas von Aquin, der aber noch, an den Gedanken von Chrysostomos anknüpfend, hinzufügte, der Teufel habe sich und Jesus bei dem Unternehmen unsichtbar gemacht. Den nachfolgenden Denkern aber reichten diese Ansichten nicht mehr aus. Inzwischen war immer häufiger von nächtlichen Flügen der Dämonen und Hexen berichtet worden, was ihre Realität zunehmend glaubhaft erscheinen ließ. Und im 15. Jahrhundert erklärte Alfons Tostatus, Bischof von Avila und einer der angesehensten Theologen, der seinen Zeitgenossen als wahres Wunder an Gelehrsamkeit galt, in seinem umfangreichen Bibelwerk mit absoluter Bestimmtheit, Satan habe Christus durch die Luft entführt. Wichtig ist dabei, daß Alfons diese Tatsache als Hauptargument für die Realität von Hexenflügen anführt.

Wie alles Denken war auch das Denken der Scholastiker zeitbedingt. Zu ihrer Zeit ging es vom christlich-theologischen System aus und blieb zugleich darauf gerichtet. Das System war die unangreifbare Basis, die durch alles Neue, das damals im Abendland bekannt wurde, teils aus der Antike, teils aus der islamischen Welt, nicht nur niemals in Frage gestellt, sondern im Gegenteil in jeder Hinsicht wissenschaftlich bestätigt werden sollte.

Die Auslegung der Bibelstelle von der Versuchung Christi verdeutlicht, wie bedenkenlos diese wissenschaftliche Bestätigung erfolgte; genaugenommen bestand sie lediglich darin, daß die biblische Überlieferung zum Maßstab wissenschaftlicher Erkenntnis gemacht, ja mit ihr gleichgesetzt wurde. Die Bibel bestätigte die Existenz des Teufels. Mit der Bibel ließ sich zugleich beweisen, daß der Teufel Menschen durch die Luft bewegen konnte. Und nach der Bibel gibt es auch Engel, jene Mittlerwesen zwischen Gott und Menschen. An der Spitze ihrer großen Zahl stehen die Erzengel Michael, Gabriel, Raphael und Uriel. Nach der Bibel existieren aber auch gefallene Engel, die sich von Gott losgesagt haben; sie sind die bösen Dämonen. Die guten und die bösen Engel, der Teufel und die Dämonen wurden ebenso in den Berichten und Erzählungen der Heiligen und in vielen Schriften der Kirchenväter als reale Wesen verstanden.

Die Scholastiker gliederten das Bestehende in ihr allesumfassendes System ein, setzten dabei die unzweifelhafte Realität aller biblischen Überlieferungen voraus und sahen in den Berichten der Heiligen denselben Realitätsgehalt – es gab also gar keine Möglichkeit, die wirkliche Existenz solcher Wesen in der Welt zu leugnen; das hätte eine ganz andere Auffassung von Religion vorausgesetzt. Die reale Existenz des Teufels, böser Dämonen und Hexen anzuerkennen bedeutete zugleich, ihre möglichen Wirkungen anzuerkennen. Fest stand indessen für die Scholastiker, daß die Hexen, die Dämonen und Satan selber ihre bösen Taten immer nur »mit der Zulassung Gottes« vollbringen konnten; denn nur Gott, der alles geschaffen hat, ist allmächtig. Gleichwohl konnte der Schaden, den sie anrichteten, unermeßlich sein. Und daß die bösen Geister zunehmend mehr Schaden anrichteten, daran bestand für die Scholastiker kein Zweifel.

Dies alles vollzog sich in einer christlichen Welt, die vor allem vom Islam bedroht wurde. Das bedeutet, daß der Versuch, die christliche Ordnung, wie sie sich bis dahin herausgebildet hatte, als die einzig mögliche und die von Gott allein gewollte und zugleich wissenschaftlich gültige

Wahrheit darzustellen, zugleich der Versuch war, alle Bedrohungen, auch die von innen kommenden, als wissenschaftlich erkannte Irrlehren abzuwehren. Dabei war viel Angst im Spiel. Und die Angst verführte zunehmend dazu, die bestehenden Gefahren zu übertreiben und den Abtrünnigen und den Ketzern immer mehr Einfluß zuzusprechen. Dies galt vom 15. Jahrhundert an ganz besonders im Hinblick auf Dämonen und Hexen, nachdem es bereits im 14. Jahrhundert häufiger zu Hexenprozessen gekommen war, vor allem in Frankreich und Italien.

Inzwischen hielt man es für erwiesen, was der schwäbische Dominikaner Johannes Nider, der eine Zeitlang Professor der Theologie in Wien, dann Prior des Nürnberger Predigerklosters war, 1441 in seinem »Formicarius«, einer Sammlung von Dämonen- und Hexengeschichten, schrieb: »Zauberer und Hexen verleugnen Christus, verzehren Kinder, können sich in Mäuse verwandeln, können Getreide oder Heu vom fremden Grund auf den eigenen übertragen, können Wetter machen, durch Blitzstrahl Kinder töten, Kinder vor den Augen ihrer Eltern in das Wasser werfen, Unfruchbarkeit erzeugen, Pferde unter den Reitern durch die Luft entführen, Verborgenes offenbaren und die Zukunft weissagen, Abwesendes wie Gegenwärtiges sehen.« Niders Ansichten – und dies gilt für die vielen ähnlichen Darstellungen anderer Prediger und Priester genauso – blieben keineswegs auf dem Papier, waren auch nicht nur für Experten geschrieben. Johannes Nider wirkte vor allem als Prediger. Wie er brachten auch andere Geistliche solche Ansichten überall unters Volk als offizielle Lehrmeinung, die den Leuten von der Kanzel herab alles das als wahr und richtig bestätigte, was sie ohnehin schon glaubten.

Von Hexen war nun immer häufiger die Rede. Dabei brachte eine Ansicht, die sich im 15. Jahrhundert durchsetzte, einige neue Aspekte. Da wurden plötzlich Hexensekten erwähnt. So zum Beispiel in Frankreich, wo eine als

Vauderie bezeichnete Sekte verfolgt und ihre Mitglieder, zu denen oft auch Männer gehörten, vor Inquisitionsgerichten abgeurteilt wurden. Bei den Vaudois, wie die Mitglieder dieser Sekte genannt wurden, und dann auch bei anderen Sekten spielten »Hexensabbate« eine große Rolle: Von nun an wurde immer wieder von jenen nächtlichen Treffen berichtet, zu denen Hexen und Hexer auf Stock und Besen durch die Lüfte flogen, um da den Teufel anzubeten, mit ihm Unzucht zu treiben, Gott zu verleugnen, das Kreuz zu schänden, kleine Kinder zu töten und sie zu verspeisen und Malefizien aller Art zu begehen. Die Vorstellung von solchen verbotenen, geheimnisvollen, teuflischen, obszönen, schauerlichen, die Phantasie beschäftigenden Hexentreffen verbreitete sich mit ungeheurer Geschwindigkeit über ganz Frankreich, kam nach Italien, die Schweiz, nach Deutschland und in viele andere Länder und wurde überall gläubig aufgenommen. Wer sie für unglaubwürdig hielt und dies öffentlich aussprach, brachte sich in größte Gefahr. Das zeigt besonders deutlich ein Fall aus dem Jahr 1453, der in dem bereits genannten Werk von Joseph Hansen dargestellt ist:
Da wurde »zu Evreux der Doktor der Theologie und frühere Professor an der Pariser Universität Wilhelm Adeline, ein Mann, der sich auf dem Baseler Konzil besondere Verdienste um die Kurie erworben hatte, gezwungen, vor dem Gericht des Inquisitors und des Bischofs zu gestehen, daß er selbst ein Vaudois sei. Er hatte einmal gepredigt, der Hexensabbat existiere nur in der Phantasie; die Folter des Ketzergerichts brachte ihn jetzt zu dem Geständnis, daß er selbst seit 1438 der Sekte der Vaudois angehöre, viele Sabbate besucht, Gott verleugnet, dem Teufel das Homagium (den Huldigungseid) geleistet und den zugehörigen Kuß geboten habe. Dem Scheiterhaufen entging er, da er alles gestand, was man verlangte, und sogar einräumte, daß der Teufel selbst ihm befohlen habe, jene boshafte Predigt

gegen die Realität der Vauderie zu halten.« Er wurde zu lebenslänglichem Kerker verurteilt und starb vier Jahre nach dem Urteil.

Das Beispiel zeigt auf eklatante Weise, wie leicht es war, kritische Gegenargumente auszuschalten – was übrigens zu jeder Zeit, auch heute, in ähnlichen Grundkonstellationen wiederholbar sein dürfte. Immer konnten Kritiker allein wegen ihrer ablehnenden Haltung in den Verdacht gebracht werden, mit Hexen zu sympathisieren oder sogar selber an ihrem Treiben teilzuhaben, was sie unter der Folter, häufig bereits unter der bloßen Androhung, meist auch gestanden. Voraussetzung dafür war die schriftlich verankerte Ansicht, die wissenschaftliche Anerkennung der tatsächlichen Existenz der Hexen und Hexensekten, die Bestätigung der entsetzlichen Verbrechen, der Malefizien, die auf den Hexensabbaten begangen oder zumindest ausgebrütet wurden.

Entsprechende Abhandlungen des Themas entstanden rechtzeitig zu Beginn einer Reihe von Prozessen gegen die Vauderie, von der Mitte des 15. Jahrhunderts an, bei denen vor allem Angehörige höherer Klassen vor Gericht unter Druck zunächst gestanden hatten, an Hexensabbaten teilgenommen zu haben, dann aber ihre Geständnisse widerriefen. Das hatte den Herzog Philipp von Burgund und auch den Pariser Gerichtshof zum Eingreifen veranlaßt. Die Inquisitoren konnten sich nun auf eine Fülle neuester Literatur berufen, deren Autoren – aufbauend auf den Erkenntnissen der großen Scholastiker über die Existenz der Dämonen – das gesamte Hexenwesen als wirklich und wahrhaftig darstellten. Da gab es – um nur einige der wichtigsten Arbeiten zu nennen – das »Opusculum lamiarum sive striarum« des Dominikaners Hieronymus Vicecomes aus Mailand (um 1460), das »Flagellum maleficorum« des Theologieprofessors Peter Mamoris von der Univerität Poitiers (1462), den »Liber adversus magicas artes« des

Priors Johann Vincentii in der Vendée (1475). Zehn Jahre später schrieb ein Karthäuser eine Abhandlung über die »Scobaces«, die auf dem Besen fahrenden Zauberer oder Vaudois, und weitere Schriften entstanden in Spanien und in Deutschland, sie alle noch vor dem »Malleus maleficarum«, dem berühmten »Hexenhammer« von Jakob Sprenger und Heinrich Institoris, der 1487 erschien.
Alle diese Traktate und Abhandlungen beschreiben mit dem Anspruch wissenschaftlicher Gelehrsamkeit die »mit verderblicher Schnelligkeit anwachsende Hexensekte«. Anders als die bis dahin bekannten Ketzersekten – und das war etwas grundsätzlich Neues – sei sie nicht von Menschen, sondern vom Teufel selbst gegründet; das ließ sie als so überaus gefährlich erscheinen. Natürlich sei die Gründung der Hexensekte nicht ohne Zulassung Gottes geschehen; Gott sei erzürnt über die ständige Zunahme menschlicher Sünden und wolle den Menschen zeigen, wohin sie kommen, wenn sie dem Teufel anhingen. Und dies wurde gezeigt durch Beschreibungen der Hexensabbate, auf denen sich die Mitglieder der Sekte manchmal zu Zehntausenden träfen. Hauptanliegen der Darstellungen war es, die Realität der Sabbate zu zeigen. Und diese wurde immer wieder etwa so beschrieben:
Da wird gegessen, getrunken, getanzt. Anwesend sind nicht nur weibliche, sondern meist ebenso viele männliche Mitglieder. Der Teufel hat bei allem den Vortritt; er erscheint als Kater, Hund, Bock, Stier oder als schwarzer Mann mit rollenden, feurigen Augen. Er nimmt die Neuzugänge auf, die von älteren Mitgliedern mitgebracht werden; sie müssen Gott und der Taufe abschwören, den Teufel anbeten und ihm den obszönen Homagialkuß geben und erhalten von ihm ein Mal aufgedrückt; sie müssen geloben, für die weitere Ausbreitung der Sekte zu sorgen, zugleich aber für ihre Geheimhaltung; sie müssen versprechen, möglichst oft Malefizien auszuüben und künftig viele

kleine, noch ungetaufte Kinder auf den Sabbat mitzubringen, die dann getötet und von den Hexen und Hexern gegessen werden. Gegessen werden auf dem Hexensabbat auch die Leichen von Kindern, die nachts auf Kirchhöfen aus ihren Gräbern geholt wurden. So wird die Eucharistie geschändet, das Kreuz wird mit Füßen getreten. Und nach dem Schmaus kommt es zur wildesten natürlichen und widernatürlichen Unzucht der Hexen und Hexer untereinander und mit dem Teufel und seinen Dämonen, nachdem der Teufel das Licht gelöscht hat.
Solche Sabbate, hieß es, fanden regelmäßig in jeder Nacht an einer, manchmal sogar an mehreren Stellen statt. Die Teilnehmer kamen entweder zu Fuß, wenn der Treffpunkt nahe bei ihrem Wohnort lag, oder nahmen, was sehr viel häufiger der Fall war, ihren Weg durch die Lüfte, getragen von der Kraft des Teufels, auf einem Stock oder einem anderen Gegenstand, der zuvor mit einer geheimnisvollen Salbe eingerieben werden mußte. Die Salbe wurde aus dem Sud der abgekochten und verzehrten Kinder gewonnen, unter Hinzufügung besonderer Ingredienzien. Der Flug durch die Lüfte erfolgte in derart hoher Geschwindigkeit, daß die Fliegenden schneidenden Schmerz empfanden und sehr hungrig wurden. Übrigens durften sie während des Flugs nicht an Gott und die Heiligen denken oder gar das Kreuzzeichen machen, da sie sonst abstürzten.
Wie die Autoren weiter ausführten, übten die Mitglieder der Hexensekte infolge des dem Teufel gegebenen Versprechens Malefizien vielerlei Art aus. Sie töteten Menschen und Tiere oder machten sie krank, sie verabreichten Zaubertränke, gaben Liebes- und Sterilitätsmittel, machten schlechtes Wetter wie Hagel, Nebel, Gewitter, sie vernichteten die Frucht auf den Äckern und in den Weinbergen oder ließen den schon fertigen Wein schlecht werden, sie verzauberten kleine Kinder oder brachten sie gar um, sie zündeten Häuser oder ganze Dörfer und Städte an, und sie

waren schuld, wenn eine Kuh keine Milch mehr gab. Sie waren schuld an jeglichem Unglück, das über die Menschen kam, ob dies nun groß war oder klein oder sogar nur eine Lappalie.
Eben aus diesem Grund war der Glaube an Hexen so verführerisch, so bequem; niemand mußte die Schuld bei sich selber suchen, niemand brauchte eigene Fehler oder eigenes Versagen einzugestehen. Für jede selbstverschuldete Schlamperei konnte immer eine Verhexung als Entschuldigung angeführt werden, und der Verhexte tat noch ein Gott wohlgefälliges Werk, wenn er jemanden als der Hexerei verdächtig anzeigte.
Den Autoren ging es indessen nicht um diese Seite des Phänomens. Sie fragten vielmehr, warum sich – was sie einfach unterstellten – so viele Menschen der »schändlichen Sekte« anschlossen (in einer jener Abhandlungen wurde behauptet, es seien bereits zwei Drittel aller Menschen). Und sie antworteten übereinstimmend, das geschehe teils aus angeborener Bosheit und Neugier, teils aus Verzweiflung oder in der Absicht, sich an Feinden zu rächen, teils aus dem Hang zu den Genüssen der Tafel und zu geschlechtlichen Ausschweifungen.
Immer wieder aber kamen die Autoren auf ihr eigentliches Anliegen zurück, nämlich die wirkliche Existenz der Hexensekte plausibel zu machen. Einige beriefen sich dabei auf Augenzeugen, die Hexensabbate heimlich beobachtet haben wollten, und natürlich konnten sogenannte Geständnisse von Angeklagten angeführt werden. Offenbar fürchteten die Autoren, daß es auch in Zukunft noch Skeptiker geben könnte, die den ganzen Zauber als Ausgeburt der Phantasie erklärten, ja, sie beklagten ganz offen – wie es ihre großen Vorgänger ja auch getan hatten –, daß es solche Ansicht zur Zeit noch gebe. Aber sie sprachen genauso offen und in aller Deutlichkeit den Verdacht aus, daß es sich bei derartigen Zweiflern doch wohl nur um

geheime Mitglieder der Hexensekte handeln könne, denen der Teufel selbst die Zweifel eingegeben habe, um auf diese Weise Unordnung zu stiften. Überhaupt sei grundsätzlich größte Vorsicht geboten, da ja alle Sektenmitglieder zur Geheimhaltung verpflichtet worden seien; die Mitglieder täuschten alle Welt über ihre wahre Gesinnung, indem sie zur Messe und zur Kommunion gingen und den Eindruck erweckten, sie seien gute Christen.

Daraus folgerten die Autoren, daß es notwendig sei, nicht nur gegen erkannte Mitglieder der Hexensekte, sondern schon gegen jeden, der zunächst nur in Verdacht stehe, der Sekte anzugehören, mit aller Strenge vorzugehen und bei Prozessen grundsätzlich die Folter anzuwenden. Genau wie die Ketzer würden auch Zauberer und Hexen, die mindestens so schlimm seien wie Ketzer, wenn nicht sogar schlimmer, nur unter der Folter ihre Identität und die Namen anderer Sektenmitglieder preisgeben. Und ausdrücklich wurde in diesen Schriften gefordert, daß nicht allein die kirchlichen Gerichte, sondern auch die weltlichen gegen die Hexen vorgehen müßten. Einige Autoren, wie zum Beispiel Johann Tinctoris und Hieronymus Visconti, wandten sich mit der feierlichen Beschwörung an alle regierenden Fürsten, sie sollten entschlossen gegen die neue Sekte einschreiten, durch die der ganzen Christenheit der Untergang drohe; ihr eigenes Seelenheil setzten die Fürsten aufs Spiel, wenn sie dem Überhandnehmen all dieser Schändlichkeiten untätig zusähen. Andererseits jedoch sei ihnen Gottes Lohn im Himmel sicher, wenn sie allen Eifer aufwendeten, um diese neue Pest der Menschheit zu vernichten.

Solche Schriften lagen im Trend der Zeit, und mit ihren Forderungen rannten die Autoren offene Türen ein. In den folgenden Jahren wurde dies von anderen weiter ausgeführt, von Experten im einzelnen genauer begründet. So begründeten Juristen, unter denen sich der höchst angese-

hene Legist Ambrosius de Vignate aus Lodi, Professor an den Universitäten Padua, Bologna und Turin, mit Gutachten hervortat, die Anwendung der Folter. Und zwar wurden alle Grausamkeiten der Folter damit begründet, daß der Teufel den Gefolterten ihre Aussagen suggeriere und sie stärke oder gefühllos mache; der Richter ringe also weniger mit den Gefolterten als mit dem Teufel selbst. Ein Verzicht auf die Folter würde die Hexensekte fördern, indem dadurch jedes erfolgreiche Eingreifen der Obrigkeit behindert und das Walten der Inquisitoren unmöglich gemacht würde.
Inquisitoren waren zu der Zeit, gegen Ende des 15. Jahrhunderts, schon in vielen Ländern gegen Hexen im Einsatz. Doch waren sie nicht überall beliebt, und manchmal führte ihr Auftreten zu Kompetenzstreitigkeiten. Jedenfalls haben sich wiederholt Inquisitoren bei der Kurie in Rom darüber beklagt, daß man sie bei ihrer Arbeit behindere oder gar ihre Kompetenz anzweifle. So beschwerten sich auch die in Deutschland tätigen Inquisitoren Jakob Sprenger und Heinrich Institoris, die wenige Jahre später den »Hexenhammer« veröffentlichten, in Rom. Und sie hatten mit ihrer Beschwerde Erfolg. Papst Innozenz VIII. reagierte, indem er am 5. Dezember 1484 die berühmt gewordene Hexenbulle erließ, in der er den beiden Inquisitoren ihre Kompetenz bestätigte, in den Kirchenprovinzen von Mainz, Köln, Trier, Salzburg und Bremen, also so ziemlich in ganz Deutschland westlich der Elbe und der Schweiz, gegen die Hexen vorzugehen.
Wichtiger an der Hexenbulle aber war, daß sie zugleich eine päpstliche Bestätigung für die Existenz von Hexen und deren verbrecherischen Umtrieben in den genannten Gebieten darstellte. Da erklärte der Papst, daß die in den Kirchenprovinzen von Mainz, Köln, Trier, Salzburg und Bremen tätigen Hexen beiderlei Geschlechts erstens mit Dämonen Unzucht trieben, zweitens auf alle mögliche

Weise Malefizien verübten (indem sie Neugeborene von Menschen und Tieren töteten, Männer und Frauen, Tiere aller Art, Felder, Früchte, Weinberge, Baumgärten und Wiesen vernichteten und zerstörten, Menschen und Tieren Krankheiten aller Art zufügten, Männer und Frauen impotent und unfruchtbar machten), drittens ihren christlichen Glauben verleugneten und schließlich auf Verlangen des Teufels noch zahllose andere schändliche Verbrechen begingen.

Dies alles erklärte der Papst als Tatsachen, an denen nicht der geringste Zweifel angebracht schien. Das war indessen kein neuer Standpunkt der Kirche; seit 1258 hatte es mehr als dreißig päpstliche Erlasse gegen Zauberer und Hexen gegeben. Was der Hexenbulle Innozenz' VIII. so viel mehr Durchschlagskraft gab, als alle vorherigen Erlasse der Kurie gehabt hatten, ist auf die damals entstandene Drucktechnik zurückzuführen. Gedruckt fand die Hexenbulle eine massenhafte Verbreitung, zumal Jakob Sprenger und Heinrich Institoris sie 1487 ihrem »Hexenhammer« voranstellten. Der »Hexenhammer«, der »Malleus maleficarum«, wurde bis 1669 neunundzwanzigmal neu aufgelegt; so wurde die Bulle ständig wiederholt und blieb über eine lange Zeit wirksam. Sie gab jedem die Möglichkeit, sich unmittelbar auf sie als die kirchlich sanktionierte Meinung über Hexen zu berufen, ja, sie forderte die Menschen eben dazu auf. Und zugleich verbot sie aufs strengste jegliche Kritik am Vorgehen der Inquisitoren. Wer die Inquisitoren behindere, ihnen widerspreche, gar gegen sie rebelliere, wurde mit dem Bann »und anderen, noch schrecklicheren Strafen« bedroht, ganz gleich, wer und wessen Standes er sei, ohne Rücksicht auf seinen Adel, seine Würden, seine Ämter, seine Vorzüge und Privilegien. Die Hexenbulle schloß mit der gegen alle gerichteten Drohung: »Es soll also keinem Menschen erlaubt sein, dieses Blatt Unserer Verordnung ... zu übertreten oder ihm aus verwegener

Kühnheit entgegenzuhandeln. Wer dies aber dennoch wagen sollte, der soll wissen, daß er den Zorn des allmächtigen Gottes und Seiner Heiligen Apostel Petri und Pauli auf sich laden werde.«

Wichtig und ebenfalls höchst folgenschwer war noch ein anderer Punkt der Hexenbulle. Da wurden die Inquisitoren ausdrücklich angewiesen, immer, wenn es nötig sei, »die Hilfe des weltlichen Arms anzurufen«; dies war in den meisten Fällen nötig, nämlich für jeden Schuldspruch, der am Ende zum Scheiterhaufen führte. Diese an die Inquisitoren gerichtete Aufforderung verlangte aber zugleich von den weltlichen Gerichten, ebenfalls mit aller Kraft gegen die Hexen vorzugehen. Die Hexenbulle von 1484, obwohl nur auf deutsche Gebiete bezogen, hat die Hexenverfolgungen erst richtig in Gang gebracht, und zwar auf zweifache Weise: einmal direkt und zum zweiten indirekt, indem sie den Anstoß gab für die Entstehung des »Hexenhammers«, der drei Jahre nach ihr, 1487, zum erstenmal gedruckt vorlag.

Über dieses einflußreiche dicke Buch der deutschen Dominikaner Jakob Sprenger und Heinrich Institoris ist seither unendlich viel geschrieben worden, auch viel Unsinn. Dies vor allem von Leuten, die dieses lateinische Werk, das erst seit 1906 auch in deutscher Übersetzung vorliegt, nie in der Hand gehabt, geschweige denn darin gelesen haben. Das hat zu der heute weit verbreiteten Vorstellung geführt, der »Hexenhammer« sei nichts als eine primitive Hetzschrift, die geistlose Ausgeburt krankhaften Wahns zweier blutrünstiger, abartiger Fanatiker. Aber diese Vorstellung ist falsch und steht ganz und gar im Widerspruch zu der wissenschaftlich belegten Auffassung moderner Historiker. Schon Joseph Hansen, der die Quellen zu Entstehung und Geschichte des Hexenwahns zusammenstellte und edierte, machte den Verfassern trotz ihrer – wie er sagte – »an Stumpfsinn grenzenden, aber mit theologischer Eitelkeit durchsetzten Dummheit« das Zugeständnis: »Was die beiden Autoren zur Abfassung ihres Werkes trieb, war dieselbe Sorge für das Wohl der Menschheit, von der auch ihre Vorgänger beseelt waren, und dasselbe Bedürfnis, die noch immer nicht zum Schweigen gebrachten Zweifler von der unbeschreiblichen Bosheit der Hexen zu überzeugen.« Und J. W. R. Schmidt, der den Malleus ins Deutsche übersetzt hat, erkannte ihn richtig als »Schlußstein eines Baus, an dem viele Jahrhunderte gearbeitet haben«.

Tatsächlich stellt der »Hexenhammer« ein wissenschaftliches Werk dar, das sich nach dem damaligen Verständnis von Wissenschaft durchaus auf dem neuesten Stand philosophisch-theologischer Erkenntnisse befand, die noch dazu von der römischen Kirche offiziell anerkannt waren. Dies gilt uneingeschränkt für Teil I und Teil II des dreiteiligen Werks; im dritten Teil geht es um juristische Fragen und um praktische Vorschläge für geistliche und weltliche Richter zur Durchführung von Hexenprozessen. Der »Hexenhammer« ist freilich kein kreatives Werk. Aber die Autoren haben mit großem Fleiß und – was in unserem Zusammenhang von entscheidender Bedeutung ist – mit geradezu akribischer Sorgfalt die gesamte Literatur zum Thema aufgearbeitet und das Material zur Beantwortung der zu dem umfangreichen Hexenkomplex anstehenden Fragen ausgewertet. Auf diese Weise ist nicht etwa eine weitere theoretische Abhandlung entstanden, sondern ein Fragenkatalog mit Antworten, ja eigentlich ein wissenschaftliches Handbuch, das so ziemlich alles, was bis dahin von Philosophen, Theologen und Juristen zum Thema Hexen geschrieben und für wahr erklärt worden war, berücksichtigt und in eine übersichtliche Ordnung gebracht hat.

Daß sie mit ihrem »Hexenhammer« im wesentlichen nichts Neues brachten, räumten die Verfasser selber ausdrücklich ein, aber nicht entschuldigend, sondern als Beweis ihrer Objektivität. Sie hätten, heißt es in der vorausgestellten

Apologia, einer Verteidigung ihres Buches, den Schriften der Kirchenväter, der Scholastiker und anderen Autoren, auf denen sie ihre Darlegungen aufbauten, aus eigenem Wissen so gut wie nichts hinzugetan. Und wirklich beriefen sie sich in ihrem Buch ständig auf die Meinung der Kirchenlehrer, der Heiligen, der Philosophen und Theologen und natürlich auf die Bibel, auf die Erlasse der Päpste und auf bestehende kirchliche und weltliche Gesetze. Von den zahlreichen Gewährsmännern wurden weitaus am häufigsten angeführt Thomas von Aquin, der Heilige Augustinus, der Heilige Hieronymus, Albertus Magnus und der 1482 heiliggesprochene Bonaventura.

Neu war übrigens nicht einmal die Verwendung des Begriffs »Malleus«, »Hammer«, mit dem die Verfasser schon in ihrem Buchtitel zeigen wollten, daß die Macht der Hexen nur mit rücksichtsloser Gewalt zerschlagen werden könne. Eine Reihe berühmter Kirchenmänner war mit dem Beinamen »Malleus haeriticorum«, »Häretikerhammer«, gewissermaßen ausgezeichnet worden (wenngleich nicht offiziell) für ihren kämpferischen Eifer gegen Abtrünnige und Ketzer, als erster um das Jahr 400 der Heilige Hieronymus. Und um 1420 hatte ein deutscher Inquisitor, Johann von Frankfurt, einen »Malleus iudaeorum« geschrieben, einen »Judenhammer«.

Daß der »Hexenhammer« unvergleichlich bekannter und auf eine schreckliche Weise erfolgreicher wurde als alle vorausgegangenen Schriften zu diesem Thema, lag erstens daran, daß er durch die neue Technik des Buchdrucks viel schneller verbreitet werden konnte als zuvor die handschriftlichen Kopien, zweitens an der systematischen Aufbereitung des gesamten Bereichs und drittens an einem wissenschaftlichen Gutachten, das sich die Verfasser von Professoren der Universität Köln ausstellen ließen und das sie ihrem Buch zusammen mit der Hexenbulle voranstellten. Es entspreche der Vernunft, heißt es da, »daß das, was zum allgemeinen Nutzen geschieht, auch durch eine allgemeine Billigung seitens der Gelehrten gestärkt werde«. Und dann erklärte der Dekan der Theologischen Fakultät, Lampertus de Monte, daß der von ihm »durchgesehene und fleißig verglichene Traktat ... bezüglich seiner beiden ersten Teile nichts enthält, was den Ansichten der Philosophen, soweit sie nicht irren, entgegen sei oder gegen die Wahrheit des heiligen katholischen und apostolischen Glaubens oder gegen die Entscheidungen der von der heiligen Kirche gebilligten oder zugelassenen Gelehrten sei«. Was den dritten Teil des Traktats angehe, so sei auch er »durchaus zu halten und zu billigen bezüglich der Bestrafung jener Ketzer, worüber er handelt, sofern er den heiligen Canones nicht widerstreitet«. Der Dekan gab dann noch dem Wunsch Ausdruck, das Buch möge »gelehrten und eifrigen Männern« zur Kenntnis gebracht werden, »die daraus gesunde, mannigfache und reife Ratschläge zur Vernichtung der Hexen beibringen können ...«. Drei weitere Professoren derselben Fakultät erklärten ausdrücklich, daß sie sich der Meinung ihres Dekans anschlossen, und bestätigten dies mit ihren Unterschriften.

Den Verfassern des »Hexenhammers« schien dieses Gutachten jedoch nicht weit genug zu gehen oder nicht deutlich genug zu sein. Jedenfalls fälschten sie – was erst nach gut vierhundert Jahren Joseph Hansen herausfand – eine zusätzliche Erklärung der Professoren. Darin wurde die Behauptung, Behexungen seien in Wirklichkeit gar nicht möglich, noch einmal ausdrücklich als Irrtum abgetan; Predigten, in denen die Realität von Hexereien angezweifelt werde, seien »irrig und hindern zum Schaden des Heiles der Seele das fromme Wort der Inquisitoren«.

Diese Fälschung, die nicht in allen Ausgaben des »Hexenhammers« erschien, hat jedoch kein besonderes Gewicht. Denn inhaltlich ging sie über das Kölner Gutachten nicht hinaus, sie tat dies nur formal; das Gutachten implizierte diese Aussage ja bereits. Aber daß die beiden Inquisitoren sie in ihrem Buch expressis verbis anführen wollten und sie deswegen in die entsprechende Form umfälschten, ist ein deutliches Indiz dafür, daß es noch immer vernünftige, kritische Stimmen gab, auch unter Predigern, also unter Geistlichen, die die Hexenlehre nicht unwidersprochen hinnehmen wollten und dies auch sagten.

Solche Stimmen gab es während der ganzen Zeit der Hexenverfolgungen, aber sie wurden immer seltener und vor allem: Sie kamen nicht von den Universitätsprofessoren, nicht von den führenden Theologen und kirchlichen Würdenträgern. Und was sie sagten, bedeutete keine grundsätzliche Kritik, die den ganzen Hexenglauben von seinem Kern her in Frage gestellt hätte. Alle Kritik blieb innerhalb des gültigen Denksystems. In Frage gestellt wurden allenfalls Teilaspekte, wie zum Beispiel, ob Hexen tatsächlich durch die Luft fliegen und sich wirklich in Wölfe oder Mäuse verwandeln könnten oder ob der Teufel ihnen dies nicht nur vortäusche. Gefragt wurde, ob und bis zu welchem Grade die Hexen ihre Malefizien aus eigener Kraft tun konnten, also wie groß der Anteil des Teufels an ihrer Hexerei sei. Und es wurde auch gefragt, was denn der Teufel aus eigener Kraft vermöge, ob er ohne Gottes Zulassung seine bösen Taten überhaupt vollbringen könne. Aber es war schlechterdings unmöglich, etwa die Existenz des Teufels anzuzweifeln oder auch nur die der Dämonen. Und inzwischen wagte auch niemand mehr, in Frage zu stellen, daß es Hexen gebe.

Von heute her gesehen, aus wesentlich anderen Denkvorstellungen heraus, ist es leicht, den Glauben an die Zauberkraft der Hexen als Wahn, Verblendung, unbegreifliche Unvernunft abzutun. Aber das geschieht eben allzu leicht und leichtfertig. Übersehen wird dabei das enge Nebeneinander der Welt Gottes mit ihren Engeln, guten Dämonen, Heiligen und der Welt des Teufels mit den gefallenen

Engeln, den bösen Dämonen, den Ketzern, Abtrünnigen und Hexen, ein Nebeneinander, das in Wahrheit ein Miteinander war. Erst diese beiden Welten zusammen bildeten ja die ganze Welt. Und wer den einen Teil von Grund auf in Frage stellte, tat dies unausgesprochen zugleich für den anderen. Wer etwa bezweifeln wollte, daß böse Dämonen gleichsam in Menschen einfahren, sie von sich besessen machen können, zweifelte der nicht zugleich an Jesus Christus, der lange Zeit vor allem als ein großer Exorzist bewundert und verehrt wurde?

Wie eng das Reich Gottes mit dem Reich des Teufels verknüpft war, wie sehr das eine vom andern durchdrungen schien und wie schwierig es sein konnte zu erkennen, ob etwas von guten oder bösen Dämonen inspiriert sei, zeigt der Prozeß gegen Johanna von Orléans, die im Alter von etwa 19 Jahren am 30. Mai 1431 in der nordfranzösischen Stadt Rouen als Hexe und Wahrsagerin verbrannt wurde. Jeanne la Pucelle, wie sie sich selbst nannte, hatte sich durch »Stimmen« berufen gefühlt, den französischen König Karl VII. nach Reims zur Krönung zu führen und mitzuhelfen, Frankreich von den Engländern zu befreien. Anfang 1429 war sie vom König empfangen und dann seinem Heer zugeteilt worden, dem es unter ihrem Einfluß gelang, das von den Engländern belagerte Orléans zu befreien. Wenig später wurde Karl in Reims gekrönt. Im Mai 1430 fiel Johanna den Burgundern in die Hände, die sie gegen eine hohe Geldsumme an die Engländer auslieferten. Die Engländer behandelten sie von Anfang an als Hexe. Sie steckten sie in einen Eisenkäfig und ketteten sie darin am Hals und an Händen und Füßen an. In dem vom Bischof von Beauvais geleiteten kirchlichen Prozeß, in dem sie der Zauberei und Ketzerei beschuldigt wurde, berief sich Johanna auf jene Stimmen, die sie als Stimmen von Heiligen bezeichnete und die sie zum erstenmal gehört habe, als sie 13 Jahre alt war. Zwei- oder dreimal in der Woche habe sie

die Stimmen vernommen, sagte sie. Eine habe sich ihr als die Stimme des Heiligen Michael zu erkennen gegeben, ja, Sankt Michael sei ihr sogar sichtbar erschienen. »War er nackt?« fragte der Verhörende, der hier den Teufel vermutete, und: »Hatte er Haare?«, worauf Johanna antwortete: »Glaubt Ihr denn, Gott sei nicht reich genug, um ihn zu kleiden?« und: »Warum sollte das Haar ihm abgeschnitten worden sein?« Eines Tages hätten die Stimmen ihr befohlen, zum König von Frankreich zu gehen und das von den Engländern belagerte Orléans zu befreien.
Die erhaltenen Unterlagen des Prozesses mit Aufzeichnungen der Verhöre lassen erkennen, daß das Gericht keineswegs sicher war, ob Johanna nicht die Wahrheit sagte. Aber es sah sich dem Druck der Engländer ausgesetzt, die Johanna ein für allemal ausschalten wollten, und es bedrohte die Angeklagte mit der Folter und mit der Möglichkeit des Feuertodes. Da erklärte Johanna, Gott gelästert zu haben, und schwor ihrer Ansicht, es seien göttliche Stimmen gewesen, ab, was in den Akten so festgehalten wurde: »Da die Geistlichen versichern, meine Erscheinungen und Offenbarungen seien unglaubhaft und nicht zu befürworten, so will auch ich nicht auf ihnen bestehen.« Danach wurde sie zu lebenslanger Kerkerhaft verurteilt. Aber nach nur wenigen Tagen widerrief Johanna, wobei sie dem Bischof gegenüber wieder die Stimmen als ihren Wahrheitsbeweis anführte, diesmal die Stimmen der Heiligen Katharina und der Heiligen Margarethe: »Gott ließ mir durch die heiligen Frauen sagen, zu welch elendem Verrat ich mich herabließ, als ich abschwor und widerrief, um mein Leben zu retten.« Nur aus Furcht vor dem Feuertod habe sie sich schuldig bekannt; in Wahrheit glaube sie noch den Stimmen. Diesmal wurde sie als rückfällige Ketzerin zum Tode verurteilt und verbrannt.
Ein Vierteljahrhundert nach Johannas Hinrichtung, 1456, wurde das Urteil in einem neuen kirchlichen Prozeß aufge-

hoben. Zu diesem Prozeß unter Vorsitz des Großinquisitors von Frankreich, des Dominikaners Johann Bréhal, war es auf Betreiben Karls VII. von Frankreich gekommen, der der Weltöffentlichkeit beweisen wollte, daß er nicht mit Hilfe einer Hexe zu seiner Königskrone gekommen sei; so stand auch dieses Gericht unter politischem Druck, nur von der anderen Seite. Die ganze Geschichte wurde noch einmal von Anfang an aufgerollt, und es wurden mehrere Gutachten von Theologen und von Juristen eingeholt, die alle bemüht waren, Johannas Rechtgläubigkeit nachzuweisen. Auch der Großinquisitor selber war um Johanna bemüht. Er stützte sich vor allem auf Johannas Aussage im ersten Prozeß, daß sie 13 Jahre alt gewesen sei, als sie die Stimmen zum erstenmal vernahm. Er führte aus, daß die Zahl Dreizehn, die sich aus drei und zehn zusammmensetzt, die Dreifaltigkeit bedeute und zugleich die vollkommene Beachtung der Zehn Gebote. So sei die Dreizehnjährige für göttliche Erscheinungen durchaus geeignet gewesen, ja, der Großinquisitor erklärte Johanna als von Gott gesandt. Viereinhalb Jahrhunderte später, im Jahr 1909, sprach die katholische Kirche sie selig, und 1920, 489 Jahre nach ihrer Hinrichtung als Ketzerin und Hexe, wurde Johanna heiliggesprochen.

Einmal Hexe, einmal Heilige, ohne daß sich an den Fakten irgend etwas geändert hätte; dieselben Taten der Johanna konnten als böse oder als gut gelten, als teuflisch oder als göttlich; die Stimmen, die sie angeblich gehört, die Erscheinungen, die sie gehabt hatte, konnten von teuflischen Dämonen oder aber von Heiligen gekommen sein: So dicht lagen die Gegensätze beieinander. Und das konnte jeden Fall kompliziert machen, konnte sogar für die Hexenverfolger Gefahren heraufbeschwören, wie in einem Fall in Metz. Da hatte ein Inquisitor eine Frau zur Hexe erklärt, weil schon ihre Mutter als Hexe verbrannt worden war. Es sei anerkannt, so begründete er seinen Standpunkt, daß

Hexen ihre Kinder gleich nach der Geburt den Dämonen weihten, ja, daß sie durch fleischlichen Verkehr mit Teufeln Kinder zur Welt bringen und so das Hexenübel auf die folgende Generation fortpflanzen. Er hatte die Frau foltern lassen, und unter der Folter hatte die Frau »gestanden«. Aber da schaltete sich der Syndikus des Magistrats der Stadt Metz ein, der noch recht junge Agrippa von Nettesheim, ein auf vielen Gebieten gelehrter Mann, der in seinem abenteuerlichen Leben als Sekretär, Offizier, Theologe, Arzt, Historiker, Astrologe und Philosoph tätig war und zeitweise in den Diensten großer Herrscher stand wie Kaiser Maximilians, Karls V., Franz' I. von Frankreich, Heinrichs VIII. von England und der Margarete von Österreich. In jenem Hexenprozeß zu Metz argumentierte Agrippa auf folgende Weise gegen den Inquisitor:
»Wenn es so wäre, wie Ihr gesagt habt, wäre die Gnade der Taufe dann nicht vernichtet? Sollte der Priester dann bei der Taufe vergebens gesagt haben: Weiche, unreiner Geist, und mache Platz dem Heiligen Geist? Dies würde nämlich vergebens sein, wenn das Kind dadurch, daß eine gottlose Mutter es geweiht hat, dem Teufel unterworfen bleiben würde... Gemäß unserem Glauben sind wir alle sündig und verflucht ... und nur durch das Heil der Taufe sind wir von Satan erlöst...« Und er griff den Inquisitor direkt an, indem er ihn selber fast der Ketzerei bezichtigte: »Seht Ihr nun, wie unhaltbar, nichtig und sogar ketzerisch Euer Urteil ist?« Das Gericht folgte Agrippas Argumentation und sprach die Frau frei, obwohl der Inquisitor den Spieß nochmals umzudrehen versuchte und Agrippa von Nettesheim der Ketzerei verdächtigte.
In dieser allgemein als schwierig empfundenen Situation gab der »Hexenhammer« all jenen, die fest an die Gefährlichkeit der Hexen glaubten und die zutiefst überzeugt waren, eine weitere Ausbreitung der Hexensekte werde die ganze christliche Welt in den Untergang treiben, so etwas

wie eine feste Basis, weil er auf nahezu alle Fragen wissenschaftlich-theologisch abgesicherte Antworten gab oder doch zu geben schien. Und viele Fragen konnten mühelos schon im Inhaltsverzeichnis gefunden werden. Zum Beispiel: »Ob es Zauberei gebe. Ob der Dämon mit dem Hexer mitwirke. Ob durch Incubi und Succubi Menschen gezeugt werden können ... Woher die Vermehrung der Hexenkünste stamme. Ob die Hexer die Herzen der Menschen zu Liebe und Haß reizen können. Ob die Hexen die Zeugungskraft oder den Liebesgenuß verhindern können ... Ob die Hexen durch gauklerische Vorspiegelungen die männlichen Glieder behexen, so daß sie gleichsam gänzlich aus den Körpern herausgerissen sind ...«

Diese und noch viele andere Fragen wurden umständlich und mit großem wissenschaftlichen Aufwand und unter Berufung auf alle philosophischen und theologischen Autoritäten bejahend beantwortet. Und im zweiten Teil des »Hexenhammers« wurden »die verschiedenen Arten und Wirkungen der Hexerei« beschrieben, etwa: »Von der Art, wie die Hexen von Ort zu Ort fahren. Über die Art, wie sie sich den Incubi unterwerfen. Über die Art, wie sie die Menschen in Tiergestalten verwandeln. Über die Weise, wie sie jede Art von Krankheiten anhexen können ... Über die Art, wie die Hexenhebammen noch größere Schädigungen antun, indem sie die Kinder entweder töten oder sie den Dämonen weihen. Über die Art, wie die Hexen den Haustieren verschiedenen Schaden antun. Über die Art, wie sie Hagelschlag und Gewitter zu erregen und auch Blitz auf Menschen und Haustiere zu schleudern pflegen ...« Und dann wurden Möglichkeiten beschrieben, wie »Behexungen zu beheben oder zu heilen« seien.

Und der dritte Teil des »Hexenhammers«, der Kriminal-Kodex, bestand in Ratschlägen und Anweisungen zur »Ausrottung oder wenigstens Bestrafung durch die gebührende Gerechtigkeit vor dem geistlichen oder weltlichen

Gericht«. Dabei stützten sich die Verfasser auf die bestehenden Gesetze und Verordungen und auf die Prozeßführung ihrer Vorgänger. Wie in ihrem »Hexenhammer« überhaupt brachten sie auch in diesem Teil nichts grundsätzlich Neues, aber sie verschärften bestimmte Tendenzen. Dies betraf vor allem die Anwendung der Folter und die Möglichkeit des Abschwörens. Die Folter priesen sie den Richtern als unentbehrliches Mittel, um das für eine Verurteilung erforderliche Schuldgeständnis zu bekommen, wenn es nicht freiwillig abgelegt wurde. Und das reumütige Abschwören, das es Ketzern ermöglichte, ihr Seelenheil zu retten und mit lebenslanger Kerkerhaft davonzukommen (wie es ja zunächst auch bei Johanna von Orléans der Fall gewesen war), wollten sie für Hexen nicht mehr gelten lassen. Denn Hexerei – so lehrten sie, wobei sie sich ebenfalls auf bereits vorliegende Lehrmeinungen stützen konnten – sei ein so schreckliches Vergehen, daß Reue und Abschwörung die Schuldigen nicht vor dem Verbrennungstod retten dürften.

Nun konnten Sprenger und Institoris dies freilich nur empfehlen; sie konnten ja nicht das Gesetz ändern, das Ketzern durch Widerruf und Abschwören die Rückkehr in den Schoß der heiligen Kirche offenhielt. Deswegen versuchten sie mit viel Scharfsinn nachzuweisen, daß Hexerei nicht einfach mit Ketzerei gleichzusetzen sei. Sie stützten sich dabei auf die Autorität des Florentiner Erzbischofs Antonius, der einige Jahrzehnte vor ihnen gelehrt hatte, daß das Anbeten von Dämonen und das Schänden des Kruzifixes zwar abscheuliche Sünden darstellten, aber nur dann Ketzerei seien, wenn ein »error in intellectu« hinzutrete, das heißt der Glaube, daß die Dämonen Götter seien und auch gegen den Willen Gottes handeln könnten. Ein solcher »error in intellectu« könne bei Hexen nicht angenommen werden, heißt es im »Hexenhammer«; Hexen gingen den Bund mit dem Teufel ganz bewußt ein. Folglich sei Hexerei

noch schlimmer als Ketzerei. Weiter führten die Verfasser aus, daß das Verbrechen der Hexen nicht »rein kirchlich«, sondern zugleich und vor allem weltlich sei. Deswegen – und hier offenbart sich eine wichtige und folgenschwere Absicht der »Hexenhammer«-Autoren – müßten sich in erster Linie die weltlichen Gerichte mit den Hexen und ihren Malefizien befassen. Nach den Grundsätzen des römischen Rechts müsse die weltliche Macht ja ohnehin über all jene die Todesstrafe verhängen, die gemeinhin als »malefici« bezeichnet würden, also als gottlose, übeltätige Zauberer. Was die Verfasser mit diesen Ausführungen bezweckten, liegt auf der Hand: schnellste Ausrottung aller Hexen. Dies schien ihnen nur möglich, wenn alle vorhandenen weltlichen Gerichte die Kompetenz hatten, sofort gegen Hexen vorzugehen; es sollte also in keiner Stadt, in keiner Gemeinde, in denen Hexen entdeckt wurden und zu verurteilen waren, etwa gewartet werden, bis Inquisitoren erschienen oder Inquisitionsgerichte eingerichtet waren. Die Vernichtung der Hexen müsse ohne jede Verzögerung erfolgen, andernfalls würde sich die Hexensekte immer weiter ausbreiten und ihre notwendige Vertilgung nicht mehr möglich sein.
So diente dieser dritte Teil des »Hexenhammers« vor allem dazu, die weltlichen Autoritäten über die ganze Schwere des komplizierten Verbrechens der Hexen aufzuklären und sie zur Verfolgung der Hexen und zu ihrer Aburteilung zu veranlassen und sie dazu für kompetent zu erklären. Daß der »Hexenhammer« auch hierin so überaus erfolgreich war, ist nur vor dem Hintergrund jener ungeheuren Angst zu verstehen, von der immer mehr Menschen ergriffen wurden, der Angst vor dem Untergang.
Angst in immer derselben Grundform, nur äußerlich auf vielerlei Art variiert, ist ein Urthema der Menschheitsgeschichte. Ob nun verstanden als Gewissensangst, als Angst vor der Sünde, als Bangen vor dem In-der-Welt-Sein oder

als Angst vor dem absoluten Nichts – Angst ist eine wesentliche Tatsache menschlichen Daseins, ein immer vorhandenes unbestimmtes Gefühl der Lebensbedrohung, das leicht an irgendwelchen Objekten, Erscheinungen, Befürchtungen festgemacht werden kann und dann zwar als Furcht bezeichnet wird, aber im Kern immer auch Angst bleibt, Angst vor dem Teufel, Angst vor Hexen, Angst vor Kommunisten, Angst vor Kernkraft, Angst vor dem Untergang der Welt. Sie kann sich zu Panik steigern, kann zu Kurzschlüssen führen oder zu übertriebener Abwehr. In der damaligen Gefährdung der Welt durch Hexen – so »bewiesen« es Jakob Sprenger und Heinrich Institoris in ihrem »Malleus maleficarum« mit wissenschaftlicher Akribie – konnte nur die brutale Vernichtung aller Hexen und ihrer Nachkommen den Untergang der christlichen Welt verhindern, ihre völlige Ausrottung, ohne Skrupel, ohne Mitleid, ohne inneres Schwanken.

Hexen waren für sie – und in diesem Punkt wagten die Verfasser eine besonders verhängnisvolle Zuspitzung – vor allem Frauen, denn das Weib verfalle nun einmal sehr viel leichter der Sünde als der Mann. Zwar war diese Ansicht schon lange vor ihnen vertreten worden, aber Sprenger und Institoris wandten ihre ganze Belesenheit auf, um ihren Lesern die Herabsetzung des nur aus einer Rippe des Mannes entstandenen Weibes als wissenschaftlich gesicherte Erkenntnis einzuhämmern, unter Berufung auf alle möglichen gelehrten Autoritäten von der Antike an bis in ihre Zeit, natürlich auch auf die Bibel und viele Heilige. Sie zitierten aus dem Alten Testament, griffen auf Cato, Cicero, Seneca zurück, stützten sich auf die angesehensten Autoren der Zölibatsliteratur wie Lactantius, Hieronymus, Chrysostomus und führten den Lauf der Weltgeschichte als Beweis an: »Forschen wir nach, so werden wir finden, daß fast alle Reiche der Welt um der Frauen willen zugrunde gegangen sind. Wäre nicht die Schlechtigkeit der Weiber,

so wäre die Welt von unzähligen Gefahren befreit.« Und sie führten den Heiligen Chrysostomus an: »Was ist das Weib anders als eine Feindin der Freundschaft, eine Strafe, der man nicht entrinnen kann, ein notwendiges Übel, eine natürliche Versuchung, ein Unglück, das das Verlangen reizt, eine häusliche Gefahr, ein süß schmeckender Schaden, ein Übel der Natur mit schöner Farbe übertüncht.«
Aber Sprenger und Institoris gingen noch viel weiter. Frauen seien, so lehrten sie, den Männern überlegen an Aberglauben, Rachsucht, Verlogenheit, unersättlicher Sinnlichkeit. Weil es ihnen im Vergleich zu den Männern an körperlicher Kraft fehle, suchten sie im Teufel ihren Helfer und im Hexenwesen die Möglichkeit, ihren Rachedurst zu stillen, und aus Neid auf die Männer fügten sie ihnen Schaden zu, machten sie impotent, hexten ihnen Krankheiten an, verführten sie zur Sünde. Da Frauen von Natur aus schlecht seien, zweifelten sie leichter am Glauben und schwörten Gott leichter ab. Und ihr unersättlicher Geschlechtstrieb verleite sie zu fleischlichem Umgang mit dem Teufel. Jede Hexe, heißt es im »Hexenhammer«, habe mit dem Teufel geschlechtlichen Verkehr.
Auch dies ließen die Verfasser nicht etwa nur als Behauptung stehen, sondern sie stützten sich hier auf Erfahrungen im Umgang mit Hexen, die sie als Inquisitoren gemacht hatten. Immerhin hatten sie selber zu jener Zeit schon 48 Frauen als Hexen auf den Scheiterhaufen gebracht. Diese 48 Frauen und dazu 41 andere, die der Inquisitor Bormio 1485 hatte verbrennen lassen, hätten alle gestanden, daß sie freiwillig über lange Zeit, nämlich zwischen zehn und dreißig Jahre lang, mit dem Teufel geschlechtlichen Umgang gehabt hätten. Vor allem durch solchen Geschlechtsverkehr werde das dauernde Verhältnis zwischen Hexe und Teufel unterhalten.
»Ich fand das Weib bitterer als den Tod«, zitierten Sprenger und Institoris den Propheten Jesus Sirach, »sie ist eine

Schlinge des Jägers; ein Netz ist ihr Herz; Fesseln sind ihre Hände; wer Gott gefällt, wird sie fliehen; wer aber ein Sünder ist, wird von ihr gefangen werden.« Und sie fuhren fort: »Es ist bitterer als der Tod, d. h. der Teufel. Apokalypse 6: Ihr Name ist Tod. Denn mag auch der Teufel Eva zur Sünde verführt haben, so hat doch Eva Adam verleitet. Und wie die Sünde der Eva uns weder leiblichen noch seelischen Tod gebracht hätte, wenn nicht in Adam die Schuld gefolgt wäre, wozu Eva und nicht der Teufel ihn verleitete, deshalb ist sie bitterer als der Tod. – Nochmals bitterer als der Tod, weil dieser natürlich ist und nur den Leib vernichtet; aber die Sünde, vom Weibe begonnen, tötet die Seele durch Beraubung der Gnade und ebenso den Leib zur Strafe der Sünde. – Nochmals bitterer als der Tod, weil der Tod des Körpers ein offener, schrecklicher Feind ist; das Weib aber ein heimlicher, schmeichelnder Feind. Und daher heißt man sie nicht mehr eine bittere und gefährlichere Schlinge der Jäger, als vielmehr der Dämonen, weil die Menschen nicht bloß gefangen werden durch fleischliche Lüste, wenn sie sehen und hören, da, nach Bernardus, ihr Gesicht ist ein heißer Wind und die Stimme das Zischen der Schlange, sondern auch weil sie unzählige Menschen und Tiere behexen. Ein Netz heißt ihr Herz: das meint die unergründliche Bosheit, die in ihrem Herzen herrscht; und die Hände sind Fesseln zum Festhalten; wenn sie die Hand anlegen zur Behexung einer Kreatur, dann bewirken sie, was sie erstreben, mit Hilfe des Teufels. – Schließen wir: Alles geschieht aus fleischlicher Begierde, die bei ihnen unersättlich ist. Sprüche am Vorletzten: ›Dreierlei ist unersättlich (etc.) und das vierte, das niemals spricht: es ist genug, nämlich die Öffnung der Gebärmutter.‹ Darum haben sie auch mit den Dämonen zu schaffen, um ihre Begierden zu stillen. – Hier könnte noch mehr aufgeführt werden; aber den Verständigen ist hinreichende Klarheit geworden, daß es kein Wunder, wenn von der

Ketzerei nicht zu nennen die der Hexer, sondern der Hexen, damit sie den Namen bekomme a potiori; und gepriesen sei der Höchste, der das männliche Geschlecht vor solcher Schändlichkeit bis heute so wohl bewahrte: da er in demselben für uns geboren werden und leiden wollte, hat er es deshalb auch so bevorzugt.«

Wer dies heute liest, mag es kaum für möglich halten, wie bereitwillig diese und überhaupt alle Ausführungen der beiden Dominikaner, die sie in ihrem »Malleus« machten, von allen, die sich mit Hexenfragen irgendwie befassen mußten, angenommen wurden, von Seelsorgern, Stadt- und Gemeinderäten, Verfolgern und Richtern, ganz besonders aber von den Kirchgängern, denen dies ja ständig gepredigt wurde. Einer der einflußreichsten Prediger jener Zeit, der humanistisch gebildete Johann Geiler von Kaisersberg (1445 bis 1510), der zunächst als Professor an der Artistenfakultät in Freiburg lehrte und von 1478 an als Domprediger am Straßburger Münster wirkte, predigte oft zum Thema Hexen. Im Jahr 1508 verkündete er von der Kanzel, daß auf zehn Hexen nur ein hexender Mann komme. Dieses Zahlenverhältnis galt seitdem allgemein als den Tatsachen entsprechend.

Dahinter stand nun freilich kein wissenschaftlicher Nachweis, sondern nur die stillschweigende Absicht der Männer, nahezu die gesamte Schuld an der Bedrohung der Welt durch das Hexenwesen von vornherein den Frauen zuzuschieben – wenn man denn schon Schuldige brauchte. Das war nicht schwierig, weil Frauen den Männern damals ohnehin sehr viel mehr unterlegen waren, als dies heute der Fall ist. Sie waren zwar keineswegs völlig unterdrückt, und es gab eine ganze Reihe von Berufen, in denen sie arbeiten konnten, und zwar durchaus nicht nur untergeordneter Art. Es gab auch im Mittelalter sehr angesehene und wohlhabende Kauffrauen. Aber auf das öffentliche Leben hatten die Frauen so gut wie keinen direkten Einfluß. Man war es gewohnt, alles, auch die Moral, vom männlichen Standpunkt aus zu sehen und zu beurteilen. Frauen waren auch von Bildung, Wissenschaft, Forschung nahezu völlig ausgeschlossen, von der Klosterbildung hier einmal abgesehen. Wo sie dennoch, aus ganz natürlichen Ursachen, dominierten, wie zum Beispiel besonders auf dem Gebiet der Geburtshilfe als Hebammen, die sich zugleich in der Geburtenregelung auskannten, da wurden sie von den »Hexenhammer«-Autoren der schlimmsten Verbrechen verdächtigt. Sich auf den bereits erwähnten Humanisten Johannes Nider berufend, der als Professor in Wien gelehrt hatte und dessen Schriften, vor allem sein »Formicarius«, das »Ameisenbuch«, zu den meistverbreiteten des 15. Jahrhunderts gehörten, schrieben sie: »Niemand schadet dem katholischen Glauben mehr als die Hebammen. Denn wenn sie die Kinder nicht töten, dann tragen sie, gleich als wollten sie etwas besorgen, die Kinder aus der Kammer hinaus, und sie in die Luft hebend opfern sie dieselben den Dämonen.« Gemeint waren hier aber nicht die eigentlichen, anerkannten Hebammen, die ihren Beruf erlernt, eine Prüfung abgelegt und eine Zulassung erworben hatten, sondern Frauen, die sich lediglich als Hebammen ausgaben und in diesem Beruf gewissermaßen schwarzarbeiteten. Sie wurden von Sprenger und Institoris als »Hexenhebammen« bezeichnet.

Daß von Hexenhebammen und ihren verbrecherischen Taten im »Hexenhammer« verhältnismäßig häufig die Rede ist, hat durchaus reale Gründe. Die Säuglingssterblichkeit war damals sehr hoch, auch die Sterblichkeit bei Wöchnerinnen, und überhaupt kam es bei den unzureichenden hygienischen Zuständen in den Wohnhäusern, wo die Geburten stattfanden, nur allzuoft zu Komplikationen. Wie bei allen Unglücksfällen lag es auch hier, zumal bei Fehl- und Totgeburten, nahe, an Behexungen zu denken. Und der Verdacht richtete sich dann nur zu leicht gegen die

Hebamme, besonders wenn es sich – was offenbar sehr häufig vorkam – nicht um eine offiziell zugelassene handelte. Auf diesen Punkt wird im dritten Teil des »Hexenhammers« ausdrücklich hingewiesen. Da wird nochmals betont, daß die »Hexenhebammen ... alle anderen Hexen an Schandtaten übertreffen« und daß es von ihnen »eine so große Anzahl gibt, wie man aus ihren Geständnissen erfahren hat, daß kein Dörfchen existiert, wo derartige sich nicht finden«. Und dann heißt es bezeichnenderweise: »Dieser Gefahr wäre auf jeden Fall von den Präsidenten im Lande in der Weise zu begegnen, daß ausschließlich vereidigte Hebammen von den Präsidenten bestallt würden...«

Auch hier wird deutlich, wie der »Hexenhammer« zur Aufrechterhaltung der Ordnung dienen und den weltlichen Organen Halt und sogar praktische Regeln geben konnte. Nicht zuletzt deswegen fand das Buch so große Verbreitung und Beachtung. Als der brandenburgische Kurfürst Joachim I., der die Universität Frankfurt an der Oder gründete, im Jahr 1508 wissen wollte, was es denn nun eigentlich mit den Hexen auf sich habe, und sich deswegen an den bereits erwähnten Humanisten Johannes Trithemius wandte, der nach seinem Weggang aus dem Benediktinerkloster Sponheim für ein Jahr nach Brandenburg gegangen war, erhielt er von diesem eine ausführliche Antwort, ja ein ganzes Buch unter dem Titel »Antipalus maleficiorum«, »Gegner der Hexereien«. Darin hieß es, in deutlicher Anlehnung an den »Hexenhammer«:

»Ein verabscheuungswürdiges Geschlecht ist das der Zauberer, besonders der weiblichen unter ihnen, die durch die Hilfe böser Geister oder durch Zaubertränke dem menschlichen Geschlecht unabsehbaren Schaden zufügen... Meistens machen sie die Menschen besessen und lassen sie von den Dämonen mit unermeßlichen Schmerzen martern. Ja, sie pflegen sogar fleischlichen Verkehr mit den Dämo-

nen ... Leider ist die Zahl solcher Hexen in jedem Landesteil sehr groß, und selbst im kleinsten Ort findet man noch eine Hexe ... Es sterben Menschen und Vieh durch die Schlechtigkeit dieser Weiber, und niemand denkt daran, daß dies von den Hexen kommt. Viele Menschen leiden an den schwersten Krankheiten und wissen nicht, daß sie verhext sind ...« Und Trithemius warnte davor, Frauen, die im Verdacht standen, hexen zu können, als Hebammen zu bestellen, denn »diese bringen nicht selten die Kinder um und opfern sie dem Teufel«.
In dem Jahr, in dem Trithemius sein Buch »Antipalus maleficiorum« für den Kurfürsten von Brandenburg handschriftlich fertig hatte (1508, gedruckt wurde es erst 1555), wurde er auch von Kaiser Maximilian I., dem »letzten Ritter«, um ein Gutachten über das Hexenwesen gebeten. Auch dieses Gutachten wuchs sich zu einem Buch aus, »Curiositas regia«, »Königliche Wißbegierde«, das zunächst handschriftlich verbreitet wurde, dann aber schon 1515 gedruckt wurde, um der starken Nachfrage zu genügen. Es kam zu mehreren Neuauflagen. Und auch hier bildete der »Hexenhammer« die Vorlage. Eine andere Meinung als die des »Hexenhammers«, mit dem der Teufel in die Wissenschaft geholt worden war, schien kaum noch möglich. Und dabei muß man sich ständig vor Augen halten, daß dies ja keine bloß theoretische Meinung war, die auf dem Papier blieb, sondern daß sie praktische und höchst verhängnisvolle Auswirkungen hatte. Überall und immer häufiger kam es zu Hexenprozessen und Hexenverbrennungen, in ganz Europa, bald aber wohl am meisten in Deutschland, wie es jedenfalls der Jesuit Friedrich von Spee in seiner »Cautio Criminalis«, seinem »Rechtlichen Bedenken wegen der Hexenprozesse«, anderthalb Jahrhunderte später schrieb, einer der ersten und wichtigsten Schriften gegen die Prozesse. In dem 1632 in Frankfurt gedruckten Buch, das sich mit seinen fünfzig Fragen an

die »Obrigkeiten Deutschlands« und an die »Ratgeber und Beichtväter der Fürsten«, an »Inquisitoren, Richter, Advokaten, Beichtiger der Angeklagten, Prediger und andere« wandte und anonym erschien, »von einem ungenannten Römischen Theologen«, hieß es:
«Ob es in Deutschland mehr Hexen und Unholde als anderorts gibt? Ich antworte: Das weiß ich nicht. Aber ich will, um keine Zeit zu vertun, kurz sagen, wie sich mir die Sache darstellt. Danach scheint es jedenfalls so und wird es angenommen, daß sich in Deutschland mehr Hexen finden als woanders. – Man weiß ja, daß es besonders in Deutschland allerorts von Scheiterhaufen raucht, die diese Pest vertilgen sollen, und das ist doch gewiß ein überzeugender Beweis dafür, wie sehr man alles für verseucht hält. Das geht so weit, daß der Ruf Deutschlands nicht wenig an Glanz bei unsern Feinden eingebüßt hat, und, wie die Heilige Schrift (2. Mos. 5 V. 21) sagt, wir unsern Geruch haben stinkend gemacht vor Pharao und seinen Knechten.«
Das wurde, wie schon gesagt, im Jahr 1632 geschrieben, als der Hexenwahn in vollem Gange war. Friedrich von Spee (1591 bis 1635), der vor allem durch seinen Lyrikband »Trutz-Nachtigall« bekannt wurde, kam durch seine Kritik an den Hexenprozessen in persönliche Gefahr. Vielleicht hat er, weil dies vorauszusehen gewesen war, in seiner »Cautio Criminalis» deswegen ausdrücklich erklärt, daß an der Existenz von Hexen nicht zu zweifeln sei. Ob er es wirklich geglaubt hat, ist zumindest fraglich, ja für aufmerksame Leser seines Buches höchst unwahrscheinlich. Aber ein Jahrhundert zuvor war der berühmte Arzt und Naturforscher Paracelsus, eigentlich Theophrast von Hohenheim (ca. 1493 bis 1541), der mit seinen Lehren durch viele Länder Europas zog, noch fest überzeugt, daß viele Krankheiten und Unwetter von bösen Hexen verursacht würden. Paracelsus meinte, gegen Hexen könnten weder

Waffen noch Türen und Schlösser helfen, sie könnten unbeschadet durch alles hindurchdringen: »Sie sind die schädlichsten Menschen und die bösartigsten Feinde, die wir auf Erden haben«, und darum »ist es nicht unbillig noch ungerechtfertigt, daß man alle den Feuertod sterben läßt«. Paracelsus glaubte auch, daß die Frauen eine viel stärkere Neigung zu Teufelskünsten haben als die Männer. Und in seinem Werk zeigt sich an vielen Stellen die Angst vor Hexen als einer allgegenwärtigen Gefahr.
Diese Angst vor Hexen, Dämonen und dem Teufel brachte auch Martin Luther (1483 bis 1546) wiederholt zum Ausdruck. Luther gehörte zweifellos zu denen, die die Hexenangst entschieden gefördert haben. Zweifel an der Realität der Hexen und ihrer Malefizien finden sich bei ihm nicht, und er glaubte auch fest an die Existenz der »Wechselbälge« oder »Krilköpfe«, die angeblich aus dem Umgang der Hexen mit Dämonen hervorgingen. Luther hat vor Hexen oft und nachdrücklich gewarnt, und zwar auch bei Anlässen und in Zusammenhängen, die ein Eingehen auf die Hexenfrage von sich aus nicht unbedingt zu fordern schienen. So zum Beispiel in seiner Erklärung der Zehn Gebote, die 1518 im Druck erschien, lateinisch, und zwei Jahre später auch auf deutsch vorlag. Da schrieb er, »wer ... mit Zauberei, Schwarzkunst, Teufels- und Bundesgenossen sucht ..., wer Wunschruten, Schatzbeschwörer, Kristallseher, Mantelfahren und Milch stehlen übet«, der verstößt gegen das erste Gebot, in dem Gott fordert, daß der Mensch neben ihm keine anderen Götter haben solle. Und in diesem Zusammenhang warnte er vor den Hexen, »die mit dem Teufel ein Bündnis eingehen«: Sie »können durch Zauberei die Leute blind, lahm und sonstwie krank machen, sogar töten, wie ich öfters mit eigenen Augen gesehen habe. Zudem können sie Ungewitter hervorbringen, die Früchte auf dem Feld verderben und das Vieh umbringen; ebenso können sie den Leuten Butter, Milch und Käse

stehlen, indem sie an den Türpfosten mit einem Beil oder Handtuch zu melken scheinen ...«

Wenig später äußerte sich Luther zu dem Thema ganz ähnlich: »Die Zauberer oder Hexen, das sind die bösen Teufelshuren, die Milch stehlen, Wetter machen, auf Bökken oder Besen reiten, auf Mänteln fahren, die Leute schießen, lähmen, verdorren, die Kinder in der Wiege martern, die ehelichen Gliedmaßen bezaubern ... Sie können den Dingen eine andere Gestalt geben, daß eine Kuh als Ochs erscheint, das in der Wahrheit ein Mensch ist, und die Leute zur Liebe und Buhlschaft zwingen und des Teufels Dinge viel.« Und in den Tischreden führte er einmal aus, wie der Teufel und die Hexen Leute durch die Luft entführen könnten, und fügte hinzu: »Das ist zu machen; sie sind schrecklich und kein Kinderwerk, wie die Klüglinge meinen.«

Diese und andere Äußerungen Luthers über Hexen wirken klischeehaft und vermitteln nicht gerade den Eindruck, als habe er sich mit dem Problem auseinandergesetzt. Sie zeigen vielmehr, daß Luther wie die große Mehrheit jener Zeit die allgemein anerkannte und wissenschaftlich begründete Meinung übernahm. Dies gilt ebenso für seine mehrmals ausgesprochene Überzeugung, daß Hexen verbrannt werden müßten. Wie andere auch stützte er sich dabei auf die Bibel, und zwar auf Vers 18 im 22. Kapitel des 2. Buches Mose, der in Luthers eigener Übersetzung lautet: »Die Zauberinnen sollst du nicht leben lassen.« Dies predigte er zum Beispiel im Frühjahr 1526, wobei er die Hexen wieder in der eben zitierten Art beschrieb, aber die Forderung hinzufügte, daß man Hexen töten solle, und erklärte, es sei »ein sehr gerechtes Gesetz, daß sie getötet werden«; »schaust du solche Weiber an, so wirst du sehen, daß sie ein teuflisches Gesicht haben. Ich habe selber deren etliche gesehen ... Man töte sie nur.« Und ein anderes Mal, wieder von der Kanzel: »Die Hexen soll man töten, denn sie verüben Diebstahl, Ehebruch, Raub und Mord. Etliche meinen wohl verächtlich, die Hexen könnten solches nicht tun. Allein sie können es ganz gewiß, freilich mit Hilfe des Teufels... Sie richten vielfältigen Schaden an. Deshalb töte man sie, nicht nur weil sie Schaden anrichten, sondern auch, weil sie mit dem Teufel Umgang haben.« Mit Hexen solle man »keine Barmherzigkeit« haben. Und in seinem Kommentar zum Galaterbrief, 1531: »Zauberei und Hexerei sind des Teufels eigene Werke. Wir alle sind mit Leib und Gut dem Teufel unterworfen, als Gäste von dieser Welt, deren Fürst und Gott er selbst ist.«

An sehr vielen Stellen in Luthers Schriften, vor allem auch in seinen Briefen und anderen persönlichen Zeugnissen, wird deutlich, wie real die Vorstellung von der ständigen Gegenwart des Teufels und das Gefühl des Bedrohtseins bei Luther und wohl überhaupt bei den Menschen in jener Zeit war. Zum Beispiel als er seinem Kurfürsten Johann einmal schrieb: »Ich glaube, daß meine Krankheiten nicht alleweg natürlich sind, sondern daß Junker Satan seinen Mutwillen an mir übet durch Zauberei... Keine Krankheit kommt von Gott, der gut ist und jedermann alles Gute tut; sondern ist vom Teufel, der alles Unglück stiftet und anrichtet und sich in alle Spiel und Künste einmengt...« Oder als er seine Gemeinde vor sommerlichen Bädern in der freien Natur warnte: »... seid vorsichtig und enthaltet euch in dieser Sommerzeit der kalten Bäder; denn der Teufel bewohnt die Wälder und Flüsse und stellt uns überall nach, um uns zu verderben; denn er schläft nicht.« Der Teufel, sagte er an anderer Stelle, ist unser »höchster Feind«, er »trachtet ohne Unterlaß nach unserem Leben und kühlet sein Mütlein, daß er manchem den Hals bricht oder ihn von Sinnen bringet, etliche im Wasser ersäuft und viele dahin treibet, daß sie sich selbst umbringen«.

So sahen und erlebten es viele. Auch Luthers bedeutendster Mitarbeiter und Mitstreiter, der Humanist und refor-

matorische Theologe Philipp Melanchthon (eigentlich Schwarzert, 1497 bis 1560), der in Heidelberg studiert hatte und dann als Professor der griechischen Sprache zunächst an der Universität Tübingen und seit 1518 in Wittenberg lehrte, glaubte fest an alle möglichen Umtriebe des Teufels: »Als ich in Tübingen war«, so berichtete er, »sah ich in jeder Nacht Flammen, die so lange brannten, bis sie in einem gewaltigen Rauch aufgingen. Gleichfalls erschienen mir in Heidelberg Gestalten wie fallende Sterne, die jede Nacht kamen. Das sind ohne Zweifel Teufel, die immerfort unter den Menschen umherschweifen.«
Es ließen sich noch sehr viele solcher Stimmen anführen, Stimmen von angesehenen Gelehrten, die die Realität der Hexen und ihrer gefährlichen Umtriebe bestätigten. Zwar gab es – was nochmals betont werden soll – immer auch warnende Stimmen von kritischen, skeptischen Geistern. Aber ihre Kritik blieb – wie ebenfalls schon gesagt – stets innerhalb der allgemein gültigen Denkvorstellungen. Das gilt auch für einen der bedeutendsten Vorläufer Friedrich von Spees, den Arzt Johann Wier, der die inzwischen verstorbenen Autoren des »Hexenhammers« anzugreifen wagte, und zwar mit seinem 1563 erschienenen Buch »De praestigiis daemonum...«, »Von den Blendwerken der Dämonen sowie von Bezauberungen und Vergiftungen«, das es auf sieben Auflagen brachte. Johann Wier oder – wie er sich als humanistisch gebildeter Wissenschaftler nannte – Dr. Wierus stellte das System gewissermaßen auf den Kopf, indem er behauptete, die Hexenprozesse würden vom Teufel selber inszeniert und die Verfolger und die Richter würden von ihm in die Irre geführt. Johann Wierus stellte die Sache nun so dar, daß der Teufel sehr viel mehr durch die Hexenverfolger wirke als durch die Hexen. Diese seien oft nur dumme oder geistesverwirrte Weiber und bildeten sich möglicherweise nur ein, Krankheiten verursachen oder heilen zu können. Nicht so sehr auf sie als

vielmehr auf die Seelen der Hochgestellten habe der Teufel es abgesehen, schrieb Wierus in seinen »Blendwerken«, die 1565 ins Deutsche übersetzt wurden, also auf die Seelen der Theologen, der Juristen, der Bürgermeister, Fürsten und Könige. Aus »herzlichem Mitleid mit denjenigen, die in solchen hohen Ämtern von dem leidigen verführerischen Teufel verblendet sind«, habe er, Dr. Wierus, zur Feder gegriffen, heißt es in der Einleitung.

Was Wierus da tat, hätte für ihn leicht gefährlich werden können. Zwar stand er als Leibarzt des Herzogs von Jülich-Cleve nicht ganz ungeschützt da, aber selbst höhere und höchste Ämter konnten ihren Inhabern keine völlige Sicherheit garantieren. Sein Buch erregte Aufsehen und rief Widerspruch hervor, aber da es mit seiner Kritik systemimmanent blieb, indem es den Hexenverfolgern lediglich Verblendung, nicht aber etwa Ketzerei vorwarf und nicht einmal die Realität der Hexen in Frage stellte, sondern ja nur darlegte, wie leicht Unschuldige verurteilt werden konnten, wurde es nicht unterdrückt. Und auch dem Verfasser geschah nichts. Wirklich und von Grund auf abweichende Schriften wurden nicht geduldet. Das hatte sich schon gut ein Jahrhundert zuvor gezeigt, als Heinrich Institoris, der Hauptverfasser des »Hexenhammers«, seit 1500 im Auftrag Papst Alexanders VI. in Böhmen und Mähren gegen die angeblich überhandnehmenden »Waldenser« oder »Pikarden« und zugleich gegen die dortigen Zauberer und Hexen eingesetzt war. Da wurde er durch ein besonderes Breve beauftragt, alle im Druck erschienenen ketzerischen Schriften öffentlich zu verbrennen. Dazu gehörten auch jene Schriften, in denen die Existenz von Hexen in Frage gestellt wurde.

Das Buch von Dr. Wierus rief konservative Gegner auf den Plan. Die bedeutendsten waren diese drei: König Jakob von Schottland und England (1566 bis 1625), der Sohn Maria Stuarts, den man einen der intelligentesten Regierenden genannt hat; zweitens der aus Spanien stammende Jurist und Politiker Martin Delrio (1551 bis 1608), der in den spanischen Niederlanden als Vizekanzler und Generalstaatsanwalt von Brabant wirkte und als Professor in Löwen und an anderen Universitäten lehrte, von vielen als einer der gelehrtesten Männer jener Zeit gepriesen; und drittens der französische Kronanwalt Jean Bodin (1529 bis 1596), der als der bedeutendste Staatstheoretiker des 16. Jahrhunderts gilt.

König Jakob, erzogen in der calvinistischen Glaubenslehre und zeitlebens Protestant, genauer, Anglikaner, betätigte sich nicht nur in der Theorie, sondern auch praktisch als eifriger Hexenjäger. Beeinflußt von Jean Bodins Schriften zu diesem Thema, hielt er sich für einen Experten auf dem Gebiet der Dämonologie. In Schottland hat er persönlich viele Vernehmungen von angeblichen Hexen geleitet und dabei ohne Erbarmen die Folter anwenden lassen. Im Jahr 1597 erschien sein Buch »Teufelslehre«, auf lateinisch, in dem er die Ausführungen des Dr. Wierus als verdammenswert bezeichnete und nachzuweisen versuchte, daß Satan jetzt zum entscheidenden Angriff auf die christliche Welt angesetzt habe. Um diesem Angriff zu begegnen, müßten alle, die sich zu seinem Werkzeug machen ließen, aufs strengste bestraft werden. Jakob blieb nicht bei der bloß theoretischen Forderung stehen, sondern brachte ein Gesetz ein, das schon für geringste Vergehen, die mit Hexerei in Verbindung gebracht werden konnten, die Todesstrafe vorsah. Doch gerade die Anwendung dieses Gesetzes ließ ihn schon bald zu der Einsicht kommen, wie leicht es dadurch möglich wurde, Unschuldige auf den Scheiterhaufen zu bringen. Von da an hat Jakob an Hexenprozessen sehr viel kritischer teilgenommen, und in mehreren Fällen hat er Anschuldigungen als unhaltbar entlarvt. Seine grundsätzliche Meinung über die Gefährlichkeit von Hexen aber hat er nicht geändert. Und auch das Gesetz hat er

nicht zurückgenommen. Indessen wurde es zu seiner Zeit nicht mehr angewendet, auch nicht unter seinem Sohn und Nachfolger, danach jedoch sehr oft, und zwar überall in Großbritannien.
Sehr viel folgenschwerer als König Jakobs »Teufelslehre« wirkten sich die »Untersuchungen über Zauberei« des Jesuiten Dr. Martin Delrio aus, in denen Johann Wierus als »Teufelszauberer« und toller Hund bezeichnet wurde. Das lateinisch geschriebene Buch erschien zum erstenmal 1596 im Druck und sollte es auf fast zwanzig Neuauflagen bringen; die letzte erschien 1746. Es wurde nach dem gut hundert Jahre älteren »Hexenhammer«, auf den es sich im wesentlichen stützte und den es an Scharfsinn und Gelehrsamkeit noch zu übertreffen schien, zum meistbenutzten und am häufigsten angeführten Handbuch der Hexenrichter, auch der protestantischen. Delrios Ziel war es, den Hexenprozeß gegen die von Johann Wierus vorgebrachten Einwände als notwendig und gerecht zu verteidigen. Der für die spanischen Niederlande zuständige Generalstaatsanwalt erklärte, daß ein Richter, der eine geständige Hexe nicht zum Tode verurteile, eine Todsünde begehe; wer gegen das Todesurteil stimme, verrate eine heimliche Mitschuld; und wer behaupte, daß Hexengeschichten, die als verbürgt berichtet werden, auf Täuschungen oder Einbildungen beruhten, der mache sich selber der Hexerei verdächtig. Delrio schloß messerscharf: Die katholische Kirche habe als Bewahrerin des rechten Glaubens seit vielen Jahren Hexen verurteilt und sie der weltlichen Justiz übergeben, und wer jetzt etwa behaupten wolle, da ginge irgend etwas nicht mit rechten Dingen zu, wie es der Dr. Wierus andeute, der behaupte zugleich, die Kirche irre in Sachen des Glaubens. Und der müsse verflucht sein.
Das hieß, daß selbst geringste Zweifel am Hexenwahn und an allen Hexenberichten nicht mehr erlaubt sein sollten. Und so konnte denn Delrio in seinen »Inquisitiones«,

seinen »Untersuchungen«, die unglaublichsten Erzählungen als unzweifelhaft wahr darstellen, wobei er bei seinen Beschreibungen in einigen Details scheinbar genauer war als der »Hexenhammer«. Zum Beispiel, wo er ausführlich über die nächtlichen Begegnungen, die Hexensabbate, berichtete, die im »Hexenhammer« kaum vorkommen. Um zu den Sabbaten fliegen zu können, brauchten die Hexen die auch im »Hexenhammer« erwähnte Salbe, die aus Kinderleichen hergestellt werde. Delrio wußte nun zu berichten, daß mit dieser Salbe nicht – wie es im »Hexenhammer« heißt – der Stock oder Besen, auf dem die Hexen durch die Lüfte fliegen, bestrichen werden müsse, sondern daß die Hexen sich selber damit salben müßten. Er gab dafür auch sogleich eine einleuchtende, logisch-wissenschaftliche Erklärung: Auf diese Weise werde sehr viel mehr Salbe verbraucht; und genau dies wolle der Teufel erreichen, damit zu ihrer Herstellung möglichst viele Kinder getötet werden müßten.
Solche Genauigkeit im Detail findet sich bei Delrio und überhaupt in der Hexenliteratur immer wieder. Sie war und ist noch heute in der Wissenschaft ein bewährtes Mittel, bewußt oder unbewußt vom eigentlichen Thema und von grundsätzlichen Zweifeln abzulenken. Dabei kann gerade das am wenigsten wahrscheinliche Detail zum Beweis dafür erhoben werden, daß die eigentlich unwahrscheinliche Grundthese wahr sein muß. Unbefriedigend war zum Beispiel noch immer die gängige Erklärung, wie die geschlechtliche Vereinigung von Dämonen und Menschen erfolgte und wie daraus Nachkommen entstanden. Daß die Dämonen sich nicht untereinander vermehren konnten, weil sie keinen Samen haben und deswegen zu ihrer Vermehrung auf Menschen angewiesen waren, galt als sicher. Und es war ja auch einleuchtend; denn sonst könnten sich die Dämonen ganz ungehindert unendlich weitervermehren.

Wie sie sich den Samen beschafften und ihn weitergaben, wurde durch die bereits erwähnte Theorie von Succuben und Incuben erklärt: Der Dämon konnte die Gestalt eines Succubus annehmen (vom lateinischen »succubere«, darunterliegen), also in Frauengestalt einem Manne beiliegen, und er konnte sich dann in einen Incubus verwandeln und den empfangenen Samen an eine Frau weitergeben. Ungeklärt blieb dabei, ob und wie daraus Böses, Häßliches, Teuflisches entstand. Dies klärte der Jesuit Delrio, indem er behauptete, der teuflische Dämon habe die Fähigkeit, irgendwelche Produkte in den weiblichen Uterus zu bringen und sie darin einzuschließen; dies habe sich ja gezeigt, als eine Frau eine Kröte zur Welt brachte, die ein goldenes Kettchen um den Körper hatte. Auf solche Weise könnten die Dämonen Ungeheuer ins Leben rufen, meinte Delrio und führte folgende Beispiele als Beweis an: Im Jahr 1387 gebar eine Frau in Helvetien einen Löwen, 1471 brachte eine Frau in Brixen einen Hund zur Welt, und bei einer Geburt in Basel im Jahr 1571 kamen nacheinander zuerst ein in Häute eingehülltes menschliches Haupt, dann eine zweifüßige Schlange und schließlich ein vollkommenes Schwein an den Tag. – Für die Leser, jedenfalls für viele, wahrscheinlich für weitaus die meisten, lag diese Schlußfolgerung auf der Hand: Wenn solche Fälle vorgekommen waren – und von ähnlichen hatte jeder schon gehört – dann brauchte über die grundsätzliche Frage, ob Dämonen mit Menschen geschlechtlichen Verkehr haben und sich auf diese Weise vermehren können, nicht mehr nachgedacht zu werden, und schon gar nicht darüber, ob es denn Dämonen und Hexen wirklich gebe.
Der Dritte, der sich nachdrücklich gegen die kritischen Ausführungen des clevischen Arztes Johann Wierus wandte, der französische Kronanwalt Jean Bodin (latinisiert Bodinus), ist (unter den drei genannten und vielen anderen Zeitgenossen) zweifellos der interessanteste und fort-

schrittlichste Geist. Dies gilt uneingeschränkt, wenn man liest, was in der Brockhaus-Enzyklopädie (von 1967) über ihn, den bedeutendsten Staatstheoretiker seines Jahrhunderts, steht: »... anfangs Karmeliter, seit 1560 als Jurist in Paris; trat 1571 in den Dienst des Herzogs von Alençon. Bodin, der für einen Hugenotten gehalten wurde, geriet 1572 während der Bartholomäusnacht in Lebensgefahr. Von 1577 bis zu seinem Tode war er Kronanwalt in Laon. Bei den Generalständen von Blois (1576) trat er als Deputierter des Dritten Standes als entschiedener Befürworter religiöser Toleranz auf. Im gleichen Jahr erschien sein Hauptwerk ›Les six livres de la République‹. Bodin entwikkelte hier den Begriff der Souveränität, daß heißt der Unabhängigkeit der staatlichen Gewalt von jeder inneren und äußeren Bindung, auch von der an eine bestimmte Konfession. Damit hat er den Weg zur Überwindung des religiösen Bürgerkriegs in Frankreich gezeigt, zugleich aber auch dem Absolutismus geistig vorgearbeitet. Doch ist die von Bodin geforderte souveräne Staatsgewalt nicht schrankenlos im Sinne eines T. Hobbes. Sie bleibt, wenn nicht an menschliches Gesetz, so doch an göttliches und natürliches Recht gebunden, dessen Wahrung für Bodin höchster Zweck des Staates ist. Bodin gelangte zu einer vergleichenden Betrachtung der verschiedenen Staatsformen, die an Montesquieus ›De L'Esprit des Lois‹ erinnert. Als einer der ersten erkannte er den Zusammenhang von Geldmenge und Preis und erklärte die ›Preisrevolution‹ des 16. Jahrhunderts mit dem Einströmen amerikanischer Edelmetalle nach Europa. In seiner religionsphilosophischen Spätschrift (›Colloquim heptaplomeres de rerum sublimium arcanis abditio‹) entwickelte Bodin seinen auf die Verschiedenartigkeit der religiösen Bekenntnisse und den Verzicht auf Wiederherstellung der Glaubenseinheit gegründeten Toleranzbegriff.«
Aber dieser Jean Bodin, der sich so oft als kluger und

vorurteilsloser Denker erwies und in seinem »Colloquium heptaplomeres...« sieben weise Männer in freundschaftlichem Gespräch ihre Glaubensüberzeugungen darlegen ließ, darunter einen Christen, einen Juden, einen Mohammedaner, und sie – wie es zwei Jahrhunderte später ganz ähnlich in Lessings Bühnenstück »Nathan der Weise« geschah – die Idee der Toleranz verkünden ließ, dieser wirklich intelligente Mann schrieb im Alter von etwa fünfzig Jahren eine vielbeachtete Schrift, die 1580 in französischer und bald darauf in lateinischer Sprache erschien: »De magorum daemonomania...«. Sie wurde auch in andere Sprachen übersetzt und sehr oft nachgedruckt, zuletzt 1698 in Hamburg.

Bodin widmete diese Schrift dem Präsidenten des Pariser Parlaments, also eigentlich dem Gerichtshof zu Paris. Das war zweifellos als eine Aufforderung an das Gericht gemeint, in Hexenprozessen künftig härter vorzugehen; denn das Pariser Parlament, das für die meisten Gerichte in Frankreich tonangebend war, hatte gegenüber Ketzern und Hexen mehrmals eine zögernde, also eigentlich verständige, menschliche Haltung gezeigt. Bodin behauptete nun, daß in Frankreich viele Tausende von Hexen ihr Unwesen trieben, daß aber viel zu wenige angezeigt und verurteilt würden. An der Existenz von Hexen, an die die Menschen ja von jeher glaubten, könne nicht gezweifelt werden; das versuchte Bodin noch einmal umständlich nachzuweisen. Man müsse nun mit aller Macht gegen sie vorgehen. Wenn man sich aber bei gerichtlichen Untersuchungen gegen Verdächtige an das gewöhnliche Rechtsverfahren hielte, dann würde unter Millionen Hexen nicht eine einzige angeklagt und verurteilt werden. Deswegen forderte er, das Verfahren zu verschärfen, indem man Hexerei grundsätzlich als ein »crimen exceptum«, ein Sonderverbrechen, behandeln solle. Er riet den Richtern, sich in Hexenprozessen freundlich und mitleidsvoll zu zeigen, um von den

Beschuldigten leichter Geständnisse zu erhalten. Bleibe aber das Geständnis aus, dann müsse die Farbe gewechselt und die Tortur angedroht werden. Durch das Vorzeigen der Folterinstrumente solle Schrecken eingeflößt werden. Der Richter könne getrost lügen, daß der Angeklagte wiederholt denunziert worden sei; er solle ihm die Freiheit versprechen, wenn er bekenne. Lügen sei in solchen Fällen erlaubt. Wenn das Geständnis so nicht erreicht werde, dann müsse die Folter angewendet werden, und zwar in einer verschärften Form.

Jean Bodin war überzeugt, daß nur durch einen erbarmungslosen Kampf die ständig größer werdende Hexengefahr gebannt werden könne, und er verwies warnend auf Neapel und seine Umgebung, wo die Zahl der Hexen nahezu hunderttausend erreicht habe, weil man sie da nicht verfolge. Um alle Hexen ausfindig machen zu können, müsse jedermann gegen sie Zeugnis ablegen dürfen, also auch die schlimmsten Feinde seien als Zeugen zuzulassen; der Richter brauche sich nicht an die normalen Prozeßregeln zu halten, weil ein Hexenprozeß grundsätzlich ein Ausnahmeverfahren darstelle. Hier ging Bodin über den »Hexenhammer« und die bis in seiner Zeit allgemein übliche Gerichtspraxis hinaus.

Dies tat er noch entschiedener in der Frage des Hexenstigmas, die im »Hexenhammer« noch nicht behandelt worden war. Als Hexenstigma galt ein Mal am Körper der Hexe, mit dem der Teufel sie als seinen Besitz kennzeichne, nachdem sie sich mit ihm verbündet hatte. An einem solchen Mal, so hieß es und wurde so auch von Bodin dargestellt, war die Haut ganz unempfindlich; wenn die Hexe da mit einer Nadel gestochen werde, dann spüre sie es nicht, und es komme auch kein Blut. Lange Zeit war es umstritten, ob ein solches Mal, also vielleicht ein Leberfleck, zu dessen Entdeckung die Verdächtigen nackt ausgezogen und häufig am ganzen Körper rasiert werden mußten, als sicheres Indiz für den mit dem Teufel geschlossenen Bund gelten könne. Bodin bejahte dies. Und die meisten folgten ihm darin, und zwar mit dem Argument, daß der Teufel ein solches Mal keiner Unschuldigen einbrenne, weil Gott das nicht zulassen könne. Der Kölner Jurist Peter Ostermann verteidigte in seiner Schrift von 1629 die Beweiskraft des Hexenmals mit dem Scheinargument, er habe noch keine Hexe gefunden, die es nicht gehabt hätte.

In der zweiten Hälfte des 17. Jahrhunderts – das war schon die Zeit von Molière, Racine, Thomas Hobbes, Leibniz, Grimmelshausen, Paul Gerhardt – wurde das Teufelsmal von vielen Hexengerichten als Schuldbeweis anerkannt. Aber andererseits mußten Verdächtige, bei denen man es nicht fand, durchaus nicht für unschuldig gehalten werden. Für solche Fälle hatte der kluge Bodin vorgesorgt: Wenn eine Hexe das Stignum nicht hat, argumentierte er, dann kann sie gleichwohl als schuldig angesehen werden, ja als in besonderem Maße schuldig; dann dürfte es sich bei ihr um die Königin des Sabbats handeln, die eigene Braut des Teufels; denn der Teufel brenne nur den weniger treuen Hexen das Mal ein, nicht aber jenen, deren Treue er sicher sein könne.

Wie schon gesagt, war Bodins Schrift von großer Wirkung, obwohl seine Argumente ja keineswegs stichhaltig waren. Aber – wie immer in solchen Situationen – die Argumente und »Beweise« wurden von denen, die wie er von der Existenz und der großen Gefährlichkeit der Hexen ohnehin überzeugt waren, bedenkenlos angenommen. Immer rücksichtsloser wurde nun auch, wie er es gefordert hatte, gefoltert. Zwar blieb es verboten, Angeklagte mehr als dreimal der Folter auszusetzen, das heißt, wer beim drittenmal noch kein Geständnis ablegte, mußte als unschuldig angesehen werden, aber daß jemand die dreimalige Folter durchhielt, ohne irgend etwas zu gestehen, kam so gut wie nie vor. Und wenn doch, dann konnten – weil Hexerei als

Sonderverbrechen galt – doch noch weitere Folterungen angesetzt werden. Dazu mußten zwar neue Indizien beigebracht werden, aber dies war ja nie schwierig.

Der ungeheuerliche Mißbrauch der Folter war das eigentliche Thema der bereits genannten »Cautio Criminalis« des Jesuiten Friedrich von Spee aus dem Jahr 1631. Da wurde immer wieder gezeigt und mit Beispielen belegt, wie leicht mit der Folter jedes von den Richtern gewünschte Geständnis erpreßt werden konnte. Von heute her gesehen, scheint das so selbstverständlich zu sein, daß es kaum begreiflich ist, warum nicht jeder das so sah wie Spee. Aber so einfach, wie es sich im nachhinein darstellt, lag das Problem eben nicht; immerhin hatten die Befürworter der rücksichtslosesten Folter für ihre Überzeugung, daß es schlechterdings unmöglich sei, Unschuldigen Schuldgeständnisse abzupressen, Argumente zur Hand, mit denen auch Spee sich umständlich auseinandersetzen mußte, und zwar Argumente aus der Heiligen Schrift.

Zu den einflußreichsten Befürwortern gehörte der Trierer Weihbischof Peter Binsfeld, ein fanatischer Hexenverfolger, aber ein hochangesehener Gelehrter, der 1579 einen lateinischen, 1590 ins Deutsche übertragenen Traktat schrieb: »Über die Bekenntnisse der Zauberer und Hexen, ob und wieviel denselben zu glauben«, den Spee sehr genau gelesen hatte. Spees zehnte Frage in seiner »Cautio Criminalis« hieß: »Ob zu glauben ist, Gott werde jemals zulassen, daß auch Unschuldige mit in die Hexenprozesse hineingeraten?« Bevor Spee diese Frage beantwortete, übrigens nicht ganz eindeutig, führte er die Argumente jener an, die sie verneinten:

»Etliche Gelehrte vertreten die Meinung, Gott werde es nicht zulassen, daß unter der Beschuldigung eines so gräßlichen Verbrechens Unschuldige mit Schuldigen in einen Topf geworfen würden. Und Binsfeld sagt, dies sei ein Vorrecht der Freunde und Kinder Gottes. Folgendermaßen

will er es beweisen: Die Verheißungen der Heiligen Schrift versichern es; so in den Psalmen, ›Weil er auf mich gehoffet, so will ich ihn befreien, ihn beschirmen, denn er hat erkannt meinen Namen‹. Und abermals, ›Es hoffen auf dich, die deinen Namen kennen, denn du verlässest nicht, die dich suchen, Herr!‹ Und wieder, ›Die Gerechten haben mich angerufen, und ich will sie erhören‹. Desgleichen, ›Wer auf den Herrn hoffet, der soll nicht zuschanden werden‹. Und im 2. Petrusbrief Kap. 2 V. 9, ›So weiß der Herr die Frommen aus der Versuchung zu erretten‹. Und bei Paulus, ›Gott aber ist getreu, er wird euch nicht über eure Kräfte versuchen lassen, sondern bei der Versuchung auch den Ausgang geben, daß ihr ausharren könnet‹. – Es ... kommt noch das sehr wichtige Zeugnis des heiligen Cyprianus hinzu, das auch unsere heutigen Zauberer und Hexen in ihren Geständnissen bestätigen. Dieser Heilige versuchte (so berichtet Binsfeld) in Antiochia, als er noch ein Zauberer war, von Liebe zu der christlichen Jungfrau Justina ergriffen, sie mit Beschwörungen und Zaubertränken seiner Begierde gefügig zu machen. Er fragte den Teufel, wie er dies zuwege bringen könnte. Der aber antwortete ihm, seine Zauberkraft könne nichts gegen die ausrichten, die dem Heiland aufrichtig ergeben sind. So Binsfeld, dessen Gedanken sich Delrio und auch heutzutage noch viele eifrige Hexenjäger zu eigen machen.«
So ohne weiteres konnten diese Argumente nicht an die Seite geschoben werden. Einfach zu behaupten, sie stimmten nicht, war unmöglich; das hätte die Behauptung impliziert, Gott sei nicht getreu und sei keineswegs eine absolute Garantie für alle, die an ihn glaubten und auf ihn hofften. Friedrich von Spee wagte es dennoch, diesen Argumenten die Beweiskraft für das anstehende Problem abzusprechen. Er tat es mit dem Hinweis auf die vielen Märtyrer, die in der Geschichte des Christentums »mit unsagbaren Qualen hingerichtet worden« waren, obwohl sie unschuldig waren

und voll und ganz auf Gott vertraut hatten. Und er fuhr fort: »Gott läßt ja noch viel schlimmere Dinge geschehen; so . . . daß sein eingeborener Sohn mit Mördern zusammen gekreuzigt wurde . . .« Spee aber schloß diesen Fragenkomplex, indem er die Möglichkeit eines Kompromisses ansprach: »Selbst wenn wir zugestehen wollten, Gott werde nicht erlauben, daß Unschuldige durch solche Künste des Teufels ins Verderben geraten . . ., so würde daraus doch noch nicht folgen, er werde nicht zulassen, daß sie durch menschliche Künste, nämlich durch unvorsichtige Prozeßführung der Richter ins Verderben geraten. Das mag hier genügen.«

Vielen aber genügte es wohl nicht. Und genaugenommen hatte Spee die Frage, ob Gott es zulassen könne, daß auch Unschuldige zum Feuertod verurteilt würden, ja auch keineswegs klar beantwortet. Vielmehr hatte er das Problem lediglich verschoben. Immerhin konnte jetzt der Einwand kommen, der gütige und gerechte Gott könne es erst recht nicht zulassen, daß Unschuldige allein infolge von Schlamperei oder Unfähigkeit der Richter den Feuertod erleiden müßten; so ungerecht könne Gott nicht sein, das dürfe niemand behaupten, und folglich müsse Spee im Irrtum sein. Und so ist es denn nicht allzu verwunderlich, daß Friedrich Spee von Langenfeld, wie er eigentlich hieß, wegen seiner »Cautio Criminalis«, als deren Verfasser er schon bald erkannt wurde, Schwierigkeiten bekam und aus dem Jesuitenorden ausgestoßen werden sollte, was dann aber doch nicht geschehen ist.

Spee, dieser wirklich weise, besonnene, weltoffene Priester, hat sich offenbar keine Illusionen über die Wirkung seiner Schrift gemacht. Seine Auffassung von der Hexerei und dem ganzen Hexenwahn, die er ja nicht immer offen darlegen, sondern oft nur zwischen den Zeilen andeuten konnte, war in der Tat so unerhört neu, daß Spee von ihr sagte, daß »unsere Zeit es noch nicht ertragen kann«. Und

in der Einleitung schrieb er, sein Buch sei eigentlich für die geschrieben, die es nicht lesen wollten. Und so auch einmal mittendrin, am Ende seiner 29. Frage, in der es wieder um die Tortur ging: »Ich habe noch ein Argument in der Hand; noch ist es geheim, aber zu seiner Zeit und an seinem Orte wird es einmal geoffenbart werden. Es gibt mir die felsenfeste Überzeugung, daß unter fünfzig beliebigen, zum Scheiterhaufen verurteilten Hexen kaum fünf oder kaum zwei wirklich Schuldige sich finden. Sollte aber eine Obrigkeit Mut haben und sich davon überzeugen wollen, so will ich mir zu gelegener Zeit Mühe geben, ihr dazu zu verhelfen. Ich habe es ja auch schon oben versprochen – aber es wird doch keiner hören wollen.«
Nein, es wollte wirklich keiner hören, jedenfalls zu seiner Zeit noch nicht. Friedrich von Spee starb nur vier Jahre nach dem ersten Erscheinen der »Cautio Criminalis«, im Jahr 1633, als er in Trier während der Kriegshandlungen – es war während des Dreißigjährigen Krieges – Verwundeten und Kranken half und sich dabei an der damals grassierenden Pest ansteckte. Erst später hat sein Buch gegen die Hexenprozesse, inzwischen in mehreren Ländern nachgedruckt, Wirkungen gehabt, am stärksten durch den im preußischen Halle lehrenden Philosophen und Juristen Christian Thomasius (1655 bis 1728), der nicht zuletzt aufgrund von Spees Buch die Hexenprozesse erfolgreich bekämpfte. Aber das war bereits im 18. Jahrhundert. Und es verging dann noch einige Zeit, bis Friedrich der Große im Jahr 1740 in Preußen die Folter abschaffte und 1749 zum letztenmal in Deutschland eine Frau als Hexe hingerichtet wurde, in Würzburg, und Maria Theresia 1766 für Österreich eine Hexenordnung erließ, die es verbot, »auf eitlemalten Wahn, bloßer Besagung und leeren Argwöhnigkeiten« einen Prozeß wegen Hexerei anzustrengen. Erst in der zweiten Hälfte des 18. Jahrhunderts also – das war schon die Zeit des jungen Goethe – wurde der Hexenwahn über-

wunden, obwohl es auch dann noch energische Verteidiger der Hexenverfolgung gab.
Zu Friedrich von Spees Zeiten aber und in den Jahrhunderten vor ihm glaubten fast alle Menschen an die als wissenschaftlich bewiesen geltende Existenz von Hexen, und die meisten waren überzeugt, daß Hexen mit aller Rücksichtslosigkeit bekämpft werden müßten. Und die Anwendung der Folter hielt auch Luther für notwendig. Im August 1529 sprach er in einer Predigt von »Teufelshuren«, die sich in Wittenberg »viel zu schaffen machten«, und daß da »viele Wettermacherinnen sind, die nicht allein die Milch stehlen, sondern auch die Leute schießen«. Und er warnte: »Ich habe etliche zu vermahnen... Wir kennen einige von ihnen. Wenn sie sich nicht bekehren, werden wir sie den Folterknechten befehlen.« Eine Woche später nahm Luther das Thema wieder auf, und nach der Predigt sprach er – wie es der Wittenberger Diakon G. Rörer aufgezeichnet hat – gegen jene Hexen einen Bann aus. Und im September desselben Jahres empfahl Luther von der Kanzel herab, gegen die Hexen, die nicht nachließen, »in Wittenberg ihr Unwesen zu treiben, zu beten, damit sie entdeckt werden und vom Henkersknecht ihren Lohn erhalten«. Harte Bestrafung sei notwendig, erklärte Luther ein anderes Mal, als er folgenden Fall berichtete: »Ich habe dieser Tag einen Ehehandel gehabt, da das Weib wollte den Mann mit Gift umbringen, daß er Eidechsen von sich gebrochen und, da sie peinlich befragt, hat nicht wollen bekennen.« Da setzte Luther zum Thema Hexen in der peinlichen Befragung, also unter der Folter, erklärend hinzu: »Denn solche Zauberinnen sind gar stumm und verachten die Pein; der Teufel läßt sie nicht reden.« Und er fuhr fort: »Solche Taten aber geben Zeugnis genug, daß man sie billig sollte hart strafen, zum Exempel, damit andere abgeschreckt werden von solchem teuflischen Vornehmen.« Daß Martin Luther sich wiederholt dafür ausgesprochen

hat, Hexen müßten verbrannt werden, ist hier bereits erwähnt worden.

Auf Luthers Teufels- und Hexenglauben haben sich im 16. Jahrhundert sehr viele protestantische Seelsorger und Theologen berufen. Erwähnt seien nur jene 21 Prediger, die im Jahr 1569 in Frankfurt am Main eine Art Enzyklopädie des Satanismus drucken ließen, zusammengestellt aus Predigten, Vorträgen, Hexen- und Gespenstergeschichten unter dem Titel »Theatrum Diabolicum – das ist . . . ein sehr nützliches und verständiges Buch, daraus ein jeder Christ sonderlich und fleißig zu lernen, daß wir in dieser Welt nicht mit Kaisern oder anderen Potentaten, sondern mit dem allermächtigsten Fürsten dieser Welt, dem Teufel, zu kämpfen und zu streiten haben . . .«. Das war nun zwar keine wissenschaftliche Auseinandersetzung mit dem Hexenthema mehr, sondern eher ein praktischer Ratgeber, der den Menschen Verhaltensregeln empfahl und dabei zugleich ihre Neugier nach der verbotenen, abwegigen und so bedrohlichen Welt der Zauberer und Hexen befriedigte, was übrigens eine weitverbreitete Unterhaltungsliteratur auf diesem Sektor ohnehin tat und dabei das allgemeine Interesse an dem Thema ungeheuer reizte. Dies geschah nicht zuletzt auch durch die bildende Kunst, also durch bildliche Darstellungen vom verbrecherischen Treiben der Zauberer und Hexen, von ihren nächtlichen, geheimnisvollen Flügen, von ihren Begegnungen auf den Hexensabbaten, von mehr oder weniger angedeuteten sexuellen Ausschweifungen, von nackten, verführerischen, jungen und schönen Hexen, wie sie zum Beispiel auch von Albrecht Dürer (1471 bis 1528), Hans Baldung (1484/85 bis 1545), Jakob Cornelisz von Oostsanen (um 1470 bis 1533) gezeigt wurden.

Als Mitarbeiter des »Theatrum Diabolicum« berief sich der in Schwäbisch Hall wirkende Reformator Jacob Graeter ausdrücklich auf Luther, als er von der Obrigkeit verlang-

te, gegen die Hexen, »die Wetter, Hagel, Krankheiten machen«, einzuschreiten. Und in vielen Schriften wurde auf Luthers persönliche Erfahrungen mit dem Teufel Bezug genommen, so zum Beispiel von dem Superintendenten Nikolaus Krug, der um 1550 forderte, daß Hexen »von der weltlichen Obrigkeit am Leben gestraft werden« sollten, weil sie »mit Hilfe des Teufels Schaden anrichten, wie Luther aus eigener Erfahrung bezeugt«, und er bekräftigte seine Forderungen: »Sie sind gänzlich auszurotten und auf Gottes Befehl zu vertilgen.«
Genauso dachten die Schweizer Reformatoren, vor allem der Theologe und Schriftsteller Heinrich Bullinger (1504 bis 1575), der Nachfolger Ulrich Zwinglis als Prediger in Zürich, wo es gegen Ende des 16. Jahrhunderts zu massiven Hexenverfolgungen kam. Ebenso seine Schwiegersöhne Josias Simler, der unter den Züricher Theologen als einer der gelehrtesten galt, und Ludwig Lavater, der den Hexen die Schuld an der Teuerung und Hungersnot von 1570 zuschrieb und schon deswegen ihre Verbrennung für notwendig hielt. Wie so viele andere Prediger schürte er die Angst noch immer weiter, indem er warnte, daß »es dem bösen Feind nicht schwer sei, in mancherlei Gestalten nicht nur der lebendigen oder toten Menschen, sondern auch, was minder ist, der vierfüßigen Tiere, Vögel und so weiter, oder als eines schwarzen Hundes zu erscheinen«. So wurde die Angst ins Grenzenlose gesteigert, und die Menschen fühlten sich schließlich vom Teufel und seinen Helfern, den Dämonen, Zauberern und Hexen, die ihnen in nahezu jeder Gestalt begegnen konnten, überall verfolgt, umstellt, belauert, geschädigt, zu jeder Zeit bedroht an Leib und Leben und in ihrem Seelenheil.
Eine Ausnahme machte auch nicht der aus Frankreich stammende einflußreiche Reformator Johann Calvin (1509 bis 1564), der sich nach seinen humanistischen und juristischen Studien (in Paris, Orléans und Bourges) ebenso

gründlich in der Theologie gebildet hatte und dann wegen seiner Hinwendung zu den Evangelischen Frankreich verlassen mußte und in die Schweiz ging, wo er in Genf seinen reformierten Protestantismus lehrte. Er war ebenfalls ein strenger Gegner der Hexen. Das gilt noch mehr für Lambert Daneau (1530 bis 1595), einen der nach Calvin bedeutendsten reformierten Theologen, ebenfalls aus Frankreich kommend, wo er Jura studiert hatte. In Genf schloß er sich Calvin an und wurde dort später Professor der Theologie. Er verfaßte eine Hexenschrift, die 1574 auf französisch und lateinisch und wenig später auf deutsch erschien: »Von den Zauberern, Hexen und Unholden . . .«. Darin wurden wieder einmal alle zu diesem Thema als wahr und bewiesen geltenden Vorstellungen kritiklos übernommen und bestätigt. Er zählte nochmals sämtliche Untaten auf, zu denen Hexen fähig seien, und berief sich ab und an auf persönliche Erfahrungen und Einsichten oder erweckte doch jedenfalls diesen Eindruck, etwa so: »Ich habe gesehen, daß den Säugmüttern ihre Brüste sind gar vertrocknet, weil sie ihnen von Zauberern berührt wurden.«

Lambert Daneau schrieb auch über das Hexenmal, das bei den Prozessen zunehmend an Bedeutung gewann: »Sie haben auch an ihrem Leib Wahr- oder Malzeichen, etliche unter den Augen, etliche an geheimen Orten, etliche auch im Mund oben am Gaumen, damit sie verborgen seien und von niemand erkannt werden . . . Darum pflegen die Richter, wenn sie diese Leute gefänglich halten, sie über ihren Leib zu besichtigen und mit einem Schermesser alle Haare abscheren zu lassen, daß die Wahrzeichen darunter nicht verborgen bleiben.«

Schließlich fragte Lambert Daneau, ob Hexen bestraft werden sollten, und er gab die ja nicht mehr überraschende Antwort: »Ja, und zwar mit großer Strenge. Sie sind öffentliche Feinde des menschlichen Geschlechtes und Gottes, ihres Schöpfers . . . Sie sind Abtrünnige . . ., vom rechten

Glauben Abgewichene; treulose Verleugner des allmächtigen Gottes, schändliche Teufelsdiener und Betrüger ... Es ist nie ein verständiger Mensch weder vor Jahren noch zu unserer Zeit gewesen, der sie nicht für die ärgsten Leute und der greulichsten Strafe allzeit würdig erachtet hat.« Man müsse sich wundern, fügte Daneau hinzu, »daß etliche Richter so weichlich sind und dem menschlichen Geschlecht so übel raten, daß sie sich entweder fürchten oder die schrecklichen Bestien, als nämlich die Zauberer, nicht ausreuthen oder nicht strafen wollen. Die Richter sind zu mahnen, daß sie die Zauberer fleißig aufsuchen und sie, wenn sie ihrer habhaft werden, mit aller Strenge bestrafen. Denn es kann keine greulichere noch schrecklichere Pestilenz unter die Leute kommen, als die der teuflischen Zauberer«.

Der Begriff Zauberer umfaßt bei Daneau zugleich Dämonen, Unholde und Hexen. Drei Jahrhunderte zuvor hatten sich die genaueren Scholastiker noch bemüht, diese Begriffe auseinanderzuhalten. Das war nun nicht mehr nötig; wissenschaftlich schien alles längst geklärt. Jetzt wurde nur noch gegeifert, wie hier mit der Bezeichnung »schreckliche Bestien«, und der Ruf nach restloser Ausrottung der Hexen übertönte alles. Kritik war nicht mehr möglich, schon seit vielen Jahrzehnten nicht mehr und in den folgenden auch nicht. Im Prinzip war es ja ganz einfach und für alle einleuchtend: Überall auf der Welt zeigte sich das Böse. Manchmal traf es alle oder doch sehr viele Menschen gleichzeitig, wie etwa in Kriegen, bei Seuchen und Epidemien, bei Teuerungen, bei Unwetterkatastrophen, bei Mißernten und Hungersnöten. Häufiger traf es den einzelnen und die Familie; dann kam das Böse in Form von Krankheiten, als unerklärlicher Todesfall, als Schaden durch Feuer oder Diebe, als Liebeskummer, als Streit und Schwierigkeiten in der Ehe, als Mißerfolg im Beruf, als Ärger mit dem Nachbarn. Und immer waren der Teufel und seine

Helfer, die Zauberer und Hexen, daran schuld, die Gottes heile Welt zerstören wollten.
Wer sollte das bestreiten, zumal es doch von allen Kanzeln gepredigt wurde? Wer – außer den »Schuldigen«, die verfolgt und verbrannt wurden – konnte ein Interesse daran haben, daß dieses gut funktionierende System, das inzwischen längst für viele, keineswegs allein für Henker, höchst einträglich war, überhaupt in Frage gestellt wurde? Da waren zwar noch die Angehörigen der Unschuldig-Schuldigen, doch waren sie am allerwenigsten in der Lage, das System grundsätzlich anzweifeln zu können, und nur in den seltensten Fällen konnten sie ihren verdächtigten Verwandten helfen, ohne dabei in den Verdacht gebracht zu werden, selber zu den Hexen zu gehören.
Wie leicht es war, als Hexe verdächtigt zu werden, und wie ungeheuer schwer, von einem solchen Verdacht wieder freizukommen, zeigt der Fall der Katharina Kepler im württembergischen Leonberg. Er ist allerdings, was seinen Ausgang betrifft, kein exemplarischer, kein typischer Fall; denn die alte Katharina Kepler kam nur deswegen frei, weil ihr Sohn, der sich mit aller Kraft für ihre Freisprechung einsetzte, einer der angesehensten und berühmtesten Wissenschaftler der Zeit war, der weitreichende Beziehungen hatte, vor allem auch zum Kaiser: Es war der Landschaftsmathematiker von Österreich, zugleich kaiserlicher Mathematiker und Hofastronom Johannes Kepler (1571 bis 1630), der das kopernikanische Weltsystem durchsetzte und als erster die Gesetze der Planetenbewegung erkannte. Als seine 68jährige Mutter als Hexe angeklagt wurde, im Jahr 1615, stand Kepler im 44. Lebensjahr und war schon weltberühmt. 1596 war sein »Mysterium Cosmographicum« (»Das Weltgeheimnis«) erschienen, acht Jahre danach die »Ad Vitellionem paralipomena« (»Zusätze zur Optik des Witelo«), dann seine »Neue Astronomie« und eine Auseinandersetzung mit Galileis

»Sternenbotschaft«, die den ersten Entwurf für das nach ihm benannte astronomische Fernrohr enthielt. Trotz seines Ansehens und seiner hohen Stellung brauchte Kepler sechs Jahre, bis seine Mutter freigesprochen wurde. Dabei ist jedoch zu berücksichtigen, daß man in Württemberg, wo die Mutter vor Gericht kam, protestantisch war und sich deswegen vom katholischen Kaiser und seinen Beamten nicht hineinreden lassen wollte, schon gar nicht in theologische Fragen und in Hexenprozesse. Kepler selber war jedoch Protestant.
In der Verfolgung von Hexen war man im protestantischen Württemberg übrigens höchst eifrig. Zum Beispiel wurden in dem kleinen Flecken Weil der Stadt, wo Kepler auf die Welt gekommen war und wo etwa zweihundert Familien wohnten, zwischen 1615 und 1629, also in 14 Jahren, nicht weniger als 38 Frauen als Hexen verbrannt. Und im benachbarten Leonberg, wo die verwitwete Katharina Kepler lebte, mußten allein im Jahr 1615, als Keplers Mutter zum erstenmal angeklagt wurde, sechs »Hexen« auf den Scheiterhaufen. Ohne die Hilfe ihres Sohnes wäre auch Katharina Kepler – das kann mit Sicherheit angenommen werden – als »Hexe« verbrannt worden.
Kepler lebte seit 1612 in Linz, wo er nach dem Tod seiner Frau ein zweites Mal geheiratet hatte. Ende 1615, am 29. Dezember, erhielt er von seiner Schwester Margarete aus Heumaden bei Stuttgart, die dort mit einem Pfarrer verheiratet war, einen Brief, in dem ihm die gefährliche Situation der Mutter geschildert wurde. Er reagierte sofort, indem er am 2. Januar 1616 einen ausführlichen Brief an den Vogt, den Bürgermeister und das Gericht von Leonberg schrieb, mit dem er versuchte, seine »liebe und wohlverdiente Mutter« vor den gegen sie erhobenen Vorwürfen in Schutz zu nehmen. Aber selbst er, der berühmte Johannes Kepler, konnte nicht etwa das ganze System anzweifeln, auch er hätte nicht einfach sagen können, das alles sei

nichts als Wahn und Aberwitz, weil es Hexen überhaupt nicht gebe – vorausgesetzt, daß er dies überhaupt so gesehen hat. Auch er mußte, wenn er helfen wollte, mit seiner Kritik innerhalb des Systems bleiben, das heißt, er konnte nur versuchen, den Bürgermeister und das Gericht davon zu überzeugen, daß seine Mutter keine Hexe war und daß der Verdacht falsch sei. Er versuchte, die Entstehung des Verdachts auf vernünftige Weise zu erklären: Seine Mutter, so führte er aus, habe ein schweres Leben gehabt; ihr Mann hatte sie schlecht behandelt und sie schließlich gar verlassen. So sei sie, die die Kinder allein habe durchbringen müssen, hart und rechthaberisch geworden und habe mit den Nachbarn und sogar mit der Obrigkeit oft Streit gehabt. Er beschrieb sie als »klein, mager, von schwärzlichbrauner Gesichtsfarbe«, als »klatschsüchtig und zänkisch«. Und so sei sie schließlich in den Verdacht geraten, eine Hexe zu sein. In einem Brief an Sebastian Faber, den Vizekanzler des Herzogs Johann Friedrich von Württemberg, schrieb er von den »nicht wenigen Fehlern, von welchen meine Mutter geplagt wird, als da sind Geschwätzigkeit, Neugier, Jähzorn, Böses wünschend, hartnäckig sich beschwerend, welche Fehler in diesem Alter höchst verbreitet sind«.

Begonnen hatte alles mit einem geschäftlichen Streit zwischen dem Zinngießer Christoph Kepler, einem 15 Jahre jüngeren Bruder Johannes Keplers, und der Frau eines Glasers, in den Mutter Kepler sich eingemischt hatte. Daraus war Feindschaft zwischen den Parteien entstanden, und eines Tages verklagte die Glasersfrau die alte Kepler: Sie habe ihr ein Unterleibsleiden angehext, von dem kein Arzt sie heilen könne; Katharina Kepler habe ihr einmal einen Becher Wein angeboten, und der müsse ein Hexentrunk gewesen sein. Als Katharina Kepler von dem Stadtvogt wegen dieser Anschuldigung befragt wurde, machte sie einen gefährlichen Fehler, indem sie dem Vogt einen

Silberbecher anbot für den Fall, daß er es nicht zu einem Prozeß kommen lassen würde. Der Vogt aber meldete dies der herzoglichen Kanzlei in Stuttgart, und es half nun wenig, daß Katharinas berühmter Sohn aus Linz nach Leonberg schrieb, die Glasersfrau sei »wahnsinnig und wegen einer Strafe für Unzüchtigkeit verrufen«. Der Bestechungsversuch wurde seiner Mutter fast schon als Schuldgeständnis ausgelegt. In dieser gefährlichen Situation verließ sie Leonberg und reiste zusammen mit ihrem Sohn Christoph nach Linz zu Johannes, bei dem sie Mitte Dezember 1616 ankamen. Auch das war gefährlich, denn normalerweise konnte das als Flucht und Schuldbeweis angesehen werden. Doch in Linz war sie sicher. Als sie nach einem Dreivierteljahr in die Heimat zurückkehrte, wurde ihr die Reise wirklich als Flucht ausgelegt, und der Prozeß ging weiter. Jetzt kam Johannes Kepler persönlich nach Leonberg, um der Mutter zu helfen, doch er erreichte nicht, daß der Prozeß eingestellt wurde. Allerdings wurde ihm anheimgestellt, die Mutter mit nach Linz zu nehmen. Dies aber wollte die Mutter nicht, und so wurde weiter gegen sie ermittelt, indem Zeugenaussagen gesammelt wurden. Ein junges Mädchen sagte aus, sie habe, als sie einmal der alten Kepler begegnete, einen Stich im Arm gespürt. Einem Nachbarn starb plötzlich ein Kalb. Ein anderes junges Mädchen in Leonberg fühlte sich von einem zudringlichen Dämon belästigt. Irgend jemand wollte gesehen haben, wie Katharina Kepler durch eine verschlossene Tür gegangen war. Dann starben in der Gemeinde zwei Kinder. Dies und vieles andere wurde auf Katharina Kepler bezogen, als Indizien für ihre angeblichen Hexereien; 49 Anklagepunkte kamen schließlich auf diese Weise gegen sie zusammen. Inzwischen waren mehrere Jahre vergangen, in denen Kepler vergebens bei allen zuständigen Stellen durch schriftliche Eingaben die Freisprechung seiner Mutter zu erreichen versucht hatte. Im Frühjahr 1620 hatte

er sich mit einer Bitt- und Verteidigungsschrift direkt an den Herzog Johann Friedrich von Württemberg gewandt, auch da ohne Erfolg. Katharina Kepler wohnte nicht mehr in Leonberg, sondern in Heumaden bei ihrer Tochter und ihrem Schwiegersohn, dem Pfarrer. Dort, im Pfarrhaus, wurde sie am 7. August 1620 – wie die Tochter dann an Johannes Kepler schrieb – auf fürstlichen Befehl von Häschern schlafend überfallen und ins Gefängnis gebracht, zuerst in Leonberg, dann in Güglingen. Dort wurde die inzwischen 73jährige Frau in Ketten gelegt und mußte das vierzehn Monate lang ertragen.
Als Kepler vom Schicksal seiner Mutter Nachricht erhielt, machte er sich sofort von Linz auf den Weg nach Güglingen. Das war nicht ganz einfach, denn inzwischen war es zwischen Protestanten und Katholiken in Böhmen und in der Pfalz zu kriegerischen Auseinandersetzungen gekommen, die sich zum Dreißigjährigen Krieg ausweiten sollten, und Kepler mußte durch kriegsgefährdete Gebiete reisen. Ende September 1620 kam er in Güglingen an, wo seine Mutter in Ketten lag. Wieder wandte er sich an alle möglichen Stellen, auch noch einmal an den Landesfürsten. Diesmal erreichte er, daß Johann Friedrich von Württemberg die Juristische Fakultät der Universität Tübingen mit einem Gutachten über den Fall beauftragte. Die Fakultät, zu deren führenden Mitgliedern ein Jugendfreund Keplers gehörte, der Rosenkreuzer Christoph Basold, empfahl, bei Katharina Kepler die Anwendung der Folter hinauszuschieben und es zunächst bei der »Territio« zu belassen, also bei der schrecklichen Androhung der Folter und dem Vorführen der Folterinstrumente und dem Ausmalen der Folter und der Schmerzen.
Das Gericht folgte der Empfehlung. Und Katharina Kepler ließ sich von der Territio nicht einschüchtern, obwohl sie doch damit rechnen mußte, wirklich gefoltert zu werden; denn von der Empfehlung wußte sie nichts. In den Prozeß-

unterlagen heißt es: »Sie hat jedoch nichts bekennen wollen mit der Anzeige, man mache mit ihr, was man wolle, und wenn man ihr auch eine Ader nach der andern aus dem Leib herausziehen sollte, so wüßte sie doch nichts zu bekennen. Damit ist sie auf die Knie gefallen, hat ein Vaterunser gebetet, vermeldend, Gott solle ein Zeichen tun, wenn sie eine Hexe oder Unholdin sei und jemals mit Hexerei zu tun gehabt hätte. Sie wolle auch darauf sterben, Gott werde die Wahrheit an den Tag geben und nach ihrem Tod offenbaren, daß ihr Unrecht geschehen, und wenn sie auch etwas in Marter und Pein bekennen würde, so wäre es doch nicht die Wahrheit.«

Am 4. Oktober 1621 wurde Katharina Kepler freigesprochen und aus der Haft entlassen, nachdem man ihr sechs Jahre lang nachgestellt hatte. Danach hatte sie nur noch ein halbes Jahr zu leben. Ihr berühmter Sohn, ohne dessen Hilfe sie wohl kaum vor dem Scheiterhaufen bewahrt worden wäre, überlebte sie nur um acht Jahre. Johannes Kepler starb, 58jährig, am 15. November 1630 in Regensburg, wo er jenen Reichstag besuchen wollte, auf dem hilfesuchende Flüchtlinge aus Bamberg dem Kaiser klagten, daß allein in den Fürstbistümern Bamberg und Würzburg mehr als zweitausend Hexen verbrannt worden waren. Von da an sollte noch etwa ein Jahrhundert vergehen, in dem noch viele Tausende wegen angeblicher Hexerei verbrannt wurden, bis endlich die letzten »Hexen« hingerichtet wurden, in Würzburg 1749, in Endingen 1751, in Kempten 1775, in Glarus 1782 und in Posen 1793, vier Jahre nach dem Ausbruch der Französischen Revolution. Gut drei Jahrhunderte hindurch hatte sich der Hexenwahn gehalten, fundiert durch »wissenschaftliche« Erkenntnisse, abgesegnet von der Kirche, getragen vom Sendungsbewußtsein kirchlicher und weltlicher Institutionen, gestützt und gesichert durch Gesetze, die die christliche Weltordnung schützen sollten.

Von denen, die dem ganzen Spuk ein Ende machten, muß der schon genannte Philosoph und Jurist Christian Thomasius hervorgehoben werden, der mit seiner Zeitschrift »Monatsgespräche« (1688) zum Begründer des deutschen Journalismus wurde und der seit 1694 an der von ihm mitbegründeten Universität im preußischen Halle lehrte. Stärker noch als siebzig Jahre vor ihm der Jesuit Friedrich von Spee in seiner »Cautio Criminalis« und mit viel Ironie kritisierte dieser aufklärerische Denker die juristische Methode der Hexenprozesse. Er zeigte, daß mit Hilfe der Folter alles erreicht und »bewiesen« werden könne, und er kam zu dem Schluß, daß die Form der Hexenprozesse juristisch unhaltbar sei. Seine erste Veröffentlichung zu diesem Thema erschien genau zu Beginn des 18. Jahrhunderts, im Jahr 1701: »Kurtze Lehrsätze über das Verbrechen der Magie ...«.

Die Frage, ob es denn wirklich Hexen gebe, verneinte Thomasius, der wenige Jahre zuvor noch sehr wohl an Hexen geglaubt hatte, in dieser Schrift eindeutig. Er berief sich dabei auf den niederländischen reformatorischen Theologen Balthasar Bekker (1634 bis 1698). Balthasar Bekker hatte in seinem dreibändigen Werk »De betoverde Wereld« (»Die verhexte Welt«), 1691/93, zu zeigen versucht, daß die Macht des Teufels überschätzt werde, und als erster in der Zeit des Hexenwahns wagte er öffentlich zu behaupten, daß es Hexen in Wirklichkeit gar nicht gebe und nie gegeben habe. Der Mensch müsse das Böse in sich selbst bekämpfen und dürfe es nicht auf den Teufel und auf Hexen abschieben, schrieb er. Das aber rief bei seinen calvinistischen Freunden einen Sturm der Entrüstung hervor und wurde ihm als Leugnung des Teufels und zugleich als Gotteslästerung ausgelegt. Auf der Synode zu Alkmaar, 1692, wurde Balthasar Bekker noch vor Erscheinen des 2. und 3. Bandes seines Werkes als Prediger abgesetzt und ihm jede weitere Tätigkeit als Seelsorger untersagt.

Die Zeit war für solche Ansichten, wie Bekker sie vertrat, noch nicht reif. Und auch Christian Thomasius hat in weiteren Schriften zum Thema Hexenprozeß die Frage nach der Existenz von Hexen nicht mehr weiterbehandelt, sondern sie künftig ausgeklammert. Der Teufel und die Hexen, die von den Scholastikern in die Wissenschaft geholt worden waren, ließen sich daraus nicht mehr vertreiben, auch später nicht mehr. Sie nahmen nur andere Gestalt an. Oder vielmehr: Die Menschen gaben ihnen immer wieder andere Gestalten und andere Namen. Und das ist bis heute so geblieben.

Massenmord aus Rassenwahn

Noch weitaus folgenschwerer als der mittelalterliche Irrtum in der Hexenfrage war jener Irrtum, den führende Anthropologen und Rassenforscher im 20. Jahrhundert vertraten und als wissenschaftliche Wahrheit durchsetzten. Dieser zunächst harmlos erscheinende, in Wirklichkeit aber teuflische Irrtum, den sehr viele andere Wissenschaftler – unter ihnen Mediziner, Psychiater, Psychologen –, zahlreiche Juristen, Verwaltungsbeamte, Lehrer und Tausende und Abertausende bedenkenlos übernahmen, hat wesentlich dazu beigetragen, daß es zu den entsetzlichsten Verbrechen in der jüngsten Geschichte, wenn nicht in der Geschichte überhaupt, kommen konnte, der Ermordung von mehreren Millionen Juden in deutschen Konzentrations- und Vernichtungslagern. Auch die im Dritten Reich betriebene Euthanasie, die »Vernichtung lebensunwerten Lebens«, wie es damals unverschleiert hieß, die Ausmerzung von etwa hunderttausend angeblich unheilbar Kranken, Behinderten, Schizophrenen, ist durch diesen wissenschaftlichen Irrtum zumindest erleichtert, ja eigentlich erst möglich gemacht worden. Ebenso die »Aussonderung« der »Zigeuner«, der Sinti und Roma, wie sie heute heißen.
Für diese ungeheuerlichen Verbrechen bildete der Irrtum der Anthropologen und Rassenforscher eine »wissenschaftliche« Basis, ja mehr noch: Er implizierte die Notwendigkeit, die angeblich so edle »nordische Rasse« schützen zu müssen gegen alles »Artfremde« und »Entartete«, das hieß gegen Geisteskranke, Erbkranke, Krüppel, gegen »Zigeuner«, vor allem jedoch gegen Juden, die – so lehrten die Anthropologen – einer ganz und gar minderwertigen und

deswegen besonders gefährlichen, bösartigen, zersetzenden Rasse angehörten. Auf die Frage, wie jene Massenmorde möglich waren und was das geschichtlich Spezifische an dem Geschehen gewesen sei, die so häufig unzulänglich, ja falsch mit der »Alleinschuld« Hitlers beantwortet wird, gab Eugen Kogon kürzlich diese Antwort: »Es war der Massenmord aus Rassegründen. In keinem anderen faschistischen oder sonst terroristischen Regime wurde so sehr alles, ja der gesamte Staatsapparat in den Dienst einer tödlichen Rassenideologie gestellt wie im nationalsozialistischen Dritten Reich.«

Die nationalsozialistische Rassenideologie trieb den Antisemitismus auf den Höhepunkt. Der Antisemitismus ist sehr viel älter als die Rassenlehre. Er hat viele Ursachen. Eine erwuchs aus der Sonderstellung, die die Juden überall einnahmen oder einnehmen wollten. Schon im Römischen Reich, dem sich die palästinensischen Juden zur Zeit Cäsars angeschlossen hatten, stellten sie eine besondere Gruppe oder eigentlich viele besondere Gruppen dar. Dies war nicht nur in Palästina so, wo sie – jedenfalls unter Herodes dem Großen, ihrem von Rom ernannten König – verhältnismäßig unabhängig lebten, sondern auch in vielen Städten des Reiches, wie etwa in Rom, Alexandrien, Athen, und in anderen Ländern. Auch da, in der Diaspora, der »Zerstreuung«, nahmen sie Sonderstellungen ein, lebten anders als die anderen Menschen, lebten nach ihren besonderen Gesetzen, die Israels Gott ihnen durch Mose übermittelt hatte, ihr Gott Jahwe, der einzige Gott, den es ihrer Überzeugung nach überhaupt gab und dem sie sich als sein auserwähltes Volk auf einzigartige Weise verbunden wußten.

Aber ein Volk waren die Juden eigentlich gar nicht, zumindest jene nicht, die in der Diaspora lebten. Von ihnen gehörten sehr viele anderen Völkern an; sie hatten sich den jüdischen Gemeinden angeschlossen, beeindruckt von ihrem göttlichen Gesetz und vor allem vom jüdischen Monotheismus, der in der damaligen Welt einer kaum noch überschaubaren Vielgötterei besonders überzeugend wirkte und viele Menschen ansprach. Unter Juden verstand man also nicht nur die »Nachkommen Abrahams«, die Angehörigen des israelitischen Stammes Juda und deren Nachkommen, sondern auch alle Bekenner des jüdischen Glaubens.

Im Römischen Reich, das sich rund ums Mittelmeer erstreckte, führte die Sonderstellung der Juden zunächst kaum zu Problemen. Erst als Palästina nach dem Tod Herodes' des Großen – er starb im Jahr 4 vor Christi Geburt – fester in das Reich eingebunden wurde und die palästinensischen Juden sich vom Kaiser in Rom und von seinen Statthaltern steuerlich ausgebeutet fühlten, kam es zu Spannungen und schließlich zu jenem berühmten Aufstand der Zeloten, der von den Römern blutig niedergeschlagen wurde. Er endete im Jahre 70 n. Chr. mit der Eroberung Jerusalems und mit der Zerstörung des Tempels, der bis heute nicht wiederaufgebaut wurde.

Nicht beendet aber waren damit die Spannungen. Im Gegenteil, sie verstärkten sich noch; die Juden haben die Zerstörung ihres Tempels, ihres einzigen Heiligtums, und den Raub des Tempelschatzes nie verziehen. Unter Bar Kochba kam es nochmals zu einem Aufstand gegen die Römer. Er wurde ebenfalls niedergeschlagen, und nun machten die Römer Jerusalem zu einer römischen Stadt und tilgten den Namen »Judäa« aus allen öffentlichen Urkunden. Im ganzen Römischen Reich hatten die Juden dann unter Verfolgungen zu leiden, bis Kaiser Caracalla ihnen wie allen Provinzialen im Jahr 212 das römische Bürgerrecht zuerkannte. Doch schon anderthalb Jahrhunderte später, nachdem sich das Christentum entwickelt und ausgebreitet hatte und nach Kaiser Konstantin dem Großen (der von 306 bis 337 das Reich regierte) Staatsreligion geworden war, verschlechterte sich die Lage der Juden wieder, ja, sie wurde schlechter als je zuvor. Erst da begann die Degradierung der Juden, die in den Augen der Christen die Mörder des Gottessohnes waren. Zunehmend wurde ihnen die Ausübung ihrer religiösen Bräuche erschwert, auch in ihrer Berufswahl wurden sie beschränkt und schließlich in ihrer ganzen Lebensweise.

Daß sich die Juden infolge solcher Beschränkungen beruflich vor allem dem Handel und dem Geldverleihgeschäft (das Christen verboten war) widmeten und darin besonders erfolgreich waren, trug ihnen im Mittelalter Angriffe der Franziskaner ein, die sich als Anwälte der Armen verstanden. Durch weitere Einschränkungen wurde den Juden das Leben noch mehr erschwert, so zum Beispiel durch eine Bestimmung des Vierten Laterankonzils (1215), die ihnen eine besondere Kleidung vorschrieb. Oder durch eine Anordnung Papst Pauls IV. von 1555, die die Juden Roms zwang, von den Christen getrennt in einem von Mauern umschlossenen Ghetto zu wohnen, und die von immer mehr europäischen Städten übernommen wurde.

Aber nicht zu allen Zeiten mußten die Juden in Ghettos leben, nicht immer und nicht überall waren sie unbeliebt. Manchmal wurden sie gerufen, gefördert, hofiert, weil man sie brauchte. Doch am Ende mußten sie jede Förderung und jede Anerkennung wieder bezahlen; das forderte schon der Neid der anderen. Und immer wieder kam Mißtrauen gegen sie auf, weil sie keine Christen waren. Dies konnten sie allerdings ändern, indem sie sich taufen ließen und zum christlichen Glauben übertraten. Auf diesen Weg hatte schon Gregor der Große, Papst von 590 bis 604, sie zu locken versucht, indem er ihnen Steuerermäßigungen und andere Vergünstigungen zusicherte. Im Lauf der Jahrhunderte haben viele Juden diesen Weg gewählt, und meistens konnten sie dann als Christen unbehelligt leben. In den Jahrhunderten des Hexenwahns aber war man gerade den Neubekehrten gegenüber mißtrauisch, und in einigen Ländern wurden sie den Hexen gleichgestellt, als Abtrünnige, die die christliche Welt gefährdeten. Und wie Hexen und Zauberer wurden damals auch viele Juden verfolgt und verbrannt. Zu Verfolgungen, zu Pogromen, zu Ausweisungen kam es während des ganzen Mittelalters und noch in der Neuzeit, und zwar in fast allen europäischen Ländern:

Zum Beispiel in Spanien, wo 1492 zweihunderttausend Juden ausgewiesen wurden und wo man die Neubekehrten als »Marranen« bezeichnete, als Schweine. Ebenso in Portugal, wohin sich fast die Hälfte der aus Spanien Ausgewiesenen gerettet hatte. Auch in Frankreich, wo sie schon während des 1. Kreuzzugs (1096) verfolgt, später ausgewiesen, dann – wegen Geldmangels der Krone – zurückgerufen und bald erneut ausgewiesen wurden. Am wenigsten in Italien, wo sie zwar schon früh aus dem Kirchenstaat ausgewiesen wurden, aber wo das jüdische Geistesleben über Jahrhunderte eine ausgesprochene Blütezeit hatte. In England wurden Juden zur Zeit der Kreuzzüge blutig verfolgt, aber seit 1655 waren sie dort zugelassen. Häufig verfolgt wurden sie in Deutschland, wo sie seit dem Hochmittelalter aus dem zunftmäßigen Handwerk ausgeschlossen waren; im Spätmittelalter wurden sie als »Brunnenvergifter«, »Ritualmörder« und »Hostienschänder« verleumdet und dann aus vielen Gebieten vertrieben; in einigen jedoch, wie zum Beispiel in Preußen, waren sie zugelassen, als »Schutzjuden«, die Schutzbriefe kaufen mußten, die ziemlich teuer waren. Viele der aus West- und Mitteleuropa Vertriebenen waren nach Polen, Litauen, Rußland gegangen, aber im 19. und 20. Jahrhundert wollte man ihre Nachkommen, die Ostjuden, dort nicht mehr dulden; viele gingen zurück nach Westeuropa, andere nach Amerika. In der Neuen Welt verhielt man sich Juden gegenüber von Anfang an anders. Dort wurden sie bereits im 17. Jahrhundert von den meisten nordamerikanischen Kolonien als gleichberechtigt anerkannt, was dann in der Unabhängigkeitserklärung der Vereinigten Staaten (1776) und in der »Declaration of Rights« bestätigt worden ist. Im 19. Jahrhundert wurden die Vereinigten Staaten von Amerika zum Haupteinwanderungsland für Juden.

Der Gedanke, Juden generell als gleichberechtigt anzuerkennen, war im Zeitalter der Aufklärung verbreitet worden (in England von John Locke und John Toland, in Frankreich von Honoré Gabriel de Mirabeau, in Deutschland von Gotthold Ephraim Lessing) und hatte schließlich in vielen Ländern zur Gleichstellung der Juden geführt, zu ihrer Emanzipation. 1782 erließ der reformfreudige Kaiser Joseph II. ein Toleranzedikt. Und 1790/91 verfügte die französische Nationalversammlung die Emanzipation der Juden; danach galt für Frankreich und für alle von Frankreich besetzten Gebiete, daß jeder Jude das Bürgerrecht erhielt, sofern er den Bürgereid leistete. Dies wurde nach Napoleons Abdankung in einigen Ländern zunächst wieder rückgängig gemacht. Dennoch setzte sich der Emanzipationsgedanke weiter durch, und zur Zeit der Restauration wurden die Juden in einzelnen Staaten den christlichen Bürgern gleichgestellt. In Großbritannien wurde ihre endgültige Emanzipation 1858 vollzogen, in Preußen fielen die letzten staatsbürgerlichen Einschränkungen 1869, ein Jahr später brachte das Ende des Kirchenstaates zugleich das Ende der bis dahin für Rom und andere Städte des Kirchenstaates geltenden Ghettobestimmung. 1874 wurde die Emanzipation der Juden auch in der Schweiz realisiert, 1876 in Spanien, 1896 in Ungarn, 1910 in Portugal.

Die Aufhebung der Beschränkungen, die Jahrhunderte hindurch das jüdische Leben geformt hatten, konnte jedoch die besondere Stellung der Juden, wie sie sich infolge der Beschränkungen entwickelt hatte, nicht mit einem Schlage aufheben. Und sie brachte auch keineswegs ein

Ende des Antisemitismus. Es erwuchsen neue Spannungen und neue Antipathien, auch gegenüber jenen Juden, die bereit waren, sich zu assimilieren. Sie entstanden nicht mehr unter religiösen Aspekten, sondern kamen jetzt mehr noch als früher aus Konkurrenzneid, etwa als Juden sich nun in akademischen Berufen, die ihnen bis dahin verschlossen gewesen waren, besonders erfolgreich zeigten und ihre Zahl unter Ärzten, Rechtsanwälten, Universitätslehrern, auch unter Bankiers, Schriftstellern, Journalisten stark anstieg. Um aber hier nicht alte Mißverständnisse zu beleben: Es war nie so – wie es vor allem in Deutschland fälschlich immer wieder behauptet und geglaubt wurde –, daß Juden in diesen und einigen anderen Berufen ein Übergewicht besessen hätten; gemessen an ihrer Zahl war der Anteil der Juden hier nur relativ höher als der Anteil der Nichtjuden.

Aber wirklich bedeutend waren diese Spannungen nicht, zumal sie eigentlich gar nicht neu, sondern im Prinzip uralt waren und sich nur in neuen Variationen zeigten – entscheidend war die neue Basis, auf der seit der Mitte des 19. Jahrhunderts alle Spannungen ausgetragen wurden, vor allem in Frankreich, Deutschland und Österreich, eine Basis, die für das Verhältnis zu den Juden ein völlig neues und angeblich wissenschaftlich gültiges Wertsystem darstellte. Diese Basis war die inzwischen aufgekommene Rassentheorie, die bald zu einer Rassenlehre ausgebaut wurde und schließlich – ganz besonders in Deutschland – zu Rassismus und Rassenwahn entarten sollte.

Rassentheorien oder zunächst nur Gedanken über die Entstehung und Evolution der verschiedenen Völker und Stämme, über ihre besonderen Merkmale, ihr Aussehen, ihr Verhalten gab es schon sehr früh. Aber erst in der Neuzeit, mit der Entdeckung Amerikas und der Kolonisierung auch anderer Erdteile durch die Europäer wurden sie wissenschaftlich interessant. Von Anfang an jedoch war dieses Interesse, das vor allem durch die Begegnung mit den Einwohnern Afrikas, mit den Indianern in Amerika und mit den Ureinwohnern Australiens angeregt wurde, mit Affekten beladen, die in einem religiösen, moralischen und kulturellen Überlegenheitsgefühl der weißen Eroberer gründeten.

Meistens allerdings verbargen sich dahinter egoistische Besitzansprüche des Stärkeren. Als die Spanier das von Kolumbus entdeckte Mittelamerika eroberten, beanspruchten sie ganz selbstverständlich das Land, die Städte, die Schätze der Indianer für sich beziehungsweise für den abendländischen Kaiser. Die Indianer waren in ihren Augen Wilde, die so gut wie keine Rechte hatten.

Damals wurde eine Theorie entwickelt, daß es sich bei den Indianern nicht um Menschen handeln könne, da sie in der Bibel nicht erwähnt werden. Ihre Einordnung machte noch mehr Schwierigkeiten als die der Schwarzen in Afrika. Die dunkle Hautfarbe der Neger war im christlichen Mittelalter zunächst als Kennzeichen einer diabolischen Abkunft gedeutet worden, und vielen galt der Neger als ein Sendling Satans. Später waren dann scheinbar differenziertere Deutungen entstanden. Da sah man im Neger nicht mehr einen Abkömmling des Teufels, sondern schon einen Menschen, aber einen Menschen, der mit einem Fluch beladen war, von dem er sich nie wieder lösen könne. Der Neger, so wurde weithin geglaubt, entstamme dem Geschlecht Kains; die schwarze Färbung seiner Haut entspreche dem Zeichen, mit dem Gott den Brudermörder gebrandmarkt und aus der menschlichen Gemeinschaft ausgeschlossen habe. Das genügte für die moralische Berechtigung, Neger zu versklaven.

Mit den Indianern war es anders. In ihnen sah man anfangs, nach den ersten Begegnungen, Menschen, die sich den paradiesischen Urzustand erhalten hatten. Aber diese Ansicht änderte sich, als die Eroberer bei den Indianern

immer häufiger auf Vorsicht, Zurückhaltung, Mißtrauen und sogar auf kriegerischen Widerstand stießen; von da an galten die Indianer als hinterhältig, verlogen, unmoralisch. In den Berichten der Eroberer tauchte immer häufiger der Vergleich mit animalischen Wesen auf. »Es gab Leute«, schrieb ein zeitgenössischer Missionar, »die Zweifel erhoben, ob die Indianer in Wahrheit Menschen waren, von derselben Natur wie wir; und es fehlte nicht die Behauptung, daß sie es nicht seien und darum unfähig wären, die Heiligen Sakramente der Kirche zu empfangen... Man sagte, daß sie in ihren Kriegen zu wilden Tieren geworden waren... Solches Gerede gab Anlaß zu der Schändlichkeit einzelner Spanier, daß sie ihnen das Leben nahmen, ohne auf den Gedanken zu kommen, daß sie dadurch zu Mördern wurden.«
Folgenreich war, daß diese diskriminierende Meinung über die Indianer von Gelehrten in Europa übernommen und scheinbar wissenschaftlich untermauert wurde. Einer jener Gelehrten war der Schotte John Major, der bereits 1510 eine erste »philosophische« Beschreibung der Einwohner »Westindiens« lieferte, in der er feststellte: »Jene Bevölkerung lebt in tierischer Weise. Schon Ptolemäus sagte in seinem ›Vierbücherwerk‹, daß an beiden Seiten des Äquators und an den Polen wilde Menschen wohnen, und dies hat die Erfahrung jetzt bestätigt.«
Die Gelehrten, die nun über Indianer schrieben, waren nie in deren Land gewesen und hatten nie Indianer gesehen. Sie verließen sich ganz und gar auf Berichte und Erzählungen von Eroberern und Missionaren, soweit sie ihnen überhaupt zugänglich waren; das heißt, das meiste übernahmen sie vom Hörensagen. Auf diese Weise schrieben sie häufig an der Realität vorbei und schrieben Unwahrheiten gleichsam fest. Das gilt zum Beispiel von der Vorstellung, daß die Indianer von roter Hautfarbe seien, über deren Ursache dann in gelehrten Abhandlungen jahrzehn-

telang mit viel Scharfsinn gerätselt wurde. Noch für den Philosophen Immanuel Kant, der 1785 seine Abhandlung zur »Bestimmung des Begriffs einer Menschenrasse« veröffentlichte, waren Indianer rothäutig, und Kant teilte die Menschen in vier Rassen ein, in Weiße, Gelbe, Schwarze, Rote. Kant sah in der Hautfarbe das offensichtlichste Merkmal zur Unterscheidung der Rassen. Aber den Seefahrern und Eroberern war inzwischen längst klargeworden, daß die Rotfärbung der Indianer auf Körperbemalung zurückzuführen war und daß ihre Hautfarbe in Wahrheit bräunlich ist und oft ins Gelbliche spielt. Der Begriff »Rothaut« hat sich aber bis heute gehalten.

Kant hat seinen Rassenbegriff auf die Hautfarbe und andere körperliche Eigentümlichkeiten beschränkt; charakterliche und kulturelle Gegebenheiten klammerte er bewußt aus. Die Einteilung in Rassen verband sich für Kant nicht mit einer Bewertung. Kant sah in der Existenz der Rassen geradezu einen Beweis für die Einheit des Menschengeschlechts. Ähnlich sah es der Göttinger Naturforscher Johann Friedrich Blumenbach (1752 bis 1840), der Begründer der wissenschaftlichen Anthropologie, der Wissenschaft von der Entstehung, Entwicklung und Typendifferenzierung der menschlichen Art und der menschlichen Erblehre. Blumenbach hat als erster eine Bestandsaufnahme der existierenden Völker vorgenommen und Kriterien zu ihrer Klassifizierung entwickelt, wobei er fünf Rassen unterschied: die Kaukasier, die Mongolen, die Äthiopier, die Amerikaner und die Malaien. Er hat aber immer wieder davor gewarnt, den kaukasischen Typ – darunter verstand er die Europäer – als ästhetisches Muster zu betrachten und andere Rassen nach diesem Vorbild einzustufen, und vehement hat er sich gegen jede Diffamierung anderer Rassen ausgesprochen.

Blumenbach wußte, wie nötig solche Warnungen waren und immer wieder sind. Wenige Jahre vor ihm hatte –

ebenfalls in Göttingen – der Psychologe Christoph Meiners als der Wissenschaft letzten Schluß die Erkenntnis verbreitet, daß zwischen den Juden und den Tieren nur noch die »Primitivsten«, die Neger und Indianer, stünden. Und nicht Kants und Blumenbachs wertungsfreie Ordnungen haben sich durchgesetzt, sondern jene Wertsysteme, die auf der sehr alten Vorstellung beruhten, daß es sich bei den ersten Menschen, die Gott schuf, um Weiße gehandelt haben müsse und daß der weiße Mensch Gott am ähnlichsten sei und schon deswegen das Vorbild für alle anderen darstelle. Es war nur eine Frage der Zeit, bis die Wertordnung der Rassen so weit verfeinert war, daß – jedenfalls in Deutschland – die »nordische« oder »arische« Rasse ganz oben und der Jude als Angehöriger einer »minderwertigen« Rasse ganz weit unten stand, so, wie es jener Göttinger Psychologe ja schon behauptet hatte.

Die Entwicklung dorthin soll hier nicht in allen Einzelheiten nachgezeichnet werden. Im Prinzip verlief sie erschreckend ähnlich wie einige Jahrhunderte zuvor die Entwicklung zum Hexenwahn: In beiden Fällen wurden abergläubische Angstvorstellungen in »wissenschaftliche Erkenntnisse« umgemünzt, an deren Gültigkeit nicht mehr gezweifelt werden durfte. In beiden Fällen nahmen Wissenschaftler den allgemeinen Trend auf, das heißt, sie gaben den weitverbreiteten Auffassungen nach, oder sie machten einfach mit, weil sie – als Zeitgenossen befangen – ohnehin so empfanden und dachten wie viele, schließlich die meisten empfanden und dachten. Im Hexenzeitalter führte man alles Unglück auf die Hexen zurück, und die meisten Menschen waren überzeugt, daß die Hexen – wenn man sie gewähren ließe – die christliche Weltordnung total zerstören würden. Im Deutschland des 19. und des beginnenden 20. Jahrhunderts, aber auch in vielen anderen Ländern, wurden für alle möglichen Mißstände und Fehlentwicklungen die Juden verantwortlich gemacht. Und immer mehr

Menschen ließen sich einreden, daß die Juden aller Welt – wie angeblich die »Protokolle der Weisen von Zion« bewiesen, die zwar eine plumpe Fälschung waren, aber große Verbreitung fanden und geglaubt wurden – sich verschworen hätten, die Weltherrschaft anzutreten, nachdem sie die bestehenden christlichen Staaten zerstört hätten, nicht durch Kriege, sondern durch von ihnen inszenierte Wirtschaftskrisen, durch künstlich geschürte Unruhe und Unzufriedenheit, durch Zersetzung.
Lange zuvor war das Klima für solche Lügen vorbereitet worden. Schon von dem heute wieder verschwiegenen Antisemitismus Martin Luthers. Ebenso von den antisemitischen Vorstellungen Richard Wagners und dessen Schwiegersohns Houston Stewart Chamberlain, der 1899 in seinen vielgelesenen »Grundlagen des 19. Jahrhunderts« eine Verherrlichung des Germanentums lieferte, womit er wesentlich auf die Entstehung der nationalsozialistischen Rassenlehre einwirkte. Antisemitisch verhielt sich die ganze sogenannte Alldeutsche Bewegung, der auch so radikale Studentenverbindungen wie die »Gießener Schwarzen« zuzuzählen sind, die – so der Arzt und Anthropologe Karl Saller, dem wir hier folgen – »im Judentum das Gegenbild ihrer Deutschheit konstituierten und auf dieses Gegenbild all das an Feindseligkeiten übertrugen, was ihrer eigenen Haltung nicht entsprechen sollte«. Sie nahmen, wie andere Studentenverbindungen auch, Juden nicht auf.
Und schließlich gehörten auch die Naturwissenschaften durch die Abstammungslehre Darwins und Haeckels und die Erblichkeitslehre nach Mendel zu den Vorbereitern jenes Klimas, in dem die nationalsozialistische Rassenideologie so gut gedeihen sollte. Allerdings ist zu betonen, daß hier der Rassengedanke noch nicht antisemitisch ausgerichtet war, worauf der Historiker Patrik v. zur Mühlen aufmerksam macht. Gleiches gilt nach ihm für den Franzosen Joseph Arthur Gobineau (1816 bis 1882), der in den germa-

nischen »Ariern« die Eliterasse sah, die über alle anderen Rassen herrschen solle, und dessen vierbändiges Werk »Über die Ungleichheit der Menschenrassen« (1853/55) nachhaltigen Einfluß ausübte.

Der rassenbiologische Antisemitismus ist zuerst in der Broschüre »Die Juden und der deutsche Staat« aufgetaucht, die 1861 zunächst anonym, in späteren Auflagen unter dem Pseudonym D. H. Naudh erschien. Deutlicher wird er in dem Buch »Der Sieg des Judentums über das Germanentum vom nicht-konfessionellen Standpunkt betrachtet«, 1893, von Wilhelm Marr, der den Begriff Antisemitismus prägte und einen jüdischen Sieg über das Germanentum als Schreckgespenst an die Wand malte. Radikale Züge zeigte der Rassenantisemitismus bei dem Berliner Philosophen und Nationalökonomen Karl Eugen Dühring (1833 bis 1921), der sich in seiner Autobiographie als den eigentlichen Begründer des Antisemitismus bezeichnete. Sein Buch »Die Judenfrage als Racen-, Sitten- und Culturfrage«, 1881, erregte viel Aufsehen, nicht zuletzt durch den »Antidühring« von Friedrich Engels: »Herrn Eugen Dührings Umwälzung der Wissenschaft«.

Dühring nannte als das wesentliche Rassenmerkmal der Juden ihren angeblich parasitären Charakter: »Ihr Stamm ist seit Jahrtausenden die auserwählt eingefleischte Selbstsucht, und er hat nur unter Belästigung anderer Völker leben können.« Die Juden seien allein auf geschäftlichen Gewinn aus, aber unfähig zu jeder eigenständigen höheren Geistesbetätigung: »In dieser grob und niedrig materiellen Richtung liegt auch ein Hauptgrund der Unfähigkeit der Juden, sich in Wissenschaft und Kunst schöpferisch zu bewähren. Ihnen fehlt jene frei uneigennützige Tätigkeit des Geistes, die allein zur uninteressierten Wahrheit und Schönheit vordringt.«

In Dührings Meinung über die Juden findet sich schon viel von dem, was später in Hitlers »Mein Kampf« wiederkehrt.

Dühring sah in den Juden »die übelste Ausprägung der ganzen semitischen Rasse zu einer besonders völkergefährlichen Nationalität«. Ihr »ungenierter Aneignungstrieb« habe die Juden »dazu gelangen lassen, aus allen Kanälen der Menschheit Geld herauszusaugen«. Dühring stellte die Juden als Urfeinde des Menschengeschlechts dar: Ihre »Feindschaft gegen das Menschengeschlecht ist auch politisch und sozial ihr Element, und hieraus erklärt sich auch alles, was wir in jüngster Zeit auf deutschem Boden von ihnen erfahren«. Dühring forderte die Aufhebung der Judenemanzipation und weitere einschneidende Maßnahmen: »Sie bleiben eben in ihrer Gesamtheit ein einziger ewiger Jude, der im Hohnsprechen gegen alles Edlere vermöge seiner angestammten Natur beharrt. Darum gibt es gegen sie auch nur eine einzige Politik, nämlich die der äußerlichen Einschränkung, Einpferchung und Abschließung.« Oder die Ausweisung: »Das Wohin ist die eigene Sache der Juden.« Und schließlich Schlimmeres, das bereits an die »Endlösung« denken läßt: »Wo die Rasse einmal gründlich erkannt ist, da steckt man sich ein weiteres Ziel, zu welchem der Weg nicht ohne die kraftvollsten Mittel zu bahnen ist.«
Diesem Buch, das bis 1930 noch fünfmal in »vermehrter« Auflage herausgebracht wurde, folgten zahlreiche Bücher und Schriften mit derselben Tendenz. Zum Beispiel 1887 das »Handbuch der Judenfrage« des radikalen Ideologen Theodor Fritsch, das bis 1940 vierzigmal aufgelegt wurde und in dem es hieß: »Die Juden sind ein viel älteres Volk als die Deutschen; jene stellen in ihrer Gesamtheit und nach ihrer heutigen Beschaffenheit betrachtet – denjenigen Entwicklungszustand des einzelnen Menschen dar, den man als ›alt, klug und schlecht‹ bezeichnet. Solchem Rassecharakter entspricht durchaus ihr Einzelcharakter; jüdische Kinder gibt es nicht; jeder heutige Jude wird als alter Mann geboren. Er ist sittlich, wie sein Ahnherr Isaak körperlich,

ein Altersprodukt. Altern aber heißt: zersetzt werden; der Jude war körperlich von jeher und ist geistig jetzt mehr als je ein Zersetzungsprodukt; er wirkt darum, naturwissenschaftlich ganz richtig, stets wieder zersetzend ...«
Theodor Fritsch hat mit seinem Handbuch auf den jungen Hitler gewirkt und auf viele andere, auch auf die Mitglieder der 1917/18 ins Leben gerufenen Münchner »Thule-Gesellschaft«, die »arischen Blutes« sein mußten und – so Joachim Fest – »zur Aufnahme in die logenähnliche Gemeinschaft Angaben zum Haarwuchs auf verschiedenen Körperteilen machen sowie einen Fußabdruck als rassisches Erkennungsmerkmal vorlegen mußten«. Aus der Thule-Gesellschaft, die den Juden zum »Todfeid des deutschen Volkes« erklärte und mit ihren exzessiven Parolen den Rassenhaß förderte, ging die DAP hervor, die »Deutsche Arbeiter-Partei«, der Hitler 1919 beitrat und die er zu seiner NSDAP machte, zur »Nationalsozialistischen Deutschen Arbeiterpartei«. Deren 25-Punkte-Programm, das er am 24. Februar 1920 im großen Saal des Münchner Hofbräuhauses zum erstenmal vortrug, enthielt von Anfang an die Forderung nach Ausschluß der Juden aus der »deutschen Volksgemeinschaft«.
Mit der antisemitischen Thule-Gesellschaft standen einige von Hitlers »Alten Kämpfern« in Verbindung: der Schriftsteller Dietrich Eckart (einer der einflußreichsten Förderer Hitlers und von 1921 bis 1923 Chefredakteur des nationalsozialistischen »Völkischen Beobachters«), der Ingenieur und Politiker Gottfried Feder (vor 1933 der maßgebliche Theoretiker der NSDAP, der 1933 sein antisemitisches Machwerk »Die Juden« schrieb), der Jurist Hans Frank (Hitlers Rechtsanwalt in der Münchner Zeit, später »Reichsrechtsführer« und Präsident der Akademie für Deutsches Recht, von 1939 bis 1945 Generalgouverneur von Polen und als solcher beteiligt an den Verbrechen in den dortigen Vernichtungslagern; 1946 vom Internationa-

len Militärgerichtshof in Nürnberg als Kriegsverbrecher hingerichtet). Mitglied der Thule-Gesellschaft war Rudolf Heß, der spätere »Stellvertreter des Führers«, der Hitler während der Festungshaft in Landsberg (1924/25) und danach bei der Abfassung von »Mein Kampf« half und 1946 in Nürnberg zu lebenslanger Haft verurteilt wurde. Mitglied war auch Alfred Rosenberg, der 1923 den »Völkischen Beobachter« übernahm und 1930 den rassistisch antisemitischen »Mythus des 20. Jahrhunderts« veröffentlichte, in dem er die Reinhaltung deutschen, germanischen Blutes forderte und Judentum und Christentum als tödliche Feinde der germanischen Seele und ihres Ehrbegriffs darstellte.

Rosenberg gehörte zu jenen, die die gefälschten »Protokolle der Weisen von Zion« als Beweis für die Existenz eines Weltjudentums und seiner Verschwörung zur Übernahme der Weltherrschaft nahmen, auf die auch Hitler sich in »Mein Kampf« berief; seine rassistischen Ideen blieben nicht auf seinen »Mythus« beschränkt, der 1942 die Millionenauflage erreichte. Sie fanden weite Verbreitung auch durch die »Nationalsozialistischen Monatshefte«, die er seit 1930 herausgab, ja, sie drangen nahezu überall ein, weil Rosenberg seit 1934 »Beauftragter des Führers« für die Überwachung der gesamten geistigen und weltanschaulichen Schulung und Erziehung der NSDAP war. 1946 wurde er als »Urheber des Rassenhasses« in Nürnberg zum Tode verurteilt und gehängt.

In den hier genannten und zahllosen weiteren Büchern, Broschüren, politischen Propagandaschriften zum Thema stand im Kern immer dasselbe. Immer ging es um die angeblich lebensnotwendige Reinhaltung der »germanischen«, »arischen«, »nordischen« Rasse, der Eliterasse, die das beste Erbgut habe, die höchsten, edelsten Anlagen für alle Lebensbereiche, die überhaupt erst Kultur geschaffen habe, die aber ständig in Gefahr sei, von »artfremden«

Rassen oder Völkern in ihrem Wert gemindert, gar zerstört zu werden, dies vor allem durch die von Natur aus alleszersetzenden Juden.

Dies wurde auch von Hitler ausführlich dargestellt. »Was wir heute an menschlicher Kultur, an Ergebnissen von Kunst, Wissenschaft und Technik vor uns sehen, ist nahezu ausschließlich schöpferisches Produkt des Ariers. Gerade diese Tatsache aber läßt den nicht unbegründeten Rückschluß zu, daß er allein der Begründer höheren Menschentums überhaupt war, mithin den Urtyp dessen darstellt, was wir unter dem Worte ›Mensch‹ verstehen«, hieß es in »Mein Kampf«, wobei offenblieb, was genau der Arier eigentlich war. Klar aber schien Hitler der Weg, den der Arier gegangen ist: »Als Eroberer unterwarf er sich die niederen Menschen und regelte dann deren praktische Betätigung unter seinem Befehl, nach seinem Wollen und für seine Ziele . . . Solange er den Herrenstandpunkt rücksichtslos aufrechterhielt, blieb er nicht nur wirklich der Herr, sondern auch der Erhalter und Vermehrer der Kultur. Denn diese beruhte ausschließlich auf seinen Fähigkeiten und damit auf seiner Erhaltung an sich. Sowie die Unterworfenen sich selber zu heben begannen und wahrscheinlich auch sprachlich dem Eroberer sich näherten, fiel die scharfe Scheidewand zwischen Herr und Knecht. Der Arier gab die Reinheit seines Blutes auf und verlor dafür den Aufenthalt im Paradiese, das er sich selbst geschaffen hatte. Er sank unter in der Rassenvermischung, verlor allmählich immer mehr seine kulturelle Fähigkeit . . . Die Blutsvermischung und das dadurch bedingte Senken des Rassenniveaus ist die alleinige Ursache des Absterbens aller Kulturen; denn die Menschen gehen nicht an verlorenen Kriegen zugrunde, sondern am Verlust jener Widerstandskraft, die nur dem reinen Blut zu eigen ist.« Und Hitler fügte hinzu: »Was nicht gute Rasse ist auf dieser Welt, ist Spreu.«

Zur Spreu zählte er auch die Juden, aber nicht zu jener Art von Spreu, die ihm gleichgültig hätte sein können. Während er den Arier ganz oben stehen sah auf der Wertskala der Rassen und Völker, sah er den Juden weit unten: »Den gewaltigsten Gegensatz zum Arier bildet der Jude.« Nie sei er im Besitz einer eigenen Kultur gewesen. »Nicht durch ihn findet irgendein Fortschritt der Menschheit statt, sondern trotz ihm.« Immer nur sei er »Parasit im Körper anderer Völker« gewesen; er tarne sich, verstecke sich hinter seiner angeblichen Religion, nehme nur zum Schein die Religion und die Nationalität seines Wirtsvolkes an. Aber sein so gefährliches Ziel sei es, »Herr der anderen Völker« zu werden; das bewiesen ja die »Protokolle der Weisen von Zion«, die den detallierten Plan zur Errichtung einer jüdischen Weltherrschaft enthüllten und »mit geradezu grauenerregender Sicherheit das Wesen und die Tätigkeit des Judenvolkes aufdecken«. Kritiker, die die »Protokolle« als Fälschung bezeichneten, wies Hitler mit der Logik mittelalterlicher Hexenverfolger zurück: Die Protokolle »sollen auf einer Fälschung beruhen, stöhnt immer wieder die ›Frankfurter Zeitung‹ in die Welt hinaus: der beste Beweis dafür, daß sie echt sind«.
Bevor der Jude die Herrschaft über die anderen Völker antreten werde, sauge er sie rücksichtslos aus. Nur so, durch Zerstörung und Zersetzung, könne er an die Macht kommen; dazu gehöre auch, daß er das Blut der anderen vergifte, wobei er indessen sein eigenes rein halte, indem er »selber stengste Abschließung seiner Rasse« übe: »Der Jude heiratet fast nie eine Christin, sondern der Christ die Jüdin. Die Bastarde aber schlagen dennoch nach der jüdischen Seite aus. Besonders ein Teil des höheren Adels verkommt vollständig. Der Jude weiß das ganz genau und betreibt deshalb diese Art der ›Entwaffnung‹ der geistigen Führerschicht seiner rassischen Gegner planmäßig.« Das führte Hitler einige Seiten weiter noch etwas genauer aus,

wobei er den Juden auch gleich die Schuld an der Vermischung von Weißen und Schwarzen gab:
»Der schwarzhaarige Judenjunge lauert stundenlang, satanische Freude in seinem Gesicht, auf das ahnungslose Mädchen, das er mit seinem Blut schändet und damit seinem, des Mädchens, Volke raubt. Mit allen Mitteln versucht er die rassischen Grundlagen des zu unterjochenden Volkes zu verderben. So, wie er planmäßig Frauen und Mädchen verdirbt, so schreckt er auch nicht davor zurück, selbst im größeren Umfange die Blutschranken für andere einzureißen. Juden waren und sind es, die den Neger an den Rhein bringen, immer mit dem gleichen Hintergedanken und klaren Ziele, durch die dadurch zwangsläufig eintretende Bastardierung die ihnen verhaßte weiße Rasse zu zerstören, von ihrer kulturellen und politischen Höhe zu stürzen und selber zu ihren Herren aufzusteigen.«
Das Ziel des Juden sei zunächst »der Sieg der Demokratie oder, wie er es versteht: die Herrschaft des Parlamentarismus. Sie entspricht am meisten seinen Bedürfnissen; schaltet sie doch die Persönlichkeit aus – und setzt an ihre Stelle die Majorität der Dummheit, Unfähigkeit und nicht zum letzten aber der Feigheit«. Später aber werde der Jude – und hier kam Hitler mit Hinweis auf den Juden Karl Marx zu einer Gleichsetzung von Judentum, Marxismus und Bolschewismus – die Demokratie durch die »Diktatur des Proletariats« ablösen: »In der organisierten Masse des Marxismus hat er die Waffe gefunden, die ihn die Demokratie entbehren läßt und ihm an Stelle dessen gestattet, die Völker diktatorisch mit brutaler Faust zu unterjochen und zu regieren.« Über mehrere Seiten führte Hitler dann aus, wie die Unterjochung durch den Juden verlaufen könne und wie es in Rußland schon geschehen sei, politisch, wirtschaftlich, sittlich und so weiter:
»Kulturell verseucht er Kunst, Literatur, Theater, vernarrt das natürliche Empfinden, stürzt alle Begriffe von Schön-

heit und Erhabenheit, von Edel und Gut und zerrt dafür die Menschen herab in den Bannkreis seiner eigenen niedrigen Wesensart.« Wie niedrig jüdische Lebensart sei, hatte Hitler in seinem Buch schon ziemlich am Anfang zu zeigen versucht, unter primitivsten Aspekten, bei der Schilderung seiner Wiener Jahre, die ihn zu seiner »größten Umwälzung« gebracht haben: »Ich war vom schwächlichen Weltbürger zum fanatischen Antisemiten geworden.« Da hatte er die Juden als Beherrscher der Bordelle, als Mädchenhändler und zugleich als Herren über die Presse und als »Führer der Sozialdemokratie« erkannt, und nun warnte er: »Aus dem demokratischen Volksjuden wird der Blutjude und Völkertyrann. In wenigen Jahren versucht er, die nationalen Träger der Intelligenz auszurotten, und macht die Völker, indem er sie ihrer natürlichen und geistigen Führer beraubt, reif zum Sklavenlos einer dauernden Unterjochung. Das furchtbarste Beispiel dieser Art bietet Rußland, wo er an dreißig Millionen Menschen in wahrhaft satanischer Wildheit teilweise unter unmenschlichen Qualen tötete oder verhungern ließ.«
Hitler verwies in seinem fast 800 Seiten dicken, zweibändigen Propagandabuch, in dem er seinen Anhängern die Ziele seiner »Bewegung« klarlegen wollte und von dem bis 1939 fünf Millionen Exemplare verkauft wurden, immer wieder auf die angeblich einzige Möglichkeit hin, sich vor solcher Unterjochung zu schützen: »Ein rassereines Volk, das sich seines Blutes bewußt ist, wird von Juden niemals unterjocht werden können.« Allerdings war ihm klar, daß die Deutschen längst nicht mehr rasserein genannt werden konnten, was Hitler jedoch nur auf die Juden schob: »Man halte sich die Verwüstung vor Augen, welche die jüdische Bastardierung jeden Tag an unserem Volke anrichtet, und man bedenke, daß diese Blutvergiftung nur nach Jahrhunderten oder überhaupt nicht mehr aus unserem Volkskörper entfernt werden kann; man bedenke weiter, wie die

rassische Zersetzung die letzten arischen Werte unseres deutschen Volkes herunterzieht, ja oft vernichtet, so daß unsere Kraft als kulturtragende Nation ersichtlich mehr und mehr im Rückzug begriffen ist, und wir der Gefahr anheimfallen, wenigstens in unseren Großstädten dorthin zu kommen, wo Süditalien heute bereits ist. Diese Verpestung unseres Blutes, an der Hunderttausende unseres Volkes wie blind vorübergehen, wird aber von Juden heute planmäßig betrieben. Planmäßig schänden diese schwarzen Völkerparasiten unsere unerfahrenen, jungen blonden Mädchen und zerstören dadurch etwas, was auf dieser Welt nicht mehr ersetzt werden kann.«

Und weil die Gefahr, daß »der Jude die rassischen Grundlagen unseres Daseins zerstört und dadurch unser Volk für immer vernichtet«, so groß sei, müsse es die »heiligste Verpflichtung« sein, »dafür zu sorgen, daß das Blut rein erhalten bleibt, um durch die Bewahrung des besten Menschentums die Möglichkeit einer edleren Entwicklung dieser Wesen zu geben«. Und im »Schlußwort« von »Mein Kampf« hieß es: »Ein Staat, der im Zeitalter der Rassenvergiftung sich der Pflege seiner besten rassischen Elemente widmet, muß eines Tages zum Herrn der Erde werden.«

Es ist oft behauptet worden, daß »Mein Kampf» zwar an Millionen Menschen verkauft und an viele verschenkt wurde, daß aber nur wenige das Buch gelesen hätten. Selbst wenn dies zuträfe, darf seine Wirkung nicht unterschätzt werden. Aus Hitlers Buch, vor allem aus seinen langen Ausführungen zur Juden- und Rassenfrage, wurde ständig zitiert, zum Beispiel in allen möglichen Schrift- und Heftreihen, die regelmäßig an die Funktionäre der vielen NS-Organisationen kamen, bis hinunter zu den Führerinnen und Führern in der Hitlerjugend.

Wichtiger aber ist in unserem Zusammenhang, daß Hitlers Ausführungen in »Mein Kampf« allenfalls von heute her

und für sich genommen als etwas Neues, Besonderes, Ausgefallenes gesehen werden könnten, in Wahrheit gaben sie jedoch – jedenfalls im Kern – nur eine ohnehin verbreitete Auffassung wieder. Was Hitler schrieb, war weder neu noch besonders alarmierend, nicht einmal sonderlich aggressiv. Und es war in jeder Hinsicht steigerungsfähig, auch an Naivität und Torheit. Dies zeigt ein Text von Julius Streicher, dem Gauleiter von Franken, der den berüchtigten »Stürmer« herausgab, das bösartigste antisemitische Hetzblatt. Streicher wollte die ungeheure Vergiftungsgefahr, die arischen Frauen durch Juden drohe, mit der Wirkung von »artfremdem Eiweiß« beweisen, und er schrieb (aber nicht im »Stürmer«, sondern in der Zeitschrift »Deutsche Volksgesundheit aus Blut und Boden«, 3. Jahrgang, Nr. 1, 1935): »Artfremdes Eiweiß ist der Same eines Mannes von anderer Rasse. Der männliche Same wird bei der Begattung ganz oder teilweise von dem weiblichen Mutterboden aufgesaugt und geht so in das Blut über. Ein einziger Beischlaf eines Juden bei einer arischen Frau genügt, um deren Blut für immer zu vergiften. Sie hat mit dem ›artfremden Eiweiß‹ auch die fremde Seele in sich aufgenommen.«
Das läßt an »wissenschaftliche« Erkenntnisse aus der Zeit des Hexenwahns denken; man mag es belächeln, mag es als Aberwitz abtun – heute; aber unter den damaligen Gegebenheiten konnte es genauso Angst verbreiten (und sollte es ja auch) wie einst die mittelalterlichen Vorstellungen von der sexuellen Macht der teuflischen Dämonen und die Lehre von Succubus und Incubus. Welcher durchschnittlich Gebildete, welche Frau, welches junge Mädchen sollte solche Ausführungen wie die von Streicher als Unsinn oder als Lüge erkennen, damals im Hitler-Deutschland, wo sich so viele zu geistigen Führern berufen fühlten und den Rassenwahn als höchste und heiligste Wahrheit verkündeten, wie zum Beispiel der Nürnberger Stadtschulrat Fritz

Fink in seiner Schrift »Die Judenfrage im Unterricht«, 1937, die sich an Lehrer und Eltern richtete und in der es hieß:

»Die wichtigste und in ihren Auswirkungen grauenhafteste Seite der Judenfrage ... geht insbesondere jene Erzieher und Erzieherinnen an, die in den Berufs- und höheren Schulen unsere reifere weibliche Jugend zu betreuen haben. Sie verlangt mit der gleichen Eindringlichkeit aber auch vom BDM, von der Deutschen Arbeitsfront, kurz von allen außerschulischen Organisationen, die mit unserer weiblichen Jugend in Zusammenhang stehen, ein immer wiederkehrendes Eingehen und Vertiefen. Wir alle, Eltern und Erzieher, tragen Schuld daran, daß ungezählte unserer Mädchen und Frauen am Juden zugrunde gingen. Wir wollen und dürfen über sie nicht richten. Weder Eltern, Lehrer noch Geistliche waren ihnen Aufklärer und Warner gewesen. Niemand hat sie eingeweiht in die gottgewollten Geheimnisse und Gesetze von Blut und Rasse. Mit allem möglichen wurden sie in Schule und Kirche traktiert und gefüttert. Das tiefste Wesen, das sie davor bewahrt hätte, körperlich und seelisch zu verkommen, gab ihnen niemand mit auf den Lebensweg. So konnte das jüdische Blut in abertausend Fällen in den Blutstrom unseres Volkes sich ergießen. Bis unser Volk es wieder abstößt, werden viele Jahrzehnte vergehen. An dem Problem ›Der Jude und die deutsche Frau‹ kann heute kein deutscher Erzieher mehr vorbeigehen. Er würde sich sonst einer verbrecherischen Unterlassung schuldig machen. Das Thema ist nicht heikel, wie feige Frömmler einwenden werden. Warum sollen wir aus dummer, sündhafter Scheu heraus unseren reifen Mädchen in der Schule das verheimlichen, was ihnen fünf Minuten später auf der Straße, im Geschäft, im Kontor mit aller Brutalität begegnen kann oder was ihnen vielleicht am Abend des gleichen Tages ein verbrecherischer Jude in grauenhafter Weise offenbart?«

Wissenschaft war nun zwar weder dies, noch waren es Streichers und Hitlers und unzählige ähnliche rassenideologische Ausführungen jener Zeit, mit denen die Menschen überflutet wurden und die auch in die Biologiebücher für Schülerinnen und Schüler aller Schulen und aller Altersklassen Eingang fanden. Aber im Kern beruhten sie auf Darstellungen von Wissenschaftlern, von Rassenforschern und Anthropologen an den Universitäten. Dabei ist es unerheblich, daß ihre Lehren später, im nachhinein, als Pseudowissenschaft bezeichnet wurden; damals galten sie als gesicherte, unangreifbare wissenschaftliche Erkenntnisse, wenn auch wohl vor allem deswegen, weil der NS-Staat es so wollte. Jene Wissenschaftler waren indessen nicht in dem Sinne antisemitisch eingestellt, wie Hitler es war, ja, manche waren überhaupt nicht antisemitisch, und auf jeden Fall waren sie weit entfernt davon, etwa eine Ghettoisierung der Juden oder gar Schlimmeres zu fordern oder auch nur anzuregen. Dennoch legten sie den »wissenschaftlichen« und »moralischen« Grund für alles, was im Dritten Reich »zum Schutz des deutschen Blutes« geschah. Damit hatten sie bereits begonnen, lange bevor Adolf Hitler an die Macht kam. Und sie haben damit zugleich jenen vielen Rassenschwärmern und ihren meist ganz unsinnigen »Lehren« aus der Zeit um die Jahrhundertwende im nachhinein recht gegeben, jedenfalls im Prinzip.

Was es da im Gefolge Darwins, Gobineaus, Chamberlains und anderer alles schon gab an Rassentheorien und Rassenverherrlichungen und Rassenverdammungen, an Träumereien von Rassenverbesserungen und Rassenzüchtungen, und zwar in fast allen europäischen Ländern, besonders aber in Frankreich und Österreich und ganz besonders in Deutschland, das kann im Rahmen dieses Kapitels kaum aufgezählt, geschweige im einzelnen dargestellt werden. Von den zahlreichen Zeitschriften, in denen es ausschließlich um diese Themen ging, sei die von 1905 bis 1931 in

Österreich erscheinende »Ostara-Brief-Bücherei der Blonden und Mannesrechtler« genannt, gegründet und herausgegeben von Adolf Lanz (1874 bis 1954), der sich Dr. Jörg Lanz von Liebenfels nannte. Dieser ehemalige Zisterzienser und seine abstruse Zeitschrift nahmen gewissermaßen »welthistorische Dimensionen« an – so der Historiker Patrik v. zur Mühlen –, weil zu ihren regelmäßigen Lesern eine Zeitlang der junge Hitler gehörte, der sich so sehr beeindrucken ließ, daß er zu Lanz persönlich Kontakt suchte und manches von seinen Ideen übernahm. Lanz hatte seine »Lehre« schon 1904 in seinem Hauptwerk dargelegt, unter dem Titel »Theozoologie oder die Kunde von den Sodomsäfflingen und dem Götterelektron«.

Die Götter seien »ältere Stammformen des Menschengeschlechtes und der Menschenrasse« gewesen, ausgestattet mit besonderen elektromagnetischen Organen für den Kampf gegen die »Dämonozoen«, jene biologischen Ungeheuer, die aus einem Nebenast der Menschen entstanden seien. Einige der normalerweise in Reinzucht lebenden Göttermenschen hätten mit solchen Ungeheuern, etwa mit Menschenaffen, Sodomie getrieben. Daraus seien alle »heutigen farbigen Menschenrassen« entstanden; mit Menschen hätten ihre Geschöpfe nur äußerliche Ähnlichkeit, in Wahrheit seien sie minderwertige »Äfflinge«, die für die Weißen, vor allem die blonden, blauäugigen »Logossöhne«, bis in die Gegenwart eine ständige Gefahr darstellten: »Sie sind heute allen Logossöhnen ebenso gefährlich wie in der Urzeit. Durch ihre Liebeskünste umstricken sie uns, züchten sich hinauf und uns hinunter.« Das Ziel müsse deswegen sein: »Ausrottung des Tiermenschen und Entwicklung des höheren Neumenschen.« Letzteres könne nur durch Rück- oder Hochzüchten erreicht werden, und wenn das Erbgut der »Äfflinge« eliminiert sei, werde die wiederhergestellte Götterrasse ihre Allmacht auf Erden wiedergewinnen, und sie werde dann »allwissend« und »allweise«

die Welt regieren und »die ganze Erde mit ihrer Flora und Fauna neu beleben«.
Als ersten Schritt zu diesem politischen Fernziel, dieser Wiederherstellung einer heilen Weltordnung, hatte Lanz schon zu Beginn dieses Jahrhunderts den »Orden des Neuen Tempels« ins Leben gerufen, zur – wie er selber schrieb – »planmäßigen Zucht der staats- und kulturerhaltenden Menschen arischer Rasse«, der nur »Menschen mit goldblonden Haaren, blauen (oder blaugrauen) Augen, rosiger Gesichtsfarbe, mit länglichem Schädel und länglichem Gesicht, mit länglichen, anliegenden Ohren, hochsatteliger, schmaler, gerader Nase, proportioniertem Mund, gesunden weißen Zähnen, vollem Kinn, mit ebenmäßiger, hoher Körpergestalt, schmalen Händen, schmalen Füßen« aufnehmen sollte. Sein Rassenorden, dem bald mehrere »Ordensburgen« gehörten, wurde zum Vorbild für ähnliche Institutionen, zum Beispiel für die bereits erwähnte Münchner Thule-Gesellschaft und für die 1908 gegründete »Deutsche Glaubensgemeinschaft«, die sich später »Deutscher Orden« nannte, und wirkte schließlich noch auf die rassistische Ordensideologie der SS.
Wie schon gesagt, würde es zu weit führen, hier die vielen rassenpolitischen, rassenideologischen, rassenmythischen Vorstellungen, die es in Deutschland vor der Hitler-Zeit gab, im einzelnen zu skizzieren. Entscheidend waren die ihnen gemeinsamen Grundvorstellungen von der angeblichen Überlegenheit der »arischen«, »nordischen«, »germanischen«, »blonden« Rasse über alle anderen Rassen und von der Notwendigkeit, sie vor »artfremden« Einflüssen zu bewahren. Entscheidend war weiter, daß diese Grundvorstellungen von so vielen Menschen gläubig angenomen wurden, und zwar von Menschen aller Bildungsschichten. Dies geschah vor dem Hintergrund einer weitverbreiteten Untergangsstimmung, die von den Verkündern der Rassenideologien zunächst noch geschürt wurde, nämlich durch

den drohenden Hinweis auf die angeblich existentielle Gefährdung infolge weiterer Bastardisierung beziehungsweise »Entnordung«. Zugleich aber zeigten die Rassenideologen die ihrer Meinung nach einzige Möglichkeit, den drohenden Untergang abzuwenden, ja, sie verkündeten den Weg zum wahren Heil, zu einer besseren, schöneren, gerechteren Weltordnung, in der alle Probleme gelöst wären, den Weg zum Sieg der arischen Rasse. Und genau dies erfolgte schon bald auch und mit viel mehr Überzeugungskraft auf wissenschaftlicher Ebene oder, richtiger gesagt, durch entsprechende Fachgelehrte.

Da war zum Beispiel der Anatom und Rassenforscher Professor Dr. med. Eugen Fischer (1874 bis 1967), seit 1912 Hochschullehrer in Würzburg, dann in Freiburg und seit 1927 in Berlin, dort zugleich Direktor des Kaiser-Wilhelm-Instituts für Anthropologie, menschliche Erblehre und Eugenik, der sich 1934, zu seinem 60. Geburtstag, in einer Festschrift der von ihm herausgegebenen »Zeitschrift für Morphologie und Anthropologie« als den »anerkannten Führer der Anthropologie« feiern ließ, der »für alle Zeiten das klassische Werk der Anthropologie« geschaffen habe. Und in dieser Festschrift für Eugen Fischer hieß es weiter: »Der Führer Adolf Hitler setzt zum ersten Male in der Weltgeschichte die Erkenntnisse über die biologischen Grundlagen der Völker – Rasse, Erbe, Auslese – in die Tat um. Es ist kein Zufall, daß Deutschland der Ort dieses Geschehens ist: Die deutsche Wissenschaft legt den Politikern das Werkzeug in die Hand.«

Ein Jahr zuvor war Eugen Fischer zum Rektor der Berliner Universität gewählt worden, und in seiner Rektoratsrede hatte er bekannt: »Einen nationalen Staat haben wir aufgerichtet, und wir sind dabei, ihn auszubauen, einen Staat aus Blut und Boden, einen Staat aus der deutschen Volksverbundenheit heraus aufgebaut auf Volkstum, Rasse und deutscher Seele...« Und 1934 stellte er sich selber ins

rechte Licht und strich seine Verdienste um die Rassenforschung heraus, als er mit Entschiedenheit die Auffassung zurückwies, daß die Deutschen erst durch die Mischung mit Angehörigen anderer Völker und Rassen, auch mit Juden, ihre Kultur geschaffen haben, daß also auch die anderen an dieser Kultur mitgewirkt hätten. Da schrieb Eugen Fischer (in der Zeitschrift »Volk und Rasse«, 9. Jahrg., 1934):
»Ich war der einzige akademische Lehrer in Deutschland, der seit mehr als 25 Jahren die Bedeutung der nordischen Rasse ... vortrug. Ich habe viele Hunderte von heutigen Ärzten Deutschlands zu Zeugen. *Heute* von der Bedeutung von Rasse und von nordischer Rasse zu reden, ist keine Kunst. Aber 1910 ... zu schreiben, die nordische Rasse ›ist der Kulturträger und -bringer Europas, ihrem Eintritt in die betr. Volkskörper ist die Geistesblüte Griechenlands, Italiens, Zentral- und Nordeuropas zu verdanken – von der Urzeit bis heute‹, dazu gehörte für einen Privatdozenten allerlei Mut! In Vorträgen vor Primanern habe ich rückhaltlos und, wie ich glaube, mit Erfolg den Rassegedanken in die jungen Herzen gelegt.« Und dann wandte er sich gegen die eben angedeutete Auffassung, daß die »Bastardisierung« auch Vorteile habe: »Ich lehne heute wie seit Jahrzehnten jeden Einschlag fremder Rassen, auch der jüdischen, in das deutsche Volk rückhaltlos ab. Ich erkläre heute wie seit Jahrzehnten, die nordische Rasse als die geistig leistungsfähigste, schöpferischste und darum höchste der europäischen Rassen. Sie ist an Menge im deutschen Volke die stärkste, für unsere spezifische und eigenartige Kultur, unsere Seelenverfassung als Deutsche die verantwortliche und hauptsächlich verursachende ...«
Er gab dann zwar zu: »Aber die anderen Bestandteile des deutschen Volkes sind ihr gegenüber nicht als die ihr unter allen Rassen der Erde am nächsten kommenden zu bezeichnen.« Und er räumte sogar ein: »Ohne diese wäre die vom nordischen Geist auf deutschem Boden geschaffene

Kultur von der Goldschmiedekunst der Völkerwanderungszeit, über die sog. romanischen und sog. gotischen Dome, über Dürer und Luther bis Bismarck und Adolf Hitler geschaffene deutsche Kultur nicht so geworden, wie sie tatsächlich ward.« Aber im Kern blieb er bei seiner Vorstellung vom Vorrang und von der Überlegenheit der nordischen Rasse, und er zitierte, was er schon 1922 geschrieben hatte: »Noch heute ist ganz zweifellos der Einschlag nordischer Rasse in den Völkern Europas das, was sie zu Kulturträgern, zu Denkern, Erfindern, Künstlern macht.«

In diesem Aufsatz von 1934 schrieb Eugen Fischer auch diesen Satz: »Arbeit, völkische, nationalsozialistische Arbeit bedeutet es, unserem ganzen Volk die Augen aufzumachen über die Bedeutung der Rasse.« Fünf Jahre später wurde Fischer von Hitler mit der Goethe-Medaille für Kunst und Wissenschaft ausgezeichnet, und wiederum fünf Jahre weiter, 1944, erhielt er den Adlerschild des Deutschen Reiches.

Dieser Gelehrte war anerkannt schon seit seinem Hauptwerk aus dem Jahr 1913 (»Die Rehobother Bastaards und das Bastardierungsproblem beim Menschen«), in dem er zeigte, daß menschliche Rassenmerkmale sich nach den Mendelschen Regeln vererben, und mit dem er die neuzeitliche Anthropobiologie begründet hatte. Ihn zu kritisieren, seine angeblich wissenschaftlich gesicherten Ansichten gar in Frage zu stellen konnte in der Hitler-Zeit existenzgefährdend sein. Das mußten die Wissenschaftler Fritz Merkenschlager (Biologe an der Universität Kiel) und Karl Saller (Biologe und Mediziner, der seit 1928 an der Universität Göttingen Professor für Anthropologie war) erfahren: Ihnen wurde die Lehrbefugnis entzogen, ihre Bücher wurden verboten und beschlagnahmt, Merkenschlager kam in ein Konzentrationslager. Das geschah während der ersten zwei Jahre der Nazi-Diktatur, bis August 1935.

Fritz Merkenschlager hatte vor allem die Auffassungen des Sozialanthropologen Hans Friedrich Karl Günther (1891 bis 1968), der später als der »Rassen-Günther« berühmt wurde, kritisiert und lächerlich zu machen versucht, und zwar in seiner Schrift »Götter, Helden und Günther. Eine Abwehr der Güntherschen Rassenkunde« aus dem Jahr 1927. Über Günther, der 1922 seine »Rassenkunde des deutschen Volkes« veröffentlicht hatte, 1924 die »Rassenkunde Europas«, 1930 die »Rassenkunde des jüdischen Volkes« und der noch viele andere Bücher und Aufsätze zum Thema schrieb, auch noch nach 1945, heißt es in der Brockhaus-Enzyklopädie von 1969 recht milde: »Seine vor dem Zweiten Weltkrieg weitverbreiteten Schriften zur Rassenkunde verknüpfen exakt wissenschaftliche Befunde mit idealisierenden Bewertungen der verschiedenen europiden Rassen.« Und: »Seine Schriften haben u. a. als ideologische Grundlage für den nationalsozialistischen Rassismus gedient.«
Gut vierzig Jahre früher hatte Merkenschlager die Dinge deutlicher benannt, obwohl er nicht ahnen konnte, in welche Katastrophen der Rassenwahn führen würde. Merkenschlager erkannte Günthers »Rassenkunde des deutschen Volkes«, die 1927 bereits die zehnte Auflage erreicht hatte, als »gefährlich«, er war überzeugt, daß da »ein moderner Unfug im Entstehen« sei, und er klagte an: »Ich klage das Buch an wegen eines Verbrechens am Seelenleben des deutschen Volkes.«
Hans F. K. Günther war wie Eugen Fischer und viele andere ein Anhänger der »Nordischen Bewegung« und des »Nordischen Gedankens«, und er hat in allen seinen Schriften – sich dabei ständig wiederholend und sich immer wieder selbst zitierend – die »Nordische Rasse« ungeheuer verherrlicht. »Hochgewachsen, langschädlig, schmalgesichtig, mit ausgesprochenem Kinn; schmale Nase mit hoher Nasenwurzel; weiches, schlichtes oder welliges helles

(goldblondes) Haar; zurückliegende, helle (blaue oder graue) Augen; rosig-weiße Hautfarbe« – so hebe sich die nordische Rasse schon äußerlich als das seit Jahrhunderten erträumte deutsche Schönheitsideal von den anderen vier in Europa und Deutschland vertretenen Rassen vorteilhaft ab: von der kleingewachsenen westischen Rasse (braunes oder schwarzes Haar, braune Augen, bräunliche Hautfarbe), von der dinarischen Rasse (hochgewachsen, kurzschädlig, sehr starke, fleischige Nase, die sich nach unten senkt, lockiges braunes oder schwarzes Haar), von der ostischen Rasse (kurzgewachsen, kurzschädlig, breitgesichtig, schwerer massiger Unterkiefer, stumpfe, kurze Nase, hartes, braunes oder schwarzes Haar, nach vorn liegende braune Augen, gelblich-bräunliche Haut) sowie von der ostbaltischen Rasse (kurzgewachsen, kurzschädlig, breitgesichtig, schwerer Unterkiefer, kurze Nase, helles, aschblondes Haar, nach vorn liegende helle Augen, helle Hautfarbe).

Unter den »seelischen Eigenschaften« der nordischen Rasse hob Günther hervor: Urteilsfähigkeit, Wahrhaftigkeit und Tatkraft; Beherrschung des eigenen Wesens; einen starken Drang zu Wahrheit und Gerechtigkeit. Den nordischen Menschen kennzeichne ein ausgeprägter Wirklichkeitssinn; er neige stets zu Besonnenheit, Schweigsamkeit, Stetigkeit, Urteilsruhe, er fordere von sich selbst und von seiner Umgebung Pflichterfüllung, wobei er manchmal hart, ja rücksichtslos sein könne – »wenn ihn auch nie eine bestimmte Ritterlichkeit verläßt«. Erzählergabe und Neigung zur Schalkhaftigkeit seien in der nordischen Rasse verbreitet; der nordische Mensch habe eine besondere Gemütstiefe, »während ihm Leidenschaftlichkeit im üblichen Sinn erregter Empfindungen oder betonter Geschlechtlichkeit fern liegt«. Seine »Zurückhaltung kann bis zur Verschlossenheit gehen«, doch zeige sich dabei eine »um so stärkere Verläßlichkeit« und ein »um so regeres

Ehrgefühl«; »sein in Besonnenheit gegebenes Wort gilt ihm unverbrüchlich«.
Schon diese Eigenschaften bewirkten, wie Günther überzeugt war, »die Eignung der nordischen Rasse zu staatsmännischen Leistungen« und »daß anscheinend alle bedeutenderen Staatsmänner in der Geschichte Europas, nach Bildern zu schließen, vorwiegend nordisch erscheinen«. Gerade bei den »höchsten Vertretern« der nordischen Rasse zeige sich ein »Sinn für das Hochtrachtende, Heldische, für ungewöhnliche Taten und Werke«, ebenso »ein Reichtum der Empfindungen«, vor allem auch bei den weiblichen Vertreterinnen. Und dies alles mache den nordischen Menschen für bestimmte Tätigkeiten und Berufe besonders geeignet, nämlich für den Beruf des »Staatsmanns, des Feldherrn, des Unternehmers, des Denkers, des Priesters, des Künstlers, des Bauern«. Was die nordische Rasse so herausragen lasse, seien eben ihre »Führereigenschaften«. Und so könne es auch nicht verwundern, »daß eben die nordische Rasse so viele schöpferische Menschen hervorgebracht hat«, ja »an schöpferischen Menschen immer wieder besonders reich gewesen« sei. »Besondere Begabung« zeige sie auch »auf dem Gebiet des Heerwesens, ebenso auf seemännischem, technischem und kaufmännischem Gebiet«, auch in der Wissenschaft, vor allem in den Naturwissenschaften. Und in den Künsten neige sie vorwiegend »zu Dichtkunst, Tonkunst, Malerei und Zeichenkunst«.
Und schließlich lobte Günther noch dies an der nordischen Rasse: »Das Gebiet Nordwestdeutschlands, wo die nordische Rasse innerhalb der deutschen Stämme am stärksten vorwiegt, zeigt die geringste Bestrafungsziffer. Die Häufigkeit von Verbrechen nimmt gegen Osten und Süden zu, also in der Richtung der Abnahme des nordischen Bluteinschlags. Besonders selten sind in Nordwestdeutschland die gefährliche Körperverletzung und der Betrug... In der äußeren Erscheinung fällt in allen Schichten der Bevölke-

rung die verhältnismäßig größere körperliche Reinlichkeit der vorwiegend nordischen Menschen auf, auch deren Lust an Leibesübungen.« Und weiter falle auf die »größere Häufigkeit nordischer Menschen in allen Freiluftberufen und besonders unter den Kutschern«.

Nachteilige Anlagen konnte Günther beim nordischen Menschen nicht entdecken. Nur daß sich seine Kühnheit manchmal zu Tollkühnheit steigern könne, und gelegentlich zeige sich eine »nordische Neigung zu sorglos freiem Leben«, die aber ja nur darin bestehe, »daß eben der nordische Mensch immer wieder Zeiten frohgelaunter Faulheit oder unbekümmerter Hingabe an Leibesübungen, Wanderungen, Fahrten geradezu nötig zu haben scheint«. Der nordische Mensch besitze »ein ausgesprochenes Naturgefühl«. Dennoch führe ihn »sein Sinn für Wettbewerb, sein Bildungsdrang, sein Drang zu führen« und »sich hervorzutun« schon seit Jahrhunderten vom Land in die Stadt, wo die nordischen Menschen die höhere Gesellschaftsschicht bildeten, auf dieser Stufe aber zu wenig Kinder in die Welt setzten. Und der Forscher Günther folgerte: »So sind es eben die Führereigenschaften der nordischen Rasse, welche diese im Kampf ums Dasein (den ja allein die Geburtenziffer entscheidet!) unterliegen lassen.« Dies treffe indessen nicht nur die nordische Rasse, sondern auch die anderen: »Ist die nordische Rasse an schöpferischen Menschen immer wieder besonders reich gewesen, so kann es nicht verwundern, daß die Völker mit nordischem Blut jeweils dann ihrem Niedergang entgegengegangen sind, wenn das nordische Blut unter ihnen versiegt ist.«

In diesem nur scheinbar harmlos klingenden Satz (aus Günthers »Rassenkunde Europas« von 1924) steckt schon der ganze Rassenwahn, der bald so entsetzliche Konsequenzen haben sollte. Er bedeutete ja nicht weniger, als daß die anderen Rassen – und hier wurden schließlich sämtliche anderen menschlichen Rassen und Völker mit eingeschlossen – sich zwar zahlenmäßig gegenüber der nordischen Rasse behaupten konnten, daß sie aber gerade dadurch den eigenen Niedergang herbeiführten, weil sie am Ende ohne Führerschicht, ohne schöpferische, denkerische, staatsbildende Kräfte sein würden, ohne Recht, ohne Moral, ohne »Gesittung«! Da lag der Schluß nahe, ja, er schien unausweichlich zu folgen, daß nur die Reinhaltung des nordischen Blutes, möglichst sogar seine »Mehrung«, das Bestehen der schöpferischen und lebensnotwendigen Schicht im deutschen Volk (und schließlich in der Welt) an Zahl und an »seelischer Gesundheit« garantieren würden, wodurch allein der drohende Niedergang aufgehalten werden könne.

In seinem Buch »Der Nordische Gedanke unter den Deutschen« (1927) schrieb Günther: »Wird die nordische Schicht zu dünn, entarten viele ihrer Sippen, vermischen sich zu viele ihrer Sippen mit nichtnordischen Sippen, dann schwindet für das Gesamtvolk die Spannung, die zeugende Auseinandersetzung. Bei Schwinden der Führerschicht und Vermehrung der Unterschicht muß dann der Augenblick im Volksdasein eintreten, wo das ertüchtigende (unbewußt oder bewußt erstrebte) Vorbild des gesunden, reingearteten wirkenden Menschen, das Vorbild des Helden, verblaßt und schließlich stürzt. Die Unterschicht versucht ein anderes Vorbild aufzurichten, wozu sie erst die Zersetzung der unter dem Vorbild der ›Väter‹ geschaffenen Gesittung nötig hat. So kommt die vorbildlose Zeit, wo alles bezweifelt und zersetzt wird, alles bezügelnd (relativistisch) betrachtet wird, wo die Kräfte sich im gegenseitigen Verneinen ebenso erschöpfen, wie sie sich vorher unter der Herrschaft des Vorbildes in Auseinandersetzung gesteigert haben, sich endlich so erschöpfen, daß ihnen das Nichts erscheint und der ›Untergang‹ allen Einsichtigen gewiß wird.« Rassenmischung werde den Untergang mehr und mehr beschleunigen, lehrte Günther. Rassenmischung ha-

be »gesittungszersetzende Wirkung«, jene »zersetzende Wirkung, welche für Gobineau das Anzeichen dessen war, was man heute (die Ursachen meist nicht erkennend) den ›Untergang des Abendlandes‹ nennt«.
Dieser Hintergrund ist für die rasche Verbreitung der Rassenlehre, wie sie von Günther und so vielen anderen verkündet wurde, von entscheidender Bedeutung: Seit langem herrschte in Europa und besonders in Deutschland eine allgemeine Untergangsstimmung, die durch Oswald Spenglers geschichtsphilosophisches Werk »Der Untergang des Abendlandes» (dessen erster Band 1917 erschienen war und bis 1920 bereits in der 32. Auflage vorlag und dessen 2. Band 1922 folgte) einen Höhepunkt erreicht hatte. Der Spenglerschen Vorstellung, daß die abendländische Kultur wie zuvor alle anderen Kulturen (etwa die ägyptische, die babylonische, die indische, die chinesische, die antike) mit deterministischer Notwendigkeit verfallen werde, ja bereits im Verfall begriffen sei, nachdem sie ihre Zeiten der Blüte und der Reife überlebt habe, setzten die Rassenideologen die Vorstellung von der Rassenpflege, der Rassenhygiene oder der Rassenrückzüchtung entgegen, als Möglichkeit, den verlorengegangenen Urzustand wiederherzustellen. Für Deutschland und zugleich für Europa, also für das Abendland, sei der drohende Untergang – so wurde es nicht allein von Günther verkündet – nur durch den »Nordischen Gedanken« abzuwenden, das hieß durch die »Errichtung eines Vorbildes für das deutsche Volk«, und das Vorbild müsse der nordische Mensch sein, der Held: »Unter diesem Vorbild des nordischen Helden will die Nordische Bewegung an der Bildung eines rein nordischen Volkskerns für alle deutschen Stämme arbeiten«, und Günther nannte dies die »Nordische Aufgabe am deutschen Volk«.
Daß nur der nordische Mensch das Vorbild sein könne, war klar. Es folgte nicht nur aus dessen von Günther aufgezähl-

ten körperlichen und psychischen Vorzügen, sondern es folgte mehr noch aus den angeblichen Nachteilen der anderen europäischen Rassen. Vom westischen Menschen behauptete Günther, er sei »wenig arbeitsam, oft faul, er möchte das Leben mehr genießen«, er habe eine »stärker betonte Geschlechtlichkeit«, verbunden mit einem »Hang zu Grausamkeit und Tierquälerei« und nicht selten einer »Neigung zu Sadismus«. Im Staatsleben habe der westische Mensch nur »geringen Sinn für Ordnung und Gesetz«, »leicht begehrt er auf« und neige »zu gesetzlosen (anarchistischen) Zuständen, zu Geheimverschwörungen ... und zu spannendem Räuberwesen«.

Die dinarische Rasse (im süddeutschen und österreichischen Alpengebiet), die Günther wertmäßig an die zweite Stelle setzen möchte, weil sie sehr viele positive Züge aufweise, neige zu schnellem Aufbrausen, zu Jähzorn und Rauflust. Ihr fehle es an »eigentlichem geistigen Eroberungsdrang« und an »Zügen größerer seelischer Feinheit«, auch an »harter Entschlossenheit«.

Die ostische (alpine) Rasse neige »zur Vermittelmäßigung, zum Gewöhnlichen, zur Beseitigung des Wettbewerbs«; alles Edle, Heldentümliche, alles Weitherzige seien »eigentlich unostische Eigenschaften«. Gegenüber Fernerstehenden zeige sich der ostische Mensch »oft mißtrauisch, hinterhältig, dumpf, bisweilen muffig und widerborstig«. Im öffentlichen Leben zeige er »öfters wenig Verläßlichkeit«. Auffällig sei die »geringere körperliche Reinlichkeit«. Und Günther schloß: »Betrug (?), Nötigung und Bedrohung scheinen in den vorwiegend ostischen Teilen Deutschlands häufiger zu sein.«

Die ostbaltische Rasse beschrieb Günther mit noch mehr negativen Zügen: schwerfällig, langsam, mißtrauisch. Dem ostbaltischen Menschen, der sich durch Mangel an Entschlußfähigkeit und fehlenden Wirklichkeitssinn und oft durch uferlose Hirngespinste auszeichne, fehle »jede eigentliche Schaffenskraft«. Er bedürfe der Führung. Er neige zu Verschlagenheit, sei rachsüchtig, oft roh, neige auch »zu roher Auffassung des geschlechtlichen Lebens«, seine »Ausgelassenheit kann in blinde Vernichtungswut übergehen«. Seine »körperliche Reinlichkeit ist gering, auch die der Wohnungen«. Und die deutschen Gebiete »stärksten ostbaltischen Einschlags« seien kriminell erheblich belastet, »so Ostpreußen, Posen und Schlesien, und zwar vor allem durch gefährliche Körperverletzung und einfachen und schweren Diebstahl«.

Heute fragt man sich, wie es möglich war, daß die Verkünder des Nordischen Gedankens nicht einfach von der Bühne gezischt wurden. Damals aber erschien ihre »Beweisführung« offenbar sehr vielen Menschen einleuchtend, obwohl in Wahrheit nichts anderes bewiesen wurde, als daß wieder einmal der Teufel in die Wissenschaft geholt worden war. Das erkannten nur wenige so deutlich wie der Kieler Anthropologe Fritz Merkenschlager, der – wie schon gesagt – die »Rassenkunde des deutschen Volkes« als gefährlich und furchtbar bezeichnete und ihren Autor des »Verbrechens am Seelenleben des deutschen Volkes« anklagte, und zwar mit dem Argument: »Günther steigert die Verherrlichung einer rassischen Komponente des deutschen Volkes bis zur Apotheose und degradiert die anderen Rassen, die zum Deutschtum gehören und die zahlenmäßig mehr am heutigen Deutschtum beteiligt sind als die eine, aufs tiefste.«

Merkenschlager fürchtete, daß eine solche Einteilung des deutschen Volkes in besonders wertvolle nordische Menschen und weniger wertvolle Menschen, deren – wie Günther formulierte – westisches oder dinarisches oder ostisches Blut »minder erwünscht« sei, zu einem Rassenstreit führen müsse, zu einer Aufspaltung, zur Auflehnung der mehr westischen, ostischen oder dinarischen gegen den nordischen Menschen. »Im deutschen Süden, im Gebiet der zweitbesten und drittschlechtesten Rasse« müsse es »ein Aufbäumen gegen diese Arroganz« geben, meinte Merkenschlager. Aber nichts dergleichen trat ein. Und zwar deswegen nicht, weil die Unterschiede zwischen diesen fünf europäischen Rassen (die ja nicht mehr in reiner Form existierten, sondern nur in unterschiedlichen Anteilen im einzelnen Individuum) nahezu belanglos wurden angesichts der als so ungeheuerlich empfundenen Bedrohung durch die alleszersetzenden Juden.

In der Angst vor den Juden (gar nicht so sehr im Haß, der erst später geschürt wurde) waren und blieben sich die Deutschen einig, jedenfalls ihre große Mehrheit. Die Vorstellung von der existenzgefährdenden Bedrohung durch die Juden war – ganz ähnlich wie einige Jahrhunderte zuvor die Angst vor den Hexen – so selbstverständlich geworden, daß es schon lange nicht mehr um die Frage ging, ob und in welchem Maße die Juden andere Völker dieser Welt und vor allem das deutsche Volk gefährdeten, zersetzten, in Sklaverei und Untergang trieben, sondern vor allem um die Frage, ob und wie dieser Prozeß gestoppt werden könne. Dies war die sogenannte »Judenfrage«, die damals, um die Jahrhundertwende und mehr noch zur Zeit der Weimarer Republik, so viele Menschen auf eine heute kaum noch vorstellbare Weise beunruhigte und viele nach einer Antwort suchen ließ. Die schon damals von Rassenideologen und Rassenforschern gegebene Antwort zur Lösung der Judenfrage (die später zur »Endlösung« gesteigert werden sollte), also die Reinhaltung der eigenen Rasse und die besondere Pflege der nordischen Komponenten, fand breiteste Zustimmung. Das war der Grund für den riesigen Verkaufserfolg der Güntherschen und ähnlichen Bücher, was auch Merkenschlager in seiner Kritik an Günthers »Rassenkunde« richtig erkannte: »Viele Deutsche suchen im Buch eine Hilfe gegen das seit der Revolution gesteigerte Eindringen des Judentums in die Fragen der Gegenwart.

Die Zeit war dem Buche günstig. Jeder suchte Halt am eigenen Volke, es entstand eine völkische Sehnsucht ohnegleichen.« Und dann folgt ein Satz, der schlagartig deutlich macht, daß auch für Merkenschlager die Judenfrage wie selbstverständlich ein Problem darstellte, das einer Lösung bedurfte: »Wenn das Volk zerissen wird, was soll denn dann an dessen Stelle treten?« Und weiter: »Alles wiederholt sich doch in der Weltgeschichte! Es ist die ewige Tragik, daß eine schöne Idee ihre Bläser findet, deren marktschreierisches Getöse den Suchenden in den Ohren liegt. Und doch ist es in diesem Fall besonders bitter, daß das mächtige Suchen der Zeit übertönt wird von *diesem* Marktgeschrei!«
Das bedeutet – was wiederum an die Zeit des Hexenwahns erinnert –, daß Merkenschlagers Kritik systemimmanent blieb. Sie sollte also nicht etwa diesen ganzen Komplex einschließlich der Vorstellung von der jüdischen Bedrohung und der »Judenfrage« und der anvisierten Lösung von Grund auf in Frage stellen oder gar als Wahn abtun, sondern sie blieb letztendlich auf methodische Ungereimtheiten und einzelne Aspekte beschränkt. Zum Beispiel wies Merkenschlager auf die vielen vor Verdun gefallenen Soldaten aus Süd- und Ostdeutschland hin, um Günthers Behauptung, die ostischen Menschen hätten weniger Vaterlandsliebe als die nordischen, zu entkräften. Das Ganze aber stellte er, wie gesagt, nicht in Frage. Und andere taten es auch nicht.
So konnten sich diese und ähnliche Rassenlehren und -ideologien ganz ungehindert und schnell ausbreiten, zumal ja eine Reihe weiterer Wissenschaftler, zunehmend auch von anderen Fakultäten, und Schriftsteller diese oder ähnlich abstruse Gedanken unters Volk brachten oder schon gebracht hatten; mit allen Irrtümern. Da war der Historiker Ludwig Schemann (1852 bis 1938), der ein Apostel Gobineaus war und dessen Biographie schrieb und 1928/32

drei Bände über »Die Rasse in den Geisteswissenschaften« veröffentlichte und zu der Überzeugung kam, daß der Weltkrieg und seine revolutionären Folgen gezeigt hätten, »wie tief wir rassisch gesunken waren. Durch ihn erst sind wir für die Herrschaft der Minderwertigen reif geworden«; dies sei der Beginn unseres Untergangs. – Da war der Arzt und Eugeniker Alfred Ploetz (1860 bis 1940), der den Begriff der Rassenhygiene in die Wissenschaft einführte und 1905 die »Gesellschaft für Rassenhygiene« gründete und dazu die entsprechende Zeitschrift, »Archiv für Rassen- und Gesellschaftsbiologie«. – Da war der Architekt Paul Schultze-Naumburg (1869 bis 1949, seit 1930 Leiter der Staatlichen Kunsthochschule in Weimar), der in seinem Buch »Kunst und Rasse« (1928) nachzuweisen versuchte, daß jeder Künstler immer nur seinen rassischen Typ darstelle. – Ähnliches lehrte für die Musik Richard Eichenauer in seinem Buch »Musik und Rasse« (1932), in dem es hieß: »Höchsten Wert hat auch in der Kunst nur das, was lebenssteigernd für meine Rasse wirkt; ist es dagegen den Lebensgesetzen meiner Rasse schädlich, so kann es auch nicht im Sinne meiner Rasse ›schön‹ sein.« Eichenauer wurde wenig später Leiter der Reichsbauernschule in Goslar unter dem Reichsbauernführer und »Leiter des Reichsnährstandes« Walter Darré, der 1929 das Buch »Das Bauerntum als Lebensquell der nordischen Rasse« schrieb und den Begriff »Blut und Boden« prägte. – Und da war – um aus der langen Reihe der Wegbereiter des NS-Rassenwahns nur diesen noch zu nennen – der Humangenetiker Fritz Lenz, Mitarbeiter von Eugen Fischer am Kaiser-Wilhelm-Institut für Anthropologie, später, ab 1946, Professor und Direktor am Institut für menschliche Erblehre an der Universität Göttingen, der schon 1917 geschrieben hatte, in seinem Aufsatz »Zur Erneuerung der Ethik – Deutschlands Erneuerung«: »Wir glauben noch an eines; an das Blut, an die Rasse. Die Rasse ist es, die alles trägt, Persönlichkeit wie Staat und Volk.« Rassenpflege sei höchste Kulturarbeit: »So kommt uns alles aus dem Ideal der Rasse: Kultur, Entwicklung, Persönlichkeit, Glück, Erlösung. Und alles kehrt dorthin zurück.« Doch ging es Lenz, der 1921 zusammen mit Eugen Fischer und E. Baur ein zweibändiges Werk über »Menschliche Erblichkeitslehre und Rassenhygiene« vorlegte, nicht um das Glück des Individuums: »Wir aber wollen nicht die Rasse um des Glückes willen, sondern das Glück um der Rasse willen.«

Schon hier wurde die Rasse zum Selbstzweck erklärt, was Lenz im Hinblick auf soziale Bestrebungen noch deutlicher zum Ausdruck brachte: »Der soziale Gedanke muß weiter fruchtbar sein, aber mehr im organisch-sozialen als im individual-sozialen Sinne. Das Ziel des Sozialismus dürfen nicht die Individuen sein, sondern die Rasse.« – Die Nationalsozialisten haben die Entwertung des Individuums in die Praxis umgesetzt: Unter ihrer Herrschaft galt der einzelne so gut wie nichts mehr, gemessen am Volk und an der Rasse, getreu der im Dritten Reich immer und überall gegenwärtigen Parole »Du bist nichts, dein Volk ist alles!«. Deswegen fiel es ihnen leicht, einzelne, die als »minderwertig« oder »lebensunwert« eingestuft wurden, auszuschalten, ja, sie zu vernichten, auch dann noch, als es sich bei solchen einzelnen um Tausende, um Hunderttausende und schließlich um Millionen handelte.

Von »Minderwertigen« war in der Rassenliteratur schon sehr früh die Rede, auch von »Untermenschen«, und zwar lange vor der Zeit des Dritten Reiches. Die sehr verbreitete Unterscheidung von hochwertigen und minderwertigen Rassen kam vielen Menschen zupaß, vorausgesetzt, daß sie nicht selber einer »minderwertigen« zugezählt wurden. Fritz Merkenschlager aber lehnte eine solche Bewertung ab: »Es gibt keine gute und keine schlechte Rasse. Alle Rassen sind göttliche Erfüllungen der Möglichkeiten im Rahmen der Umwelt.« Doch wie schon gesagt, durfte

Merkenschlager schon bald nicht mehr schreiben, und die Nazis steckten ihn in ein Konzentrationslager. Ihnen mißfiel es wohl auch, daß Merkenschlager 1927 schrieb: »Adolf Hitler ist vornehmlich ... Ostbalte«, womit er den Führer der NSDAP jener europäischen Rasse zuordnete, an der Günther die meisten nachteiligen Eigenschaften festgestellt hatte.

Aber auch Günther hatte zumindest den Verdacht, daß sich eine objektiv gültige Wertskala der menschlichen Rassen wissenschaftlich kaum beweisen läßt. Jedenfalls hat er in seiner »Rassenkunde des jüdischen Volkes« (1930) geschrieben: »Diejenigen ›Antisemiten‹, die versuchen, irgendeine rassische ›Minderwertigkeit‹ der Juden zu erweisen, werden von rassenkundlich-vererbungswissenschaftlicher Seite kaum Zustimmung erfahren, denn es würde schwer sein, irgendeinen brauchbaren allgemeinen Maßstab zur Beurteilung von Rassen und Völkern zu finden.« Dennoch wollte Günther auf den Begriff »minderwertig« nicht mehr verzichten. Und so relativierte er ihn, indem er argumentierte, der Jude müsse nicht an sich minderwertiger sein als der nordische Mensch, wohl aber sei er minderwertig vom Standpunkt des nordischen Menschen aus, aber nur so, wie andererseits der nordische Mensch vom jüdischen Standpunkt aus auch als minderwertig gesehen werden könne.

Dahinter verbarg sich indessen keinesfalls ein Ansatz zu irgendeiner Art von Gleichwertung oder gar Gleichberechtigung. Vielmehr machte Günther auf diese Weise die jüdische Bedrohung und die Dringlichkeit einer Lösung der »Judenfrage« nur um so deutlicher und akuter, zumal er die Juden, vor allem die zionistischen, in einem wesentlichen Punkt geradezu als vorbildlich hinstellte. Die zionistischen Juden hätten sich für »lebensfördernde Werte« entschieden, schrieb er, nämlich für »Volkstum, Glaubensbindung, Familie, Mutterschaft, erbgesundheitlich-gerichtete

Gattenwahl, rassische Bestrebungen usw.«, doch nicht nur sie: »Auch unter denjenigen Juden, die dem Zionismus fernstehen oder nur einzelne seiner Anschauungen teilen, setzt sich seit einer Reihe von Jahren die im 19. Jahrhundert abgeschwächte Betonung des Judentums als eines besonderen Volkstums wieder durch.«

Verglichen mit anderen war Günther mit Ausfällen gegenüber Juden recht zurückhaltend, jedenfalls in dem, was er selber sagte. Aber er machte es in seinen Büchern ähnlich wie Jakob Sprenger und Heinrich Institoris in ihrem »Hexenhammer«, das heißt, er zitierte alle möglichen berühmten Geister aus Vergangenheit und Gegenwart mit ihren antisemitischen Meinungen, und so wirkten seine Schriften durchaus antisemitisch, aber nicht subjektiv, sondern distanziert objektiv. Passende Stimmen gab es ja genug, wie zum Beispiel die des angesehenen katholischen Theologen Paul Wilhelm von Keppler, der 1894 den Einfluß des Judentums als »verderblich für die abendländichen Völker« bezeichnet hatte, da es »den Christenvölkern wie ein Pfahl im Fleisch sitzt, ihnen das Blut aussaugt, sie knechtet mit den goldenen Ketten der Millionen und mit Rohrzeptern giftgetränkter Federn, die öffentlichen Brunnen der Bildung und Moral durch Einwerfen ekliger und eiteriger Stoffe vergiftet«. Aus vielen solcher Zitate, von Cicero und Tacitus, von Voltaire, Herder, Kant, Goethe, von Napoleon, Pestalozzi, Schopenhauer, Wagner, von Gobineau und Chamberlain, kam er dann zu der »wissenschaftlichen Erkenntnis«: »Nur klare Scheidung der Juden von den Nichtjuden und der Nichtjuden von den Juden ist eine würdige Lösung der Judenfrage.«

Als er dies schrieb, im Jahr 1930, wurde dies und alles, was Günther bis dahin geschrieben hatte und was er noch schreiben sollte, gewissermaßen von Staats wegen für Wissenschaft erklärt, indem ihn der nationalsozialistische thüringische Innenminister Wilhelm Frick als Professor an die

Universität Jena berief, auf den eigens für ihn geschaffenen Lehrstuhl für soziale Anthropologie. Dazu schrieb drei Jahrzehnte später der Anthropologe Karl Saller, dem im Dritten Reich die Lehrbefugnis entzogen worden war: »Die Berufung erfolgte zunächst gegen den einstimmigen Protest der zuständigen Fakultät und des Senats sowie, auf Anregung der ›Deutschen Liga für Menschenrechte‹, von 31 Professoren aus ganz Deutschland, wobei der Protest damit begründet wurde, daß Günther in seiner wissenschaftlichen Qualifikation den Ansprüchen in keiner Weise gerecht werde, die die Universität an ein Mitglied des Lehrkörpers stellen müsse. Wenig später allerdings sprachen sich dann in Jena insbesondere der Zoologe Plate und der Mathematiker Haußner für Günther und den Nationalsozialismus aus, bis nach 1933 alle deutschen Universitäten unter die Gewalt des Nationalsozialismus kamen.«
Der hier zitierte Karl Saller gehörte zu den wenigen Ausnahmen unter den Wissenschaftlern jener Zeit, die sich mit der offiziellen Rassenkunde, wie sie von da an in Deutschland betrieben wurde, nicht abfinden wollten. Saller wandte sich gegen den von H. F. K. Günther, Eugen Fischer und dessen Schüler Otmar von Verschuer und anderen vertretenen statischen Rassenbegriff, nach dem Rasse als festumrissen und feststehend verstanden wurde. Dagegen setzten Saller und Merkenschlager einen dynamischen Rassenbegriff, demzufolge Rassen sich ständig verändern. »Rassen sind nie etwas Absolutes, sondern immer nur Gleichgewichtszustände zwischen der Auswirkung von Erbanlagen und der Umwelt«, schrieb Saller. Und Günthers Überzeugung, auf der der gesamte nordische Rassenkult aufbaute, nämlich daß durch Entmischungen wieder reinrassige Menschen entstehen würden, hielt er für »biologischen Unsinn«. Aber in dieser Diskussion – so Saller 1961 – »stand das Parteidogma von vornherein auf der Seite der statischen Rassenauffassung, als Grundlage aller praktischen

Maßnahmen, die der Nationalsozialismus in der Rassenfrage tätigte; die Diskussion wurde dementsprechend mit Gewalt zugunsten der statischen Auffassung beendet«.
Außer den zwangsweise entlassenen Merkenschlager und Saller verließen stillschweigend nur drei weitere Dozenten die Universitäten, und zwar in Heidelberg (Münter), in Frankfurt (F. Weidenreich) und in Berlin (H. Muckermann, der dort im Institut für Anthropologie durch Lenz ersetzt wurde). Und die katholischen Anthropologen des Instituts »Anthropos« gingen in die Schweiz. »Die übrigen deutschen Anthropologen folgten ihrem Führer«, heißt es bei Saller.
Aber es wäre falsch, ihnen bloß Opportunismus zu unterstellen. Sie lebten in dem Wahn, den sie für Wissenschaft hielten, daß die Vermischung der Rassen in den Untergang führen müsse, und sie klammerten sich an den Irrtum, daß allein Rassenhygiene und eine entsprechende Rassenpolitik diesen Prozeß aufhalten könnten. Und nicht nur Anthropologen lebten in diesem Wahn. Schon 1920 forderten der Jurist Karl Binding, Professor in Basel, Freiburg, Straßburg, zuletzt in Leipzig, und der Psychiater Alfred Hoche, Professor in Freiburg, in ihrem gemeinsamen Buch – so schon der Titel – »Die Freigabe der Vernichtung lebensunwerten Lebens, ihr Maß und ihre Form«. Sie alle oder doch die meisten von ihnen erhofften von Hitler und seiner Partei die Realisierung ihrer rassischen Zielvorstellungen. Und zugleich war ja Hitler bereit, von ihnen alles zu übernehmen, was ihm für seine politischen Ziele geeignet schien. So kam es zu einer engen und verhängnisvollen Verknüpfung.
Im Jahr 1931, in der dritten Auflage seines Buches über Erblichkeitslehre und Rassenhygiene und menschliche Auslese (dessen erste Auflage von 1920 Hitler in Landsberg gelesen und für »Mein Kampf« verwertet hatte) schrieb Fritz Lenz: »Daß der Nationalsozialismus ehrlich

eine Gesundung der Rasse anstrebt, ist nicht zu bezweifeln.« Und: »Die Frage der Erbqualität ist hundertmal wichtiger als der Streit um Kapitalismus oder Sozialismus und tausendmal wichtiger als der um Schwarz-Weiß-Rot oder Schwarz-Rot-Gold.« Und als Heinrich Himmler, seit 1929 »Reichsführer SS«, am 31. Dezember 1931 für die SS anordnete, daß ihre Angehörigen vom neueingerichteten SS-Rasseamt Heiratsgenehmigungen brauchten, die »einzig und allein nach rassischen und erbgesundlichen Gesichtspunkten erteilt« oder verweigert würden, nannte Lenz das einen »dankenswerten Versuch«.
Nachdem Hitler an die Regierung gekommen war, am 30. Januar 1933, wurden für die nationalsozialistische Rassenpolitik entsprechende Gesetze geschaffen. Schon am 7. April 1933 wurde das »Gesetz zur Wiederherstellung des Berufsbeamtentums« beschlossen, das die Entlassung aller jüdischen und halbjüdischen Beamten und staatlichen Angestellten ermöglichte. Am 14. Juli wurde das »Gesetz zur Verhütung erbkranken Nachwuchses« verkündet, das die zwangsweise Sterilisierung bei »angeborenem Schwachsinn, Schizophrenie, zirkulärem (manisch-depressivem) Irresein, erblicher Fallsucht ... und schwerem Alkoholismus« vorsah. Als Eugen Fischer, zum Rektor der Berliner Universität gewählt, am 29. Juli 1933 seine Rektoratsrede hielt, begrüßte er die neuen Gesetze ausdrücklich:
»Die neue Führung, kaum im Besitz des Staates, greift an der Stelle in den Ablauf der Geschichte und des Lebens ihres Volkes bewußt und tatkräftig ein, wo dies am dringendsten, am entscheidensten, am unaufschiebbarsten nötig ist – freilich eine Notwendigkeit, die nur erkannt wurde von Männern, die biologisch sehen und denken können – von ihnen aber mit schwerster und lastender Sorge. Das Eingreifen kann bezeichnet werden als biologische Bevölkerungspolitik, biologische, d. h. auf Lebensvorgänge der Vererbung, der Auslese und Ausmerze gerichtete Erb- und

Rassenpflege des Staates.« (Zitiert nach Müller-Hill, Tödliche Wissenschaft)
Im Juni 1934 bewilligte die »Notgemeinschaft deutscher Wissenschaft«, die kurz danach in »Deutsche Forschungsgemeinschaft« umbenannt wurde, fünf Assistentenstellen zur Aufarbeitung des bei den Sterilisierungen anfallenden »wissenschaftlichen Materials«, und zwar für Professor Eugen Fischer, für den Psychiater und Rassenhygieniker Professor Ernst Rüdin (Direktor des Kaiser-Wilhelm-Instituts für Psychiatrie in München und Reichskommissar für die Deutsche Gesellschaft für Rassenhygiene) und für Professor Otmar v. Verschuer, der inzwischen unter Eugen Fischer Abteilungsleiter am Kaiser-Wilhelm-Institut für Anthropologie in Berlin war. Auch in der Finanzierung solcher rassenhygienischen Forschungsarbeiten seitens der »Deutschen Forschungsgemeinschaft«, auf die Benno Müller-Hill in seinem überaus informativen und wichtigen Buch »Tödliche Wissenschaft«, 1984, aufmerksam macht, zeigt sich die enge Verknüpfung von Wissenschaft und Politik im Dritten Reich.
Die »Deutsche Forschungsgemeinschaft« unterstützte einige Jahre später auch die medizinischen Versuche des SS-Arztes Dr. Dr. Josef Mengele im Vernichtungslager Auschwitz zu Fragen der Zwillingsforschung unter besonderer Berücksichtigung der Vererbungslehre. Das Labor in Auschwitz erhielt von der DFG die benötigten Apparate: Brutschrank, Mikroskop und Tischzentrifuge. Dazu Müller-Hill: »An den Geräten hingen wohl die vertrauten Schildchen: ›Leihgabe der DFG‹.« Die Forschungsprojekte von Josef Mengele in Auschwitz, der dort mit fast zwei Dutzend anderen Ärzten die Selektionen für die Gaskammern vornahm, seine zum Teil grausamen Versuche an Häftlingen geschahen im Namen und im Auftrag des Kaiser-Wilhelm-Instituts für Anthropologie, menschliche Erblehre und Eugenik (in Berlin), dessen Leiter seit 1942

Otmar Freiherr v. Verschuer war, Mengeles Lehrer. Und, so Müller-Hill: »Dr. Dr. Mengele kam auch mehrmals nach Berlin, um über den Fortgang seiner Arbeiten seinem Lehrer zu berichten.«

Es ist nach dem Ende des Dritten Reiches manchmal gesagt worden, daß das »Gesetz zur Verhütung erbkranken Nachwuchses« auch seine »guten Seiten« gehabt habe. Dem hält Rolf Winau in dem Buch »Ärzte im Nationalsozialismus« (von Fridolf Kudlien und Mitarbeitern) zu Recht entgegen, daß bei diesem Gesetz »von Anfang an, und ganz offen, der strengen Wissenschaftlichkeit, das heißt dem Nachweis der Erblichkeit bei den vom Gesetz angesprochenen Krankheiten und Defekten, gar keine sehr große Beachtung geschenkt wurde«. Es ging allenfalls um die Wahrscheinlichkeit von Erblichkeit, und es »war von vornherein . . . eine enorme Ausdehnung des Betroffenenkreises weit über die in § 1 des Gesetzes definierte Gruppe von Krankheiten und Defekten hinaus intendiert. Nicht nur stärker Kurzsichtige oder Klumpfußträger, sondern auch alle, die das Ziel der Volksschule letztlich nicht erreichten – ja ganz generell alle die ›Schwächlinge‹, von denen überdurchschnittliche Leistungen ›im Sport, im Leben, im Krieg‹ nicht zu erwarten waren, wurden als ›Parasiten‹ oder ›Ballastexistenzen‹ angesehen, die man sterilisieren zu können meinte.« Und weiter heißt es bei Winau: »Wie viele Menschen in diesem Zusammenhang sterilisiert worden sind, läßt sich nicht sagen; Schätzungen schwanken, für die Zeit des Dritten Reiches insgesamt, zwischen 200000 und 350000 Personen.«

Gut zwei Jahre länger als für das »Gesetz zur Verhütung erbkranken Nachwuchses«, für das es bereits Vorstufen gegeben hatte, brauchten die Nazis für das »Gesetz zum Schutz des deutschen Blutes und der deutschen Ehre«, das »Eheschließungen zwischen Juden und Staatsangehörigen deutschen oder artverwandten Blutes« sowie außerehelichen Geschlechtsverkehr zwischen ihnen verbot; dies galt nun als »Rassenschande«, die verbotswidrige Eheschließung als »Rassenverrat«. Das Blutschutzgesetz wurde am 15. September 1935 in Nürnberg auf dem Reichsparteitag verkündet, zusammen mit dem »Reichsbürgergesetz«, nach dem Juden nicht mehr Reichsbürger oder Gemeindebürger sein durften. Als Jude galt dabei, wer von drei volljüdischen Großeltern abstammte oder wer von zwei volljüdischen Großeltern abstammte und der jüdischen Religionsgemeinschaft angehörte oder mit einem Juden verheiratet war.

Zu diesen »Nürnberger Gesetzen« kamen noch weitere Rechtsbeschränkungen: Juden wurden auch aus halböffentlichen und kulturellen Berufen ausgeschlossen, durften nicht mehr Anwalt, Notar, Arzt, Apotheker, Redakteur, Wirtschaftsprüfer, Künstler sein; es wurde ihnen der Betrieb von Einzelhandelsgeschäften und Handwerksbetrieben verboten; sie durften Grundstücke nicht erwerben und nicht frei veräußern; sie durften Kraftfahrzeuge weder halten noch fahren; sie mußten zusätzliche Vornamen führen (Israel, Sara), und später, vom 1. September 1941 an, mußten sie an ihrer Kleidung deutlich sichtbar den Judenstern tragen.

Gut sieben Monate nach der Verordnung der »Nürnberger Gesetze« sprach Professor Eugen Fischer vor der Berliner Theologischen Fakultät, worüber die »Allgemeine Zeitung« vom 6. Mai 1936 berichtete (zitiert nach Müller-Hill): »Prof. Fischer schloß mit dem Dank an den Führer, der es durch die Nürnberger Gesetze den Erbforschern ermöglicht habe, ihre Forschungsergebnisse dem Volksganzen praktisch dienstbar zu machen.« Man darf bei solchen und schlimmeren Zeugnissen, viel schlimmeren, die es auch gab, von Fischer und vielen anderen, aber nie außer acht lassen, daß die Rassenforscher von der Richtigkeit ihrer Wissenschaft, von ihren Methoden und Erkenntnissen zutiefst überzeugt waren. Und längst war ja der Rassengedanke nicht mehr nur in der Anthropologie, in der Medizin und der Humanbiologie zu Hause, sondern er war tief eingedrungen in die Disziplinen nahezu aller Fakultäten, in Philosophie, Geschichte, auch in die Theologie, in Philologie und Literaturgeschichte, in Kunst- und Musikgeschichte, in Psychologie, Pädagogik, Soziologie und Ökonomie, in die politischen Wissenschaften und natürlich auch in die Völkerkunde und in die Prähistorie und damit sogar in die Archäologie. Mehr oder weniger waren alle infiziert. Und die politische Propaganda heizte den Wahn noch ständig an. Aber andererseits hätte eigentlich die so erschreckend primitive antisemitische NS-Propaganda die Wissenschaftler stutzig machen müssen, daß sich die Dinge auf eine katastrophale Weise verselbständigen könnten. Sahen sie denn nicht, daß die Sterilisierung sogenannter Erbkranker längst zur Euthanasie geworden war und daß die Tötung der Geisteskranken sich zur Tötung von Juden und »Zigeunern« ausweitete, zu einem Verbrechen ungeheuerlichen Ausmaßes?

Ahnten sie auch nichts von den Sterilisations- und Kastrationsversuchen, die der Gynäkologe Professor Dr. med. Carl Clauberg in Auschwitz an Juden und Zigeunern auf grausame Weise machte beziehungsweise machen ließ? Clauberg, der als international anerkannter Forscher galt, sollte Methoden entwickeln, nach denen Frauen und Männer schnell und ohne großen Aufwand unfruchtbar gemacht werden könnten. Auf diese Weise sollten Millionen von Juden und vielen anderen, wie zum Beispiel russische Kriegsgefangene, risikolos für die deutsche Kriegsindustrie gewonnen werden. Sie sollten arbeiten, sich aber nicht mehr vermehren können. Und so würde sich auch das Problem »minderwertiger Rassen« lösen. Himmler dachte wirklich daran, die Clauberg-Methode, die 1942/43 kurz vor ihrem »Erfolg« zu sein schien, zur Liquidierung von

Polen, Tschechen und anderen Völkern im Osten anzuwenden, um dort Raum zu schaffen für die nordische Rasse und das deutsche »Volk ohne Raum«. – Wußten sie nichts von der über viele Jahre laufenden und schließlich ebenfalls in Auschwitz zu Ende gebrachten »Zigeunerforschung« des Prof. Dr. Dr. R. Ritter, der seit 1937 Leiter der »Rassenhygienischen und bevölkerungsbiologischen Forschungsstelle« im Reichsgesundheitsamt in Berlin war? Sie wurde von der Deutschen Forschungsgesellschaft finanziert, die über das Projekt immer unterrichtet war.
Die Zigeuner – oder wie es heute heißt, die Sinti und Roma – stellten die Rassenforscher und mehr noch die Politiker vor ein besonderes Problem. Die Nazis fürchteten deren indische, also »arische«, Herkunft, und so waren sie froh, als Ritter aufgrund seiner genealogischen und anthropologischen Untersuchungen zu dem (allerdings von Anfang an vermuteten) Ergebnis kam, daß weitaus die meisten der 30000 zu erfassenden Sinti und Roma gar keine »Zigeuner« mehr waren, sondern »Mischlinge mit dem deutschen kriminellen, asozialen Subproletariat«. In einem Bericht an die Deutsche Forschungsgemeinschaft schrieb Ritter schon 1940: »Die Zigeunerfrage kann nur dann als gelöst angesehen werden, wenn ... die weitere Fortpflanzung dieser Mischpopulation endgültig unterbunden wird. Nur dann werden die kommenden Geschlechter des deutschen Volkes wirklich befreit sein. Die Rassenhygienische Forschungsstelle ist schon heute in der Lage, sich über den Mischlingsgrad und den Erbwert jedes einzelnen sogenannten Zigeuners sachverständig zu äußern, so daß der Inangriffnahme rassenhygienischer Maßnahmen nichts mehr im Wege steht ...« – Ende 1941 ordnete der »Reichskommissar für das Ostland« an, daß die Zigeuner »in der Behandlung den Juden gleichgestellt werden«.
Aber es geht hier nicht um die Frage, was die Wissenschaftler allgemein davon gewußt haben können. Entscheidend

ist in unserem Zusammenhang, daß alles im Namen ihrer Wissenschaft geschah – oder doch wenigstens unter dem Deckmantel ihrer wissenschaftlichen Rassenlehre: die Sterilisierung der angeblich Erbkranken, die Euthanasie, also die Vernichtung angeblich lebensunwerten Lebens, schließlich die Lösung der »Judenfrage«, zunächst durch Ausschließen der Juden aus der Volksgemeinschaft, dann durch ihre Ausrottung, und die Sterilisierung oder Vernichtung der »Zigeuner«. Das alles geschah – wie die Wissenschaftler formuliert hatten – aus »Abwehr«, aus »Notwehr«, um die nordische Rasse zu erhalten, sie zu schützen vor der Zersetzung durch »Artfremdes«. »Unser letztes Schicksal ist die Rasse. Wenn es nicht gelingt, unsere Rasse zu retten, ist alle Kulturpolitik, ja alle Politik sinnlos. Das Schicksal der nordischen Rasse ist unser Schicksal!« sagte Fritz Lenz einmal. Und Eugen Fischer schrieb im März 1943 in einem Artikel in der »Allgemeinen Zeitung«: »Es ist ein besonderes und seltenes Glück für eine an sich theoretische Forschung, wenn sie in eine Zeit fällt, wo die allgemeine Weltanschauung ihr anerkennend entgegenkommt, ja, wo sogar ihre praktischen Ergebnisse sofort als Unterlage staatlicher Maßnahmen willkommen sind ... Für wichtige Gesetze und Maßregeln waren die Ergebnisse der menschlichen Erblehre als Unterlagen im neuen Staat gar nicht zu entbehren.« Und der Münchner Psychiater Rüdin betonte (in der Zeitschrift »Archiv für Rasse und Gesellschaftsbiologie« 36, 321 1942/43, wie Lenz und Fischer zitiert nach Müller-Hill) »das unvergängliche geschichtliche Verdienst Adolf Hitlers und seiner Gefolgschaft, über die rein wissenschaftlichen Erkenntnisse hinaus den ersten wegweisenden und entscheidenden Schritt zur genialen rassenhygienischen Tat in und am deutschen Volk gewagt zu haben. Ihm und seinen Mitarbeitern galt es, die Theorien und Forderungen des nordischen Rassengedankens ..., die Bekämpfung parasitärer fremdblütiger

Rassen wie der Juden und Zigeuner ... und die Verhinderung der Fortpflanzung Erbkranker und erblich Minderwertiger in die Praxis umzusetzen.«

Zu der Zeit war die »Endlösung« längst in vollem Gange. Jene Wissenschaftler aber (über deren tiefe Verstrickung, über das, was in den Konzentrationslagern geschah, mehr zu lesen ist in den bereits genannten Arbeiten von Müller-Hill und Kudlien) haben ihren katastrophalen Irrtum niemals eingestanden. Nach 1945 haben sie von dem, was sie so lange als Wissenschaft gelehrt hatten und was so entsetzliche Folgen hatte, nichts zurückgenommen. Die meisten schwiegen, und einige von ihnen saßen noch oder wieder an deutschen Universitäten und lehrten weiter, als wäre nichts gewesen.

Freuds Loblied auf das Kokain

Daß Irren menschlich ist, dafür gibt es ein besonders überzeugendes Beispiel aus dem Leben Immanuel Kants, des bedeutendsten Philosophen seiner Zeit (1724 bis 1804). Überliefert hat es Kants Schüler E. A. Ch. Wasianski, der sich seit 1794 als Betreuer und Freund um den alternden Philosophen und dessen Hauswesen kümmerte und darüber einen ausführlichen Bericht schrieb. Es handelt sich nicht um eine Anekdote, sondern um eine wirkliche Begebenheit oder – wie man in diesem Fall sagen könnte – um einen wahren Irrtum des großen Denkers. Kants Stärke lag darin, aufgrund von gedachten oder gesehenen Voraussetzungen Schlüsse zu ziehen und auf diese Weise allgemeingültige Erkenntnisse zu gewinnen. Eine seiner fundamentalen Erkenntnisse bestand nun darin, daß er die Unmöglichkeit einsah, nur mit Hilfe der Vernunft, das heißt allein durch logisch-begriffliche Operationen, irgend etwas über die Existenz oder das Kausalverhältnis wirklicher Dinge »auszumachen«. Man könne, so lehrte Kant in seinem Hauptwerk »Kritik der reinen Vernunft« (1781), aus den »gegebenen« Begriffen allein der Realität nicht beikommen. Es sei also, meinte er zu Recht, ein ziemlich komplizierter Vorgang zu erkennen, was wirklich ist.
Wie schwierig eben dies auch für ihn selber gewesen sein muß, zeigt Kants eigenwillige Hypothese über die Entstehung von Wanzen, zu der er durch einen Beobachtungs- beziehungsweise Denkfehler gekommen war. Um sein Schlafzimmer, das in Sonnenrichtung lag, kühl zu halten, ließ Kant die Fensterläden stets dicht geschlossen. Einmal jedoch, als er für einige Tage verreiste, wurde es versäumt,

die Läden zu schließen. Als Kant wieder zu Hause war, merkte er, daß er Wanzen hatte. Da er wußte, daß er vor der Reise keine Wanzen gehabt hatte, zugleich aber die Möglichkeit ausschloß, sie von der Reise mitgebracht zu haben, kam er zu dem logisch richtigen Schluß, die Wanzenplage könne nur von dem durch die geöffneten Fenster eingedrungenen Sonnenlicht hervorgerufen worden sein. Und weiter folgerte er dann: Wenn man das Schlafzimmer nur wieder – wie zuvor – dunkel halte, dann könne sich das Ungeziefer nicht weiter vermehren und würde also aussterben.

Von dieser Erkenntnis ließ sich Kant nicht mehr abbringen, schreibt Wasianski. Wenn Zweifel vorgebracht wurden, führte er als Beweis den Erfolg an: Nach der Reise waren die Fensterläden – so glaubte er jedenfalls – wieder sorgfältig geschlossen gehalten worden, und schon bald hatte der Philosoph über Wanzen nicht mehr zu klagen brauchen. »Ich ließ ihn bei seiner Meinung«, heißt es bei Wasianski, »sorgte für die Reinigung seines Schlafzimmers und Bettes, wodurch die Wanzen sich verminderten, obgleich die Läden und Fenster, um frische Luft zu schaffen, fast täglich – freilich ohne sein Mitwissen – geöffnet wurden.«

Während Kants Irrtum eine heitere Episode blieb, die niemandem Schaden brachte und nur zeigt, wie leicht selbst einer der größten Denker irren konnte, hatte ein Irrtum Sigmund Freuds (1856 bis 1939) verhängnisvolle Folgen. Es ging dabei um Versuche mit dem damals noch wenig erforschten Kokain, die Freud an sich und anderen anstellte und aus denen er voreilig und höchst leichtfertig falsche Schlüsse zog. Freud, der später die Psychoanalyse begründete, war zu jener Zeit noch sehr jung und stand erst ganz am Anfang seiner Laufbahn – was die Motivation seiner Kokain-Versuche wesentlich mitbestimmte. Es ging ihm nicht so sehr um selbstlose Forschung als vielmehr darum, sich rasch eine Basis für seine berufliche Zukunft zu schaffen, und – so sein Biograph Ernest Jones, dem wir hier folgen – er »dachte unablässig darüber nach, wie er sich auf klinischem oder medizinischem Gebiet einen Namen machen könnte«. Im März 1881, im Alter von 24 Jahren, hatte Freud sein medizinisches Doktorexamen bestanden und danach drei Semester als eine Art wissenschaftlicher Hilfskraft am Physiologischen Institut in Wien gearbeitet. Dabei hatte er sich vergeblich Hoffnung auf eine Assistentenstelle gemacht; die zwei vorhandenen Stellen waren besetzt, eine von Ernst von Fleischl, der bei Freuds Kokain-Versuch noch eine tragische Rolle spielen sollte. Weil er am Physiologischen Institut für sich kein Fortkommen sah, hatte sich Freud – wie er selber sagte – »schweren Herzens« entschlossen, seinen Lebensunterhalt als praktizierender Arzt zu verdienen, und er ging als Aspirant ans Wiener Allgemeine Krankenhaus. Dort arbeitete er während der nächsten drei Jahre in verschiedenen klinischen Abteilungen, in der Chirurgie, der Inneren Medizin, der Dermatologie und der Augenheilkunde, ohne jedoch an der praktischen Tätigkeit sonderlich Gefallen zu finden. In dem 1982 erschienenen »Kokain-Report« von Karl-Ludwig Täschner und Werner Richtberg, der auf Freuds Kokain-Versuche ausführlich eingeht, heißt es: »Er wollte sich habilitieren, um mit dem akademischen Titel ›Privatdozent‹ die Startchancen für eine Privatpraxis zu verbessern. Zu diesem Zweck befaßte er sich wissenschaftlich mit verschiedenen, vorwiegend neuroanatomischen Themen, die ihm aber alle nicht an das Ziel seiner Wünsche brachten.«

Freud war zu jener Zeit verlobt mit Martha Bernays, die einer jüdischen Intellektuellenfamilie angehörte und die er 1882 kennengelernt hatte. Um Martha heiraten zu können, fehlte es ihm an jener materiellen Sicherheit, die Marthas Eltern zur Bedingung machten. Kein Wunder, daß der junge Assistenzarzt geradezu besessen war von dem Gedanken, berühmt zu werden und möglichst schnell zu Geld zu kommen. In den Briefen an seine weit entfernt lebende Braut, der er in der langen Verlobungszeit mehr als neunhundertmal schrieb, ist immer wieder von wissenschaftlichen Entdeckungen die Rede, die er machen möchte und die sie und ihn bald ans Ziel ihrer Wünsche bringen würden. Von einem solchen neuen »Projekt und einer Hoffnung« schrieb der nicht ganz Achtundzwanzigjährige auch am 21. April 1884, nachdem er auf Kokain aufmerksam geworden war:

»Ich lese vom Cocain, dem wirksamen Bestandteil der Cocablätter, welche manche Indianerstämme kauen, um sich kräftig für Entbehrungen und Strapazen zu machen. Ein Deutscher hat nun dieses Mittel bei Soldaten versucht und wirklich angegeben, daß es wunderbar kräftig und leistungsfähig mache. Ich will mir nun das Mittel kommen lassen und aufgrund naheliegender Erwägungen es bei Herzkrankheiten, ferner bei nervösen Schwächezuständen, insbesondere bei dem elenden Zustande bei der Morphiumentziehung versuchen. Vielleicht arbeiten schon viele andere damit, vielleicht wird es nichts. Aber das Versuchen will ich nicht unterlassen und Du weißt, was man oft versucht und immer will, das gelingt dann einmal. Mehr als einen solchen glücklichen Wurf brauchen wir nicht, um an unsere Hauseinrichtung denken zu können.«

Bei den nervösen Schwächezuständen und Herzkrankheiten hat Freud wohl an sich selber gedacht, bei der Morphiumentziehung an seinen ehemaligen Kollegen Dr. Fleischl, der morphiumsüchtig geworden war, nachdem er wegen häufiger starker Schmerzen zunehmend stärkere Dosen dieses Mittels genommen hatte. In dem Brief an Martha brachte Freud noch eine Warnung an, die er jedoch, was ihn, den Forscher, betraf, nicht einhalten sollte:

»Setz Dir, Weibchen, aber nicht zu fest in den Kopf, daß es diesmal gelingen muß. Du weißt, das Temperament des

Forschers braucht zwei Grundeigenschaften: Sanguinisch beim Versuch, kritisch bei der Arbeit.«
Wie gesagt, war Kokain, dessen Reingewinnung aus der Cocapflanze erstmals 1859 gelungen war und das seitdem so heißt, damals ein noch weitgehend unerforschter Stoff. Es war seit der Eroberung Südamerikas durch die Spanier im 16. Jahrhundert viel über die Cocapflanze bekannt geworden, die dort von den Indianern seit jeher angebaut wurde, besonders in Peru und Bolivien, und als eine »göttliche Pflanze« galt. Es war beschrieben worden, daß und wie Indianer Cocablätter kauen, was die Spanier zunächst für Teufelswerk hielten, bis einige von ihnen selber darauf kamen, um sich anzuregen oder ihr Befinden zu bessern. Es gab vor allem in Reisebeschreibungen geradezu Wunderberichte über das Zaubermittel Coca. Es gab aber auch kritische Beschreibungen, in denen gezeigt wurde, wie die Coqueros, die Cocakauer, von den Blättern nicht mehr lassen konnten, zunehmend apathischer wurden und schließlich körperlich verfielen.
Freud hatte nicht nur gelesen, daß Kokain leistungssteigernd wirke, sondern auch, daß es Morphinisten von ihrer Sucht heilen könne, wenn ihnen statt Morphium einfach Kokain gegeben würde. Auch das wollte er nachprüfen, an seinem morphiumsüchtigen Kollegen Fleischl. Zunächst aber probierte Freud das Kokain an sich selber aus, nachdem er sich von der Arzneimittelfirma Merck in Darmstadt eine kleine Menge hatte kommen lassen, übrigens auf Kredit. Er nahm eine Initialdosis von 200 Milligramm ein, oral, und sah sich sogleich – so schrieb er seiner Verlobten – in fröhlicher Laune, in einem Zustand »der Behaglichkeit, wie nach einem guten Diner, wenn man an gar nichts, aber gar nichts zu denken braucht«. Er war begeistert und schickte sofort auch Martha von dem »Zaubermittel«, um sie »stark und kräftig zu machen«, er gab es seinen Schwestern und empfahl es Freunden und Kollegen. Nicht nur für

anregend und leistungssteigernd hielt er das Kokain, er spürte auch eine Zunahme der sexuellen Potenz und schrieb an Martha, als sie ihm gestand, sie sehe nicht gut aus und leide an Appetitlosigkeit: »Wehe, Prinzeßchen, wenn ich komme. Ich küsse Dich ganz rot und füttere Dich ganz dick, und wenn Du unartig bist, wirst Du sehen, wer stärker ist, ein kleines sanftes Mädchen, das nicht ißt, oder ein großer wilder Mann, der Cocain im Leib hat. In meiner letzten großen Verstimmung habe ich wieder Coca genommen und mich mit einer Kleinigkeit wunderbar auf die Höhe gehoben. Ich bin eben beschäftigt, für das Loblied auf dieses Zaubermittel Literatur zu sammeln.«
Daß er über Kokain ein Loblied schreiben würde, stand für ihn also bereits nach kurzer Zeit fest. Aufgrund der wenigen an sich selbst und an einem Kranken gemachten Beobachtungen, dem er ebenfalls von dem Mittel gegeben hatte, war Freud schon bald – wie er Martha am 9. Mai 1884 mitteilte – der festen Überzeugung, im Kokain ein wirksames Medikament gegen alle möglichen Alltagsbeschwerden entdeckt zu haben:
»Wenn es gut geht, dann will ich meinen Aufsatz darüber schreiben und vermute dann, daß das Mittel sich einen Platz in der Therapie erobert, neben und über dem Morphin. Ich habe noch andere Hoffnungen und Absichten damit, ich nehme es regelmäßig gegen Verstimmungen im Magen mit dem glänzendsten Erfolg in sehr kleinen Dosen. Ich hoffe, daß es imstande sein wird, Erbrechen zu beseitigen, ebenso das unstillbare Erbrechen bei Schmerzen usw. Kurz, ich fühle mich erst jetzt als Arzt, seitdem ich einem Kranken geholfen habe und noch weiter zu helfen hoffe.«
Und an ihre gemeinsame Zukunft denkend, fügte Freud hoffnungsvoll hinzu: »Daß wir unter solchen Umständen, wenn es so ausgeht, keine Sorgen zu haben brauchen, in Wien zu bleiben und einander bald zu besitzen, mein Marthchen, das kannst Du Dir denken.«

Nur fünfeinhalb Wochen später war sein Aufsatz fertig – insgesamt also knapp acht Wochen, nachdem er seiner Braut berichtet hatte, daß er über Kokain gelesen habe und sich das Mittel besorgen wolle, um es auszuprobieren. Und schon in der Juli-Nummer (1884) erschien er im »Centralblatt für die gesamte Therapie« unter dem Titel »Ueber Coca«. Er ist ein einziges Loblied und liest sich vielleicht gerade deswegen so mitreißend, ja überzeugend, jedenfalls auf den ersten Blick; er ist gut geschrieben, gut aufgebaut und war für seine Zeit recht informativ. Diese 26 Seiten in der angesehenen Fachzeitschrift machten den Namen des eben 28jährigen »Secundararztes im k. k. Allgemeinen Krankenhaus, Dr. Sigm. Freud« innerhalb kurzer Zeit international bekannt, zumal der Aufsatz noch im selben Jahr übersetzt auch im »St. Louis Medical and Surgical Journal« erschien.

Freud hat in seinem Aufsatz ziemlich die gesamte bis dahin vorliegende Literatur über die Cocapflanze berücksichtigt und auszugsweise wiedergegeben, über den Anbau der Coca, über die Art des Blätterkauens, über das Gewinnen von Kokain und die vermutliche Wirkung dieses Stoffes auf Tiere und vor allem auf Menschen. Er gestand allerdings ein, einen Teil der Literatur nur aus zusammenfassenden Berichten oder Referaten, jedoch nicht im Original, zu kennen. Was er nicht eingestand, ist die Tatsache, daß er aus der Literatur vor allem solche Stellen zitierte, die für sein Loblied am besten geeignet waren. Ihn faszinierten die positiven Angaben und Schilderungen. Zum Beispiel:

»Eine Fülle von Zeugnissen liegt dafür vor, dass die Indianer unter dem Einflusse der Coca ungewöhnliche Strapazen ertragen und schwere Arbeit leisten, ohne während derselben einer eigentlichen Nahrung zu bedürfen.« Und er zitierte einen Zeugen, demzufolge »die Indianer mittels Coca Hunderte von Stunden Wegs zu Fuss zurücklegen und dabei schneller laufen als die Pferde, ohne Zeichen von

Ermüdung zu zeigen«. Für ein besonders eindrucksvolles Beispiel beruft er sich auf den Reisenden und Naturforscher Johann Jakob von Tschudi, der in den vierziger und fünfziger Jahren des Jahrhunderts Südamerika bereist hatte und »von den Leistungen eines Cholo's (Mischlings) berichtet, den er genau beobachten konnte. Derselbe stellte fünf Tage und fünf Nächte lang mühsame Ausgrabungen für ihn an, ohne mehr als 2 Stunden jede Nacht zu schlafen und ohne Anderes als Coca zu sich zu nehmen. Nach vollendeter Arbeit begleitete er ihn während eines zweitägigen Rittes, neben seinem Maulthier herlaufend. Er versicherte, dass er gerne die nämliche Arbeit nochmals ohne zu essen verrichten würde, wenn man ihm genug Coca gäbe. Der Mann war 62 Jahre alt und niemals krank gewesen.«

Freud führte aus der Literatur noch ähnliche Beispiele über die positive Wirkung der Coca an, »welche seit ihrem Bekanntwerden nicht aufgehört hat, das Erstaunen der Welt zu wecken«. Er kam zu der Überzeugung, daß »mässiger Cocagenuss eher der Gesundheit förderlich als schädlich ist und daß die Coqueros ein hohes Alter erreichen«. Anders lautende Angaben, nach denen der Cocagebrauch eine Kachexie erzeuge, einen leidenden Zustand, der sich »körperlich in Verdauungsbeschwerden, Abmagerung u. dgl., geistig in ethischer Depravation und vollkommener Apathie« auspräge, also zu einem Zustand führe, der »viel Ähnlichkeit mit dem Bilde des chronischen Alkoholismus und Morphinismus zeigt«, tat Freud ohne zu zögern als Folgen von maßlosem Cocagenuß ab.

Auch was Freud über die Reaktion von Tieren auf Kokain las, das man ihnen unter die Haut gespritzt hatte, beunruhigte ihn nicht weiter. Bei Fröschen führte es zu Lähmungen der willkürlichen Muskeln, bei Kaninchen hatte Kokain »mannigfaltige Krämpfe, Zunahme der Athem- und Pulsfrequenz, Pupillenerweiterung und Tod unter Krämpfen« zur Folge. Und andere Untersuchungen hatten ergeben, daß große Dosen von Kokain bei Warmblütern zu »Krämpfen, Lähmungserscheinungen und zum Tode durch Lähmung des Athemcentrums führen«. Wer wolle wohl erwarten, meinte Freud, »in der Cocawirkung bei Thieren etwas den geschilderten Wirkungen der Cocablätter auf den Menschen Aehnliches wiederzufinden«, und damit waren auch diese höchst alarmierenden Ergebnisse jener Tierversuche mit Kokain für ihn abgetan.

Dann schilderte Freud in seinem Aufsatz die Wirkung des Kokains auf ihn selber. Er schluckte das erste Mal 0,05 Gramm in einer schwach salzhaltigen wässerigen Lösung. »Wenige Minuten nach der Einnahme stellte sich eine plötzliche Aufheiterung und ein Gefühl von Leichtigkeit her. Man fühlt dabei ein Pelzigsein an den Lippen und am Gaumen, dann ein Wärmegefühl an denselben Stellen, und wenn man jetzt kaltes Wasser trinkt, empfindet man es an den Lippen als warm, im Schlunde als kalt. Andere Male herrscht eine angenehme Kühle im Munde und Rachen vor. Nach einigen Minuten begann die eigentliche Cocaineuphorie, eingeleitet durch wiederholtes, kühlendes Aufstossen. An meinem Puls beobachtete ich unmittelbar nach der Cocaineinnahme eine geringe Verlangsamung, später eine mässige Zunahme der Völle.«

Die psychische Wirkung bei Dosen von 0,05 bis 0,1 Gramm beschrieb er so: Sie »besteht in einer Aufheiterung und anhaltenden Euphorie, die sich von der normalen Euphorie des gesunden Menschen in gar nichts unterscheidet. Es fehlt gänzlich das Alterationsgefühl, das die Aufheiterung durch Alkohol begleitet, es fehlt auch der für die Alkoholwirkung charakteristische Drang zur sofortigen Bethätigung. Man fühlt eine Zunahme der Selbstbeherrschung, fühlt sich lebenskräftiger und arbeitsfähiger; aber wenn man arbeitet, vermisst man auch die durch Alkohol, Thee oder Kaffee hervorgerufene Exitation und Steigerung der geistigen Kräfte. Man ist eben einfach normal und hat bald Mühe, sich zu glauben, dass man unter irgend welcher Einwirkung steht.«

Er habe den Eindruck gewonnen, schrieb Freud, als entstehe diese Stimmung bei solchen Kokain-Dosen nicht so sehr durch direkte Erregung als »durch den Wegfall deprimierender Elemente des Gemeingefühls«. Und dann fuhr er fort: »Während dieses an sich nicht weiter gekennzeichneten Cocainzustandes tritt das hervor, was man als die wunderbare stimulierende Wirkung der Coca bezeichnet hat. Langanhaltende, intensive geistige oder Muskelarbeit wird ohne Ermüdung verrichtet. Nahrungs- und Schlafbedürfniss, die sonst zu bestimmten Tageszeiten gebieterisch aufgetreten, sind wie weggewischt. Man kann im Cocainzustande, wenn man aufgefordert wird, reichlich und ohne Widerwillen essen, aber man hat die deutliche Empfindung, dass man die Mahlzeit nicht bedurft hat. Ebenso kann man, wenn die Cocainwirkung im Abnehmen ist, einschlafen, wenn man zu Bette geht, aber auch ohne Beschwerde den Schlaf umgehen.« Und er fügte hinzu: »Ich habe diese gegen Hunger, Schlaf und Ermüdung schützende und zur geistigen Arbeit stählende Wirkung der Coca etwa ein dutzendmal an mir selbst erprobt; zur physischen Arbeitsleistung hatte ich keine Gelegenheit.«

Zur Frage der Gewöhnung und der Gefahr, kokainsüchtig werden zu können, meinte Freud, der das Mittel allenfalls über die kurze Zeit von fünf Wochen genommen hatte: »Bemerkenswerth erscheint mir, was ich an mir selbst und anderen urtheilsfähigen Beobachtern erfahren habe, dass nach der ersten oder widerholten Cocaeinnahme durchaus kein Verlangen nach weiterem Cocagebrauch eintritt, vielmehr eher eine gewisse, nicht motivirte, Abneigung gegen das Mittel.« – Das war nun allerdings mit den Schilderungen über die Coqueros in Südamerika nicht gut in Übereinstimmung zu bringen. Aber Freud verstand es, diesen

Widerspruch beim Leser gar nicht erst aufkommen zu lassen, indem er seine Beobachtung geschickt auf Europa beschränkte: »Vielleicht hat dieser Umstand dazu beigetragen, dass die Coca trotz einiger warmer Empfehlungen in Europa sich keinen Platz als Genussmittel erworben hat.«
Im VI., ihm zweifellos wichtigsten Abschnitt seines Aufsatzes stellte Freud die therapeutische Anwendung der Coca dar, wobei er zunächst darauf hinwies, daß Cocapräparate in Nordamerika »gegenwärtig einer großen Verwendung und Anerkennung entgegenzusehen scheinen, während sie in Europa der Mehrzahl der Aerzte kaum dem Namen nach bekannt geworden« seien. Das war richtig, und zwei Jahre später, 1886, erfand der amerikanische Apotheker J. S. Pemberton ein Cocagetränk, das er »Coca-Cola« nannte und als Stimulans und Kopfschmerzmittel verkaufte. Nach fünf Jahren kaufte ihm ein Kollege, der Apotheker A. G. Candler, alle Herstellungs- und Vertriebsrechte an dem Getränk ab und gründete später die »Coca-Cola-Company«, die noch heute das gesetzlich geschützte Patent zur Herstellung von Coca-Cola hat. Bis zum Jahre 1906 enthielt das Getränk Beigaben von Kokain, allerdings nur in winzigen Mengen. Dann aber verbot das amerikanische Lebensmittelgesetz jeglichen Kokain-Konsum außerhalb der Medizin. Seitdem enthält Coca-Cola Koffein.
Freud meinte, die »hauptsächliche Anwendung der Coca« werde wohl die bleiben, »welche die Indianer seit Jahrhunderten von ihr gemacht haben: überall dort, wo es darauf ankommt, die physische Leistungsfähigkeit des Körpers für eine gegebene kurze Zeit zu erhöhen und für neue Anforderungen zu erhalten, besonders wenn äussere Verhältnisse eine der grösseren Arbeit entsprechende Ruhe und Nahrungsaufnahme verhindern. So im Kriege, auf Reisen, Bergbesteigungen, Expeditionen u. dgl., wo ja auch die Alcoholica einen allgemein anerkannten Werth haben.«

Und dann schoß er gefährlich übers Ziel hinaus: »Die Coca ist ein weit kräftigeres und unschädlicheres Stimulans als der Alkohol, und ihrer Anwendung in grossem Maßstabe steht derzeit nur ihr hoher Preis im Wege.«
Man kann dem so sehr irrenden Freud zugute halten, daß er mit seiner Meinung nicht allein stand. Er berief sich auf vier andere Autoren, die schon vor Jahren die Einführung der Coca in die europäische Marine und die europäischen Heere empfohlen hatten, und vor allem auf den Würzburger Arzt und Pharmakologen Th. Aschenbrandt, durch dessen Veröffentlichung in der »Deutschen Medizinischen Wochenschrift« (Nr. 12, 1883) er überhaupt auf Kokain aufmerksam geworden war. Aschenbrandt hatte 1883 an den Herbstmanövern eines bayerischen Armeekorps teilgenommen und dabei Soldaten des von ihm betreuten Truppenteils bei verschiedenen Krankheitszuständen mit Kokain behandelt, und zwar bei sehr schweren körperlichen Erschöpfungs- und Schwächezuständen infolge von Verletzungen mit größerem Blutverlust oder von Darmstörungen wie etwa Diarrhöe und auch bei Schmerzzuständen. Er gab das Kokain in wäßrigen Lösungen von 0,1- bis 5prozentiger Konzentration. Er habe, schloß Aschenbrandt seinen Bericht, in seinem Truppenteil den mit Abstand niedrigsten Krankenstand in der ganzen Division gehabt. Das führte er auf die »belebenden Eigenschaften des Cocain« zurück.
Freud schrieb daraufhin: »Aschenbrandt's Erfahrungen dürften nicht verfehlen, die Aufmerksamkeit der Heeresleitungen auf die Coca zu lenken.« Über Aschenbrandt hinausgehend empfahl er Kokain als Stimulans und versicherte: »Die momentane Wirkung einer Gabe Coca darf man freilich nicht mit der einer Morphininjection vergleichen, aber dafür wird man die durch den chronischen Morphingebrauch verursachte allgemeine Schädigung des Organismus nicht befürchten müssen.« Aber eben hier lag

der verhängsnisvolle Irrtum des jungen Freud, der schon bald böse Folgen haben sollte.
Ohne daß seine unzureichenden Versuche mit Kokain auch nur eine annähernd sichere Basis für weitergehende Schlüsse darstellen konnten, empfahl Freud das »Zaubermittel« bei »verschiedenartigsten psychischen Schwächezuständen«, etwa bei Hysterie, Hypochondrie, melancholischen Hemmungen, auch bei allen »jenen Fällen von functionellen Störungen, die wir jetzt mit dem Namen der Neurasthenie decken«. Aufgrund eigener Erfahrungen empfahl er es auch bei »Störungen der Magenverdauung«; er habe »die peinlichen Beschwerden nach den grossen Mahlzeiten: Gefühl von Druck und Völle im Magen, Unbehagen und Arbeitsunlust nach geringen Dosen Cocain . . . unter Aufstoßen schwinden gesehen«. Längerer Cocagebrauch sei dringend zu empfehlen, behauptete Freud weiter, bei »allen krankhaften Zuständen, die mit Consumption der Gewebe einhergehen wie: schwere Anaemien, Phthise (Auszehrung, Schwindsucht, allgemeiner körperlicher Verfall; d. Verf.), langandauernde fieberhafte Erkrankungen«. Nachdem Freud noch darauf aufmerksam gemacht hatte, daß »Coca auch warme Lobredner bei Syphilis gefunden hat«, kam er zum Höhepunkt seiner Abhandlung und zugleich zu seinem verhängnisvollsten Irrtum. Da heißt es unter dem Zwischentitel »Coca in der Morphin- und Alkoholentwöhnung«:
»In den letzten Jahren ist in Amerika die wichtige Wahrnehmung gemacht worden, daß die Cocapräparate die Kraft besitzen, den Morphinhunger bei gewohnheitsmässigen Morphinisten zu unterdrücken und die bei der Morphinentwöhnung auftretenden schweren Collapserscheinungen auf ein geringes Mass zurückzuführen.« Freud berief sich auf Berichte in der »Detroit Therapeutic Gazette«: »Es sind etwa 16 Mittheilungen, die von gelungenen Entziehungen berichten . . ., besonderen Werth haben jene

Mittheilungen, denen die Bemerkung beigefügt ist, dass die Patienten nach einigen Wochen das Cocapräparat wegließen, ohne die Wiederkehr des Morphinhungers zu verspüren.« Dies wurde aber – wie aus einer Fußnote hervorgeht – nur in drei der »etwa 16« Mitteilungen angegeben. Doch fährt Freud fort: »Dass die Morphinkachexie der blühendsten Gesundheit wich, so dass die Kranken kaum zu erkennen waren, wird mehrmals hervorgehoben.«

Dann ging Freud auf den von ihm behandelten Entziehungsfall ein, den Fall Dr. Fleischl, seinen morphiumsüchtigen ehemaligen Kollegen. Er glaubte tatsächlich, oder behauptete es jedenfalls, den Morphinisten innerhalb von zehn Tagen von seiner Sucht geheilt zu haben: »Ich hatte Gelegenheit, eine plötzliche Morphinentziehung unter Cocagebrauch bei einem Manne zu beobachten, der bei einer früheren Entziehungscur unter den schwersten Abstinenzerscheinungen gelitten hatte. Das Befinden war diesmal ein erträgliches, insbesondere fehlten Depression und Nausea (Brechreiz, Übelkeit; der Verf.), solange die Cocawirkung anhielt; Frieren und Diarrhöe waren die einzigen permanenten Symptome, welche an die Permanenz erinnerten. Der Kranke blieb außer Bette und leistungsfähig, und verbrauchte in den ersten Tagen je 3 Decigramm Cocainum muriaticum; nach 10 Tagen konnte er das Mittel bei Seite lassen.« In höchstem Maße voreilig folgerte Freud sogleich: »Es handelt sich bei der Morphinentziehung durch Coca also nicht um einen Tausch, bei welchem aus dem Morphinisten ein Coquero wird, sondern nur um einen temporären Cocagebrauch.«

Freuds Loblied auf das Kokain sollte schon bald verheerende Folgen haben. Immer mehr Fälle wurden bekannt, daß Menschen, denen man dieses Mittel gegeben hatte, davon nicht mehr loskamen. Entgegen Freuds Voraussagen waren sie kokainsüchtig geworden. Das betraf auch Dr. Fleischl; er ließ zwar vom Morphium, verlangte aber statt dessen immer höhere Dosen an Kokain. Als Freud hilflos mitansehen mußte, wie sein Kollege süchtig wurde, warnte er seine Verlobte, sich an Kokain zu gewöhnen. Dennoch schickte er ihr sein »Zaubermittel« regelmäßig weiter. Daß sie und Freud nicht süchtig wurden, war Zufall, Glück, waren zwei Ausnahmefälle, von denen er nicht auf andere Menschen hätte schließen dürfen. Oder es lag daran, daß Freud und Martha das Kokain nur über einen relativ kurzen Zeitraum nahmen. Bei Fleischl führten die immer stärkeren Kokain-Gaben, neben denen er, schon bald rückfällig geworden, auch wieder Morphium nahm, zu einer chronischen Vergiftung und schließlich zum Delirium tremens; 1891 ist Dr. Fleischl an den Folgen seiner Sucht gestorben, Freuds Musterpatient, der 1884 nach zehntägiger Kokain-Behandlung für geheilt erklärt worden war. Schon fünf Jahre zuvor, 1886, hatte Freud sich öffentlich vorwerfen lassen müssen (von A. Erlenmeyer in der »Deutschen Medizinal-Zeitung«, Nr. 7), die »dritte Geißel der Menschheit« heraufbeschworen zu haben, die dritte Geißel nach Alkohol und Morphium.

Dieser schwere Vorwurf hat den Achtundzwanzigjährigen tief getroffen. Er war gewiß überspitzt, aber im Kern berechtigt. Da wollte ein noch unerfahrener, ehrgeiziger Assistenzarzt schnell zu Ruhm und Geld kommen. Gerade fünf Wochen lang hat er sich auf einer viel zu schmalen Basis experimentell mit Kokain befaßt, er hat die vorhandene Literatur gelesen, soweit sie ihm zugänglich war, und die ihm genehmen Stellen hervorgehoben, hat das Mittel etwa ein dutzendmal probiert, hat es seiner Braut, seinen Schwestern und diesem und jenem Bekannten gegeben, hat über einen viel zu kurzen Zeitraum seinen morphiumsüchtigen Kollegen damit behandelt – und hat dann aus all dem voreilig und leichtfertig falsche Folgerungen gezogen, sie als seriöse wissenschaftliche Ergebnisse veröffentlicht und geradezu wahnwitzige Empfehlungen gegeben. Dies ist zugleich ein Beispiel dafür, wie leicht so etwas auf dem Felde der Wissenschaft möglich ist, heute genauso wie vor hundert Jahren.

Freud war mitschuldig am Aufkommen der ersten Kokain-Welle in Europa, der in den zwanziger Jahren eine zweite folgte. Bei einem Blick auf die heutige Einschätzung des Kokains wird deutlich, wie weit entfernt von der Wahrheit Freud mit seinen Behauptungen über die therapeutischen Wirkungen dieser Rauschdroge und ihrer angeblichen Harmlosigkeit lag. Inzwischen ist allgemein anerkannt, daß Kokain eine äußerst geringe therapeutische Breite hat. Nur noch selten wird es in der Medizin zur örtlichen Betäubung bei Eingriffen an Auge, Ohr, Kehlkopf, Nase, Rachen, Kiefer verwendet. Diese narkotisierende Wirkung des Kokains hatte Freud übrigens erkannt, aber er hatte die praktischen Anwendungsmöglichkeiten übersehen; auf sie war damals ein anderer gekommen und dadurch berühmt geworden. Übereinstimmung herrscht heute auch darüber, daß Kokain zur Abhängigkeit führt.

Bei »einmaliger Zufuhr von Kokain«, schreiben Täschner und Richtberg in ihrem »Kokain-Report«, wird »die körperliche Leistungsfähigkeit gering erhöht, wobei psychische Wirkungen den Ausschlag geben dürften«. Und weiter: Kokain »wirkt anfänglich antriebs- und leistungssteigernd, kontaktfördernd, stimulierend, die Sexualität anregend, es unterdrückt den Appetit und den Durst, wirkt schließlich euphorisierend und läßt Kummer und Sorgen vergessen. Es erzeugt nicht Lethargie und Gleichgültigkeit wie das Cannabis, nicht Apathie und Desinteresse wie das Heroin, sondern es läßt den Konsumenten relativ lange äußerlich unverändert. Gleichwohl führt es schnell zur Abhängigkeit.«

Das Wirkungsspektrum des Kokains müsse dem Menschen des technischen Zeitalters ausgesprochen willkommen sein, meinen Täschner und Richtberg. Es macht die Droge attraktiv, aber es »bildet damit einen entscheidenden Ausgangspunkt für die Entstehung der Abhängigkeit«, fügen sie hinzu. Diese zeige sich »vor allem beim Absetzen der Substanz in Gestalt von starken psychischen Entzugszeichen«, nämlich: »Unruhe, Depression, Angst, Getriebenheit, vegetative Zeichen, Verzweiflung, Selbstmordtendenzen und der unwiderstehliche Drang zur Stoffbeschaffung und zu erneutem Konsum der Rauschdroge.« Das ist das Gegenteil von dem, was Freud behauptet hatte.

Freuds Versuche waren zu oberflächlich, vor allem zu kurzfristig gewesen. Das zeigt auch seine Behauptung von der »erregenden Wirkung der Coca auf die Genitalsphäre« und daß »die Coqueros hohe Potenz bis ins Greisenalter bewahren«. Er schrieb: »Unter den Personen, denen ich Coca gab, haben mir drei von heftiger sexueller Erregung, die sie unbedenklich auf die Coca bezogen, berichtet. Ein junger Schriftsteller, der nach längerer Verstimmung durch Coca in den Stand gesetzt wurde, seine Arbeit aufzunehmen, verzichtete auf den Cocagebrauch wegen dieser ihm unerwünschten Nebenwirkung.« Das wird zwar von Täschner und Richtberg bestätigt: »Auf die Sexualität wirkt Kokain anregend, die Libido wird erhöht, der Orgasmus verzögert.« Aber das gilt nur bei »Zufuhr einzelner Kokaindosen«, schränken Täschner und Richtberg ein; bei Dauerkonsum gilt hingegen: »Die sexuelle Aktivität ist in solchen Fällen meist in hohem Maße eingeschränkt.« Auch zwei schweizerische Wissenschaftler, Dieter Ladewig und Paul Kielholz von der Psychiatrischen Universitätsklinik in Basel, Kapazitäten auf dem Gebiet der Drogenabhängigkeit, bestätigen, daß bei dauerndem Kokain-Gebrauch die Potenz abnimmt. Und in einem Bericht im »Spiegel« (vom 21. Mai 1984) hieß es kurz und bündig: »Kokain macht impotent.«

Der Verlust der sexuellen Potenz ist nur ein Teil eines allgemeinen Kräfteverfalls infolge dauernden oder periodi-

schen Kokain-Konsums, ganz gleich, ob die Droge geschluckt, unter die Haut, intramuskulär oder intravenös gespritzt, ob sie geschnupft, gekaut, geraucht, ob als Kokain-Wein getrunken oder als feines Pulver ins Zahnfleisch oder in die Schleimhäute von Vulva oder Penis gerieben wird. Dauerkonsum hat chronische Kokain-Vergiftung zur Folge. Die chronische Vergiftung – so Dieter Ladewig in einem gerichtlichen Gutachten, das in der »Neuen Zürcher Zeitung« vom 16. August 1980 leicht gekürzt veröffentlicht wurde – »führt zu Blässe des Gesichtes, Pulsbeschleunigung, Pupillenerweiterung, gesteigertem Rede- und Bewegungsdrang – Zustandsbilder, die auch als ›Tanzwut‹ bezeichnet wurden. Mit diesem Begriff wird angedeutet, daß der chronisch Intoxizierte nicht mehr glücklich und heiter gestimmt ist. Die Verstimmung bekommt etwas Dysphorisches, die Angetriebenheit bekommt etwas Karikiertes, das Bewegungsmuster reduziert sich immer mehr auf einzelne, quasi zwanghaft weiterlaufende Bewegungsstereotypien. Darüber hinaus kommt es bei über längere Zeit benützten höheren Dosen bei intravenöser, aber auch bei internasaler Applikation zur Ausbildung sogenannter Vergiftungspsychosen.« Solche Psychosen können sich in paranoiden Wahnvorstellungen, in Verfolgungsideen äußern, in Zustandsbildern, die einer paranoiden Schizophrenie sehr ähnlich sehen. Körperlich bewirkt chronischer Kokain-Konsum Veränderungen der Nasenschleimhaut, Krampfanfälle, Leberschäden. Und wenn durch Abmagerung bedingte Schäden vorliegen, kann es zu Kokain-Delirien kommen.
Früher und sehr viel häufiger aber – so Ladewig – entstehen Wesensänderungen: »Hierzu gehört zunächst eine Neigung zu ängstlich-dysphorisch-depressiven Verstimmungen, die der Kokainwirkung nachfolgen, sodann Reizbarkeit, Schuldgefühle, Gewissenskonflikte und abnehmende Leistungsfähigkeit, die sich mehr und mehr auf die Dro-

genzufuhr beschränkt, Ermüdbarkeit, Verlust des ›élan vital‹, Konzentrationsschwierigkeiten u. a. Mit der anfänglich intakten äußeren Fassade wird die seelische Enthemmung zunächst noch verschleiert. Später treten als soziale Folgen Vernachlässigung gegenüber eingegangenen Verpflichtungen, Fahrlässigkeit, Unaufrichtigkeit, Veruntreuung, Diebstähle, Verwahrlosung und Kriminalität in den Vordergrund. Es ist einleuchtend, daß diese sozialen Folgen bei Personen, die sich in einer sozial eher gesicherten Situation befinden, sich später bemerkbar machen, während sie bei Konsumenten allfälliger Randgruppen, aber insbesondere auch bei jungen und heranwachsenden Kokainmißbrauchern sehr viel rascher deutlich werden.«
Solche Wesensänderungen, räumt Ladewig ein, kommen bei allen Drogen vor. Dem Kokainisten aber sei eine ausgesprochene »Neigung zum Proselytentum« eigen: »Die euphorisierende Wirkung des Kokains bewirkt nicht nur, daß der Betreffende meint, die Droge sei für ihn und andere harmlos, sondern charakteristisch ist auch die Verführung anderer zur Mittäterschaft. Das Kokain ist im Gegensatz zum Heroin eine extravertierende Droge. Der Kokainintoxizierte versucht den erleichterten Assoziationsfluß und das gesteigerte Selbstbewußtsein auf andere zu übertragen. Das bezieht sich nicht nur auf den intellektuellen und kreativen Bereich. Durch die spezifische Wirkung des Kokains wird weit mehr im triebhaft-affektiven Bereich mobilisiert, der sich unter Umständen der Steuerungs- und Kontrollfähigkeit sehr rasch entzieht, so daß abwegiges Verhalten bis zu Aggressionsdurchbrüchen und Gewaltdelikten möglich wird.« Und abschließend betont Ladewig noch einmal: »Die Neigung zum Proselytentum macht die Droge zu einer kriminologisch wesentlich gefährlicheren Substanz, als dies derzeit aus einer auch in der Literatur vereinzelt anzutreffenden Optik anzunehmen ist.« – Von all dem hatte Freud nichts geahnt!

Inzwischen weiß man auch über die Wirkung des Cocablätterkauens mehr als zu Freuds Zeiten. Der Konsum von Coca, der bis heute auf die Anbauländer begrenzt geblieben ist, birgt ebenfalls Gefahren, schreiben Täschner und Richtberg: »Untersuchungen der kokakonsumierenden Bevölkerung einiger Andenländer haben ergeben, daß Mangelernährung, Vernachlässigung der Körperhygiene mit entsprechenden Folgen (Parasitenbefall), herabgesetzte allgemeine Leistungsfähigkeit und hirnorganisch anmutende Veränderungen (Apathie, Antriebsschwäche, Passivität...) bei den Konsumenten signifikant häufiger als bei einer abstinenten Kontrollgruppe auftreten.«
Gefährlich ist Kokain aber nicht nur wegen seiner Spätfolgen. Bei dieser giftigen Droge ist die Marge zwischen einer euphorisierenden und einer tödlichen Dosis schmal: 0,05 bis 0,1 Gramm braucht einer, der sich für etwa zwei Stunden high schnupfen will, 0,5 Gramm aber können das Ende bringen. Die Todesfälle durch Kokain hatten sich in der Zeit von 1976 bis 1981 vervierfacht; damals stieg in den Vereinigten Staaten die dritte große Kokain-Welle auf, die dann nach Europa kam und noch immer weiter anschwillt.
Über diese dritte große Welle ist in letzter Zeit viel geschrieben worden, vor allem in Zeitungen, Illustrierten, Magazinen, in Amerika und auch hier. Dabei wurde zwar stets vor den Gefahren des Kokains gewarnt, aber viel ausführlicher wurden und werden immer wieder die positiven, die begehrten Seiten geschildert: Kokain als »Nobeldroge« (im Unterschied zu »Straßendrogen«), als »Königin« aller Drogen, das vor allem von feineren Leuten bevorzugt wird, von Kreisen, zu denen die Polizei nicht leicht Zugang hat, von Reichen, Intellektuellen, Künstlern, Schriftstellern, Regisseuren, von Angehörigen der Schickeria und ihren Anhängseln. Da werden von 50000 »Koksern«, die man für 1984 in der Bundesrepublik schätz-

te (während es in den Vereinigten Staaten eine Million geben soll, die regelmäßig Kokain nehmen), ein paar Auskunftsfreudige über ihre »Schnee-Erfahrungen« befragt. Und die schildern dann ihre sagenhaften Euphorien, ihr gestärktes Selbstbewußtsein, ihr Kraftgefühl, das Abfallen von Schüchternheit, Angst, Kontaktschwierigkeiten, berichten von verstärkter Denkfähigkeit und intensiveren Empfindungen, diese vor allem beim Sex. Manche berichten von unvorstellbaren Orgasmen. Und andere brüsten sich: »Koks ist nicht nur eine Droge, das ist eine Weltanschauung.«

Immer aufs neue werden berühmte Namen bemüht, so, wie schon bei der ersten und der zweiten Kokain-Welle, als der 27jährige Dichter und Magister der Pharmazie Georg Trakl an einer Überdosis Kokain starb, wohl mit Absicht. Vor ihm wurden Emile Zola, Jules Verne, die Schauspielerin Sarah Bernhardt, auch Papst Pius X. als Kokser genannt. Später malte Otto Dix das Bild »Die Koksgräfin«. 1921 erschien »Kokain«, ein Roman des italienischen Journalisten Pitigrilli, der rasch zum Bestseller wurde, zu einer Art Kultbuch der Kokser, das ihnen suggerierte, die »Champagnerdroge« sei ungefährlich. 1980 wurde der Roman noch einmal aufgelegt. Immer wieder werden Conan Doyle, Johannes R. Becher, Ernst Jünger und Gottfried Benn angeführt. Jünger mit diesem Zitat: »Der ›Schnee‹, falls er auf eine intakte Physis trifft, entrückt den Geist in nüchterne Kälte und überläßt ihn, während er ihm die Wahrnehmung des Körpers abnimmt, einsamem Selbstgenuß.« – Benn: »Weltallhafte Kälte, erhaben und eisig, entsteht im Gefüge, bei Glut in der Mittelachse . . . Gleichzeitig Schwellenverfeinerung: Eindrucksansturm, Fremdanregbarkeit, gerichtet auf etwas Universales, ein Allgefühl –: ›Gefühl des Mittags‹.« Und in einem Aufsatz hatte Benn geschrieben: »Potente Gehirne stärken sich nicht durch Milch, sondern durch Alkaloide.«

Gewiß, die meisten Autoren, die anfangs Kokain priesen, so, wie Freud es getan hatte, haben ihr Urteil später revidiert, aber wiedergegeben werden lieber ihre Lobeshymnen, wohl weil sie interessanter sind, verruchter, morbider, dekadenter. Dieses halbseidene Kokettieren mit der »Nobeldroge« ist es, was solchen Artikeln, die ja eigentlich warnen sollen, einen Hauch von Verführung gibt. »Man bekommt direkt Lust, es mal auszuprobieren«, schrieb ein Leser auf einen »Spiegel«-Bericht (vom 21. Juni 1982), in dem von »nächtelangen Diskussionsfesten«, vom »unheimlich viel schnelleren Assoziieren von Wort und Bildern« nach dem Einnehmen des »Schnees« geschwärmt wurde und natürlich auch von »erotischen Glücksgefühlen« und davon, daß die durch Kokain bewirkte Arbeitswut, die Euphorie und »Feldherrengefühle« einen »Kunstschaffenden« 16 Stunden am Tage in Trab hielten und er »nie so gerafft, so gebündelt wie unter dem Einfluß der Königin« war und nur noch zwei Stunden täglich schlafen mußte. In derselben Ausgabe des »Spiegel« stand auch dieser Satz: »Während beim Heroin die erste Spritze bereits den Beginn einer Sucht andeuten kann, ist der gelegentliche Kokain-Sniff physisch, und für die meisten wohl auch psychisch, nicht gefährlicher als der Genuß von Alkohol und Tabak.«

Das alles erinnert denn doch sehr an Sigmund Freuds katastrophalen Irrtum, ja, es läßt das alte Verhängnis geradezu wiederauferstehen, und es kommt einer Aufforderung, es mit solchem Wundermittel doch wenigstens dann und wann selber zu versuchen, um sich zu großen Taten instand zu setzen, verdammt nahe.

Als man Freud den Vorwurf machte, die Kokain-Geißel heraufbeschworen zu haben, hat er sich zu verteidigen versucht. Er wollte von seinen »Erkenntnissen« nicht herunter, wollte sie nicht als Irrtum eingestehen, sondern davon retten, was ihm noch zu retten schien. Jene Fälle von

Kokain-Süchtigen, die schon bald nach seinem Coca-Aufsatz immer häufiger verzeichnet wurden und über die in Fachzeitschriften berichtet wurde, versuchte er in einem weiteren Artikel über Kokain (aus dem Jahr 1887) mit der Erklärung in ihrer Aussagekraft abzuschwächen, es handele sich da um zuvor morphiumsüchtige Personen. Dies aber spreche dafür, argumentierte er, daß es bei Gesunden vermutlich keine Kokain-Gewöhnung gebe. Wo es aber dennoch zu einer Abhängigkeit komme, müsse der Grund nicht beim Kokain, sondern in einer pathologischen Konstitution des Konsumenten liegen.

Für diese Fälle bot Freud auch sogleich eine Erklärung an. Nach seiner Vermutung, so schrieb er, sei bei diesen Fällen eine Labilität der cerebralen Blutgefäße gegeben, durch die es zu unvorhersehbaren Blutdruckschwankungen im Gehirn komme. Und er vermutete weiter, daß Kokain nur unter solchen Voraussetzungen toxische Wirkungen haben könne. Das war aber eine reine Spekulation, die sich als wissenschaftlich unhaltbar erwies. Freud wollte eben auf seine Wunderdroge noch immer nichts kommen lassen, obwohl er doch gar nicht mehr daran vorbeisehen konnte, wohin seine Empfehlungen geführt hatten. Aus unmittelbarer Nähe konnte er bei dem von ihm behandelten und inzwischen süchtigen Ernst Fleischl sehen, daß er mit seiner Behauptung, Morphinisten mit Kokain von ihrer Sucht heilen zu können, unrecht gehabt hatte. Aber nicht einmal da wollte er sich korrigieren. Für diesen und ähnliche Fälle führte er als Grund die Applikationsart an: Es sei eine Folge der subkutanen Injektionen, daß Dr. Fleischl und andere Patienten kokainabhängig geworden seien. Und er erklärte noch einmal ausdrücklich, daß Kokain harmlos sei, wenn man es, wie er gefordert habe, oral einnehme; Fleischl hatte sich an seine Empfehlung nicht gehalten, sondern sich das Mittel gespritzt. Aber Freud verschwieg, daß er zwei Jahre zuvor in einem Vortrag selber Kokain-

Injektionen bedenkenlos empfohlen hatte. Als er sich 1887 um den Titel eines Professors bewarb, hat Freud – worauf Ernest Jones aufmerksam macht – diesen Vortrag unter seinen Veröffentlichungen nicht mit aufgeführt. Und das dürfte wohl kaum Zufall gewesen sein.

In gewisser Weise ist dieses Festhalten an seinem verhängnisvollen Irrtum schlimmer als der Irrtum selber. Das Verschweigen seines Vortrags, in dem er Kokain-Injektionen empfohlen hatte, woran er nun nicht mehr erinnert werden mochte, läßt vermuten, daß es für Freud eigentlich nicht mehr um die Sache ging, sondern um ihn selber, um sein Ansehen, seinen Ruf als Arzt und Wissenschaftler. Wohl weil er befürchtete, sonst als Scharlatan ein für allemal von der Bühne gefegt zu werden, hielt er so verbissen an der Behauptung fest, Kokain sei ungefährlich, jedenfalls für gesunde Menschen. Und diese irrige und gefährliche Behauptung ist immer wieder hervorgeholt worden, und sie lebt noch heute.

Freud selber hat sich allerdings nach 1887 öffentlich nicht mehr zum Thema Kokain geäußert. Die ganze Geschichte scheint ihm doch peinlich gewesen zu sein. Erst vierzig Jahre nach seinem Coca-Aufsatz, im Jahr 1924, kam er in einer »Selbstdarstellung« noch einmal auf sie zurück, jedoch nur unter einem ganz bestimmten Aspekt. Da wollte er erklären, wie es kam, daß nicht er, sondern sein Freund Carl Koller als Entdecker der Lokalanästhesie durch Kokain in die Geschichte einging, obwohl doch er selber auf die anästhesierende Wirkung aufmerksam geworden war. Und das tat er auf eine bemerkenswerte Weise, die erkennen läßt, daß Freud für sein eigenes Versäumnis einen Sündenbock suchte. Freud schrieb:

»Ich kann hier rückgreifend erzählen, daß es die Schuld meiner Braut war, wenn ich nicht schon in jungen Jahren berühmt geworden bin. Ein abseitiges, aber tiefgehendes Interesse hatte mich 1884 veranlaßt, mir das damals wenig bekannte Alkaloid Kokain von Merck kommen zu lassen und dessen physiologische Wirkungen zu studieren. Mitten in dieser Arbeit eröffnete sich mir die Aussicht einer Reise, um meine Verlobte wiederzusehen, von der ich zwei Jahre getrennt gewesen war. Ich schloß die Untersuchung über das Kokain rasch ab und nahm in meine Publikation die Vorhersage auf, daß sich bald weitere Verwendungen des Mittels ergeben würden. Meinem Freunde, dem Augenarzt L. Königstein, legte ich aber nahe, zu prüfen, inwieweit sich die anästhesierenden Eigenschaften des Kokains am kranken Auge verwerten ließen. Als ich vom Urlaub zurückkam, fand ich, daß nicht er, sondern ein anderer Freund, Carl Koller (jetzt in New York), dem ich auch vom Kokain erzählte, die entscheidenden Versuche am Tierauge angestellt und sie auf dem Ophthalmologenkongreß in Heidelberg demonstriert hatte. Koller gilt darum mit Recht als der Entdecker der Lokalanästhesie durch Kokain, die für die kleine Chirurgie so wichtig geworden ist...« Und dann fügte Freud höchst aufschlußreich hinzu: »Ich aber habe mein damaliges Versäumnis meiner Braut nicht nachgetragen.« Dies und schon der erste Satz der ganzen Darstellung lassen deutlich und unmißverständlich erkennen, daß Freud an diesem Versäumnis, ja wohl an der ganzen Kokain-Episode nicht sich selber die Schuld gab, sondern seiner Braut – der er aber großmütig verzieh.

Weiter ist Freud auf die Kokain-Geschichte nicht mehr eingegangen, auch nicht auf die Frage, ob und möglicherweise in welcher Weise ihm – wie später vermutet wurde, zum Beispiel von J. v. Scheidt – die Droge Zugang zu seinem eigenen Unbewußten eröffnet oder erleichtert und dabei eine wesentliche Rolle bei seiner Selbstanalyse und der Beobachtung und Deutung seiner Träume gespielt habe; wie alle Rauschdrogen kann auch Kokain das Traumleben aktivieren. Fest steht, daß Freud sich seit seinen Kokain-Versuchen immer mehr mit psychischen Problemen, mit Träumen und Traumdeutung, mit seelischen Erkrankungen und traumatischen Erfahrungen befaßt hat und so die Psychoanalyse begründete, die er zu einer psychologischen Theorie des Unbewußten und seiner Beziehung zum Bewußtsein ausbaute. Ob Freud dabei wissenschaftlicher vorging als bei seinen Kokain-Versuchen, ob er mit seiner Psychoanalyse wirklich eine streng wissenschaftliche Methode zur Heilung von psychogenen Störungen wie Neurosen und Hysterie entwickelte oder ob er die Menschheit in den »Aberglauben des Jahrhunderts« trieb, wie ihm immer häufiger vorgeworfen wird, das ist ein Problem, um dessen Lösung seit langem und zunehmend heftiger gestritten wird.

Fruchtbare Irrtümer

Naturwissenschaften sind in schlechten Ruf gekommen. Ohne sie wäre Technik nicht möglich gewesen, und die technischen Errungenschaften sind es, die uns zunehmend fragwürdig erscheinen, weil zu ihnen Waffen gehören, mit denen alles Leben auf unserem Planeten ausgelöscht werden kann, weil viele Bequemlichkeiten, die wir ihnen verdanken, in Wahrheit Bedrohungen sind, weil ihretwegen die Erde ihrer Rohstoffe beraubt und unsere Atemluft vergiftet wird, weil ihretwegen die Gewässer veröden, Wälder sterben, möglicherweise Krankheiten hervorgerufen werden.

Daß praktische Anwendungen naturwissenschaftlicher Erkenntnisse die Menschheit von vielen Seuchen befreit haben, daß die mittlere Lebenserwartung eines neuen Erdenbürgers erheblich gestiegen ist, daß der Anteil der Armen und der Anteil der Hungernden an der Weltbevölkerung in den letzten hundert Jahren deutlich gesunken sind, zählt offenbar ebensowenig wie die guten Taten eines Mörders, bevor er straffällig wurde, zumal die Menschen an Zahl rasch zunehmen und darum die *Anzahl* der vorzeitig Sterbenden, der Armen und der Hungernden kaum spürbar gesunken ist. Die meisten Ergebnisse der naturwissenschaftlichen Forschung sind allerdings nicht in Technik umzumünzen, sie sind Beiträge zur Kultur und als solche eher der Kunst, der Musik oder Literatur verwandt. Doch auch diese »unschuldige« Wissenschaft hat ihre erklärten Gegner. Sie verlangen, daß Forschung gesellschaftlich relevant zu sein habe, also technisierbar sein müsse, freilich nur für einen guten Zweck, etwa für den Schutz der Umwelt, für den Kampf gegen Krankheiten oder – sofern dies Naturforschung überhaupt leisten kann – für die Sicherung des Friedens. Damit nicht genug: Konservative sind gegen Wissenschaft, weil sie althergebrachte Vorstellungen von der Welt zunichte machen kann, Progressive fürchten, wissenschaftliche Erkenntnis könnte ihr angestrebtes Paradies als Illusion entlarven, Demokraten haben Sorge vor neuen Machtinstrumenten, die Wissenschaft bescheren mag, Eliten sehen sich von der Gleichmacherei durch Wissenschaft bedroht.

Nicht minder vielfältig verteidigen Wissenschaftler ihre Forschung. Die einen meinen, nur naturwissenschaftliche Entdeckungen und technische Erfindungen könnten wiedergutmachen, was die Zivilisation angerichtet hat, andere plädieren dafür, die Zukunft endlich nach den Regeln der Vernunft, also wissenschaftlich, zu planen. Manche erklären rundweg, Wissenschaft sei nicht aufzuhalten; der Mensch sei nun einmal neugierig und werde forschen, solange Homo sapiens diese Erde bewohne. Darum gelte es, das Verantwortungsbewußtsein des Forschers zu stärken, ihm Sinn, Grenzen und Gefahren seines Tuns bewußt zu machen. Die meisten Naturwissenschaftler sind jedoch davon überzeugt, daß Wissenschaft weder gut noch böse ist. Versagt hätten die Geisteswissenschaften. Statt Moral und politische Einsicht so zu gestalten, daß der Mensch mit seinen zunehmenden Naturerkenntnissen auch die Reife erhielt, mit ihnen in Frieden zu leben, hätten die Philosophen, Historiker und Soziologen die Naturwissenschaften und ihr gesellschaftlich relevantes Potential schlicht ignoriert.

Unzählige Diskussionen sind über all diese Themen geführt worden, unzählige Diskussionen werden folgen. Inzwischen werden wir fortfahren, die belebte und unbelebte Natur zu ergründen und das Erkannte in Hypothesen einzuordnen. Und es wird weiterhin Leute geben, die For-

schungsergebnisse darauf abklopfen, ob sie sich auf etwas anwenden lassen, das politischen oder wirtschaftlichen Profit verspricht.
Was aber, wenn die Naturwissenschaft versagt, wenn sich Forscher irren? Science-fiction hat dies längst vorweggenommen. Da gerät ein künstlich hergestelltes Virus außer Kontrolle und ruft gräßliche Seuchen hervor, ein Fehler bei der Genmanipulation produziert ein schreckliches Monster, das die Menschheit vom Globus verdrängt, Roboter versklaven uns, Kometen werden umgeleitet und prallen gegen die Erde, ein falsch programmierter Computer im Pentagon löst den allesvernichtenden Atomkrieg aus...
Bisher sind es die richtigen Erkenntnisse der Naturwissenschaften gewesen, die zerstörerische oder potentiell gefährliche Technik im Gefolge hatten, nicht etwa Irrtümer – noch nicht? Fehler, das hat uns die Natur vorgemacht, haben nur eine geringe Chance, etwas Funktionierendes hervorzubringen, funktionieren aber müßte, was gefährlich werden soll. In der Regel führen Fehler zum Zusammenbruch eines Systems, sei es ein biologisches, ein technisches oder ein theoretisches.
Irrtümer sind jedoch in den Naturwissenschaften keineswegs unerheblich gewesen. In erstaunlich vielen Fällen haben sie überhaupt erst dazu geführt, Richtiges zu erkennen.
Fehler in der Beobachtung, im Denken und sogar schlichte Rechenfehler sind zuweilen wahre Geschenke des Himmels gewesen. Ihnen verdankt die Wissenschaft manche Erkenntnis, die der Menschheit versagt oder zumindest für lange Zeit vorenthalten geblieben wäre, wenn die wahren Daten, Schlußfolgerungen oder Rechenergebnisse vorgelegen hätten.
Wir wollen dieses in der Geschichte der Naturforschung häufig übersehene Phänomen an Beispielen aus verschiedenen Epochen studieren. Zunächst an Johannes Kepler,

der am 27. Dezember 1571 im württembergischen Weil der Stadt das Licht der Welt erblickte. Studiert hatte er an der Universität in Tübingen, wo ihn Professor Michael Mästlin mit den astronomischen Vorstellungen des Juristen, Arztes, Finanzfachmanns, Domherrn von Frauenburg und nicht zuletzt Kämpfers gegen das Deutschrittertum, Nikolaus Kopernikus, aus dem polnischen Thorn (1473 bis 1543) bekannt machte. Dessen Lehre hatte Keplers Weltbild geformt, womit allerdings nur sein physikalisches Bild der Welt gemeint ist, das »heliozentrische« des Kopernikus, das die Überwindung des Mittelalters markiert oder, wie es Friedrich Engels ausdrückte, »mit der die Emanzipation der Naturforschung von der Theologie begann«.

Die im 15. Jahrhundert zunehmende Handelsschiffahrt auf immer größeren Strecken wurde arg behindert, weil die Navigation höchst unvollkommen war und Schiffe häufig lange, für die Mannschaften oft entbehrungsreiche Umwege fahren mußten, ehe sie ihr Ziel erreichten. Die Ursache dieses Mißstandes: Die Kapitäne hatten sich in Ermangelung eines Besseren nach den »Alfonsinischen Tafeln« zu richten, den westarabisch-spanischen Planetentafeln, die auf Befehl des Königs Alfons X. von Kastilien in den Jahren 1260 bis 1266 angefertigt worden waren. Sie waren ungenau und lückenhaft, bedurften also dringend der Modernisierung, die der österreichische Astronom und Mathematiker Georg von Peuerbach in Angriff genommen und dessen Schüler Johannes Müller aus Königsberg in Franken – und darum Regimontanus genannt – fortgeführt hatte. Das Werk, die »Ephimeriden«, erschien 1472, posthum für den 1461 verstorbenen Peuerbach. Christoforo Colombo, uns geläufiger als Kolumbus, der diese Planetentafeln später bei seinen Reisen mit sich führte, war gerade erst elf Jahre alt. Ebenfalls 1472 druckte Regimontanus in seiner eigenen Druckerei zu Nürnberg Peuerbachs »Theoricae novae planetarum«. Es war eine bemerkenswert wissen-

schaftlich ausgeführte Planetentheorie, die geradezu danach schrie, das zu jener Zeit gültige Weltbild aufzugeben, wonach die Erde der Mittelpunkt des Alls war, umrundet von der Sonne, den Sternen und den Planeten. Es schrie aber nur.
Erhört wurde der Schrei erst von Nikolaus Kopernikus, der ein Jahr nach dem Erscheinen der »Theoricae« geboren wurde. Sein Onkel, Lucas Watzenrode, Bischof des Bistums Ermland, ließ ihm eine humanistische Erziehung angedeihen, doch wiewohl sie ihn eher zu seinen drei anderen Berufen prädestinierte, galt sein Interesse hauptsächlich der Astronomie, mit der er an den Universitäten von Krakau und Bologna in Berührung gekommen war.
Kopernikus hatte die Werke des Ptolomäus und Peuerbachs studiert und, nach seiner Rückkehr aus Italien, als Domherr von Frauenburg ein theoretisches Modell untersucht, bei dem die Sonne das Zentrum des Alls sein sollte, nicht mehr die Erde. Er faßte seine »heliozentrischen« Ideen in einem Commentariolus (wörtlich: ein Kommentarchen) über sieben »Axiome« zusammen. Das erste: »Alle Himmelskörper oder Sphären haben nicht einen gemeinsamen Mittelpunkt«, das zweite und das dritte sind die revolutionären: Der Erdmittelpunkt ist nicht Mittelpunkt der Welt, sondern nur der Schwere und der Mondbahn. »Alle Bahnen umgeben die Sonne, als stünde sie in aller Mitte; darum liegt die Weltmitte nahe der Sonne.« Und das letzte Axiom: »Die Erde dreht sich mit den ihr anliegenden Elementen in täglicher Bewegung einmal um ihre unveränderlichen Pole. Dabei bleibt der Fixsternhimmel unbeweglich als äußerster Himmel.«
Es dauerte noch einige Jahre, bis er von 1529 bis 1532 die ausführliche Planetentheorie »De revolutionibus« zu Papier brachte. Den Titel der später in Nürnberg gedruckten Ausgabe hatte Kopernikus zu »De revolutionibus orbim coelestium« verlängert und ein Vorwort hinzugefügt, in

dem er vorsichtshalber darauf hinwies, daß das Ganze nur ein mathematisches Denkmodell sei.
Es enthielt gravierende Fehler, weshalb »De revolutionibus« nicht nur von kirchlicher Seite angegriffen wurde, sondern vor allem auch berechtigter wissenschaftlicher Kritik ausgesetzt war. Immerhin entfachte es ein Feuer, das nie mehr erlöschen sollte, die Abkehr von dem, was in Neudeutsch »Erdchauvinismus« genannt werden würde. Doch die neue Weltsicht forderte ihre Opfer. Giordano Bruno wurde 1600 dafür auf dem Scheiterhaufen verbrannt, Galileo Galilei wurde der Prozeß gemacht.
Unzulänglich war das Modell von Kopernikus vor allem deshalb, weil es an den kreisförmigen Planetenbahnen festhielt und darum unbequeme mathematische Kunstgriffe einführen mußte. Kein Wunder, daß die kopernikanische Lehre für die Praxis wenig hergab. Der Wittenberger Mathematiker und Astronom Erasmus Reinhold (1511 bis 1553) stellte nach der heliozentrischen Theorie die »Preußischen Planetentafeln« (Prudentiae tabulae coelestium novum) her, doch verglichen mit den alten, auf der ptolomäischen Lehre basierenden Tafeln, waren sie nicht genauer.
Die Wissenschaft hatte jetzt die Aufgabe, der Theorie die bestätigenden Beobachtungen zur Seite zu stellen. Das tat der wohlhabende dänische Astronom Tycho Brahe (1546 bis 1601) auf der Sundinsel Hven in seiner eigenen Sternwarte »Uraniborg« (»Himmelsburg«), der er später noch eine zweite folgen ließ. Mit bloßem Auge, jedoch mittels der soeben erst entwickelten Meßinstrumente, führte er geradezu pingelig Buch über mehr als tausend Fixsternpositionen, über die Bewegungen des Mondes und der Planeten. Später sollte Kepler, der eine Diskrepanz von acht Grad zwischen seiner eigenen Berechnung und Tychos Notizen entdeckte, sagen: »Göttliche Gnade hat uns in Tycho Brahe einen so zuverlässigen Beobachter gegeben,

daß er unmöglich einen Fehler von acht Grad hätte begehen können« – seine Beobachtungen waren tatsächlich bis auf dreißig Bogensekunden genau.
Theoretisch jedoch war der große Himmelsbeobachter hinter seiner Zeit. Daß sich die Erde bewege, hielt er für physikalisch unmöglich: Wie sollte dann ein Gegenstand senkrecht nach unten fallen oder ein Geschoß sein Ziel erreichen? Seine Beobachtungen an einem 1572 plötzlich hell aufflammenden Stern, der Supernova im Sternbild der Cassiopeia, führten ihn immerhin dazu, die aristotelische Vorstellung von der Unveränderlichkeit des Himmels zu verwerfen. Auch stand er dem heliozentrischen Weltbild nicht völlig ablehnend gegenüber. Die Erde allerdings sollte stillstehen, alle anderen Planeten um die Sonne und mit ihr um die Erde kreisen.
Als Tycho Brahe nach Prag übergesiedelt war, wo ihm der deutsche Kaiser Rudolf II. in der Nähe der Stadt ein Schloß als Observatorium überließ, nahm er sich zwei Assistenten, den Dänen Christian Severin Ljengberg, genannt Longomontanus, und, im Jahre 1600, Johannes Keppler, der wegen eines Edikts gegen Protestanten die Universität Graz hatte verlassen müssen.
Kepler war zu jener Zeit kein unbeschriebenes Blatt mehr. Mit seinem Werk »Mysterium Cosmographicum«, das er 1596 als Sechsundzwanzigjähriger verfaßt hatte, war er in Europa bekannt geworden. Diese Arbeit lieferte neue Argumente für die Kopernikanische Theorie, wich aber insofern von ihr ab, als die Planetenbahnen nicht mehr in der gleichen Ebene verlaufen sollten, sondern – das entsprach der Beobachtung – in verschiedenen, nahe beieinander liegenden Ebenen. Auch verliefen sie nicht mehr durch den Mittelpunkt der Erdbahn, ein Postulat, das Kopernikus in erhebliche mathematische Komplikationen verwikkelt hatte; vielmehr war ihr gemeinsamer Mittelpunkt die Sonne.

Johannes Kepler war Mystiker. Im 17. Jahrhundert, da grausame Kriege, Seuchen, Hexenverbrennungen und religiöse Auseinandersetzungen den Hintergrund des Lebens auch eines Wissenschaftlers bildeten, war dies eine verbreitete Geisteshaltung. Doch selbst in jener Zeit wurden die besonders intensiven mystischen Vorstellungen des deutschen Astronomen als übertrieben empfunden. Ihnen entsprang die merkwürdige Ordnung der Planetenbahnen nach den fünf regelmäßigen – platonischen – Körpern. Platon hatte diesen geometrisch ausgezeichneten Figuren die fünf Elemente zugeordnet, und Kepler sah eine Affinität der Elemente zu den Planeten. Die göttliche Ordnung hatte eine vollendete Symmetrie und ihre Dynamik Sphärenmusik zu sein. Beides sah er in der Verschachtelung der Planetenbahnen in regelmäßigen Polyedern verwirklicht; zudem – darin war Kepler der Scholastik vollends verhaftet – stand die Autorität Platons dahinter. In den die platonischen Körper teils einhüllenden, teils von ihnen eingeschlossenen, gedachten Kugelschalen verliefen die Planetenbahnen; in der Mitte des komplizierten Gebildes stand die Sonne.

Galileo Galilei aus Padua war hingerissen von Keplers Sphärenmodell und pries es als ein System »von platonischer Schönheit und bestechender Wissenschaftlichkeit«. Andere Gelehrte, darunter Tycho Brahe, der sich damals noch auf Hven befand, kritisierten die ungenauen Bahndaten, die bei aller mystischen Hingabe des Verfassers eher etwas schlampig berechnet worden waren.

Als Assistent beim pedantischen Dänen in Prag lernte Kepler die Präzision der Beobachtung schätzen. Hinzu kam, daß er wie viele der Mystik verhaftete Menschen Zahlen und Zahlenbeziehungen für bedeutungsschwanger hielt. Die Mischung aus Verstiegenheit und Freude an der Rechenkunst, dazu die Erziehung Brahes zum sorgfältigen Umgang mit Erfahrungsdaten, muß es wohl gewesen sein,

die den im Mittelalter verwurzelten Gelehrten zum Begründer der neuen Himmelsmechanik gemacht hat.
Äußerlicher Anstoß war eine Aufgabe, die Brahe seinem Assistenten übertragen hatte, die Berechnung der Marsbahn. Der Orbit des Planeten Mars war deshalb interessant, weil er die größte Exzentrik gegenüber den anderen damals bekannten Planetenbahnen aufwies. Dies machte die Berechnungen extrem schwierig. Kepler sah ein, daß er zunächst Klarheit darüber haben mußte, von wo aus die jeweilige Stellung des Mars beobachtet worden war, also über den exakten Bahnverlauf der Erde um die Sonne. Nur so vermochte er sich ein unveränderliches Bezugssystem zu verschaffen.
Mars, das hatte Tycho Brahe herausgefunden, umrundet die Sonne einmal in 687 Tagen. Wo also stand Mars, von der Erde aus gesehen, alle 687 Tage? Aus diesen Stellungen ließen sich die entsprechenden Positionen der Erde auf ihrem Orbit bestimmen. Kepler hatte zwar Brahe an dessen Totenbett schwören müssen, die Erde stillstehen zu lassen, aber nach dem Hinscheiden des Meisters fühlte sich der zum Hofmathematiker avancierte Astronom stärker der Wissenschaft denn seinem früheren Chef verpflichtet. Auf Tycho Brahes vorzüglichen Aufzeichnungen legten dessen Erben keinen Wert, weshalb sie Kepler für seine Arbeit an der Marsbahn nutzen konnte. Sie machte ihm Mühe, er schrieb: »Mars wehrt sich ständig.«
Die Punkte auf der Erdumlaufbahn, die sich Kepler aus den 687-Tage-Umläufen des Mars ausgerechnet hatte, lagen auf einem Kreis, dessen Mittelpunkt von der Sonne um etwa $^{18}/_{1000}$ des Bahnradius entfernt war. Die sich daraus ergebende Exzentrik entsprach den wahren Bahndaten des Mars wesentlich besser als die von Ptolomäus errechnete. Da die Abweichung der Erdbahn von der Kreisform gering ist, verfälschte die Annahme, sie sei ein Kreis, das Ergebnis nicht allzu stark.

Von dieser Basis aus machte sich der Hofmathematiker jetzt an die kinematische Untersuchung der Marsbewegung. Ihr legte er eine falsche physikalische Erklärung zugrunde. Aber das sollte sein Glück sein. Denn er war nun dabei, von einem Umstand zu profitieren, der sich für gewöhnlich eher katastrophal auswirkt, der Tatsache, daß sich manchmal zwei Fehler gegenseitig aufheben.
Kepler glaubte, daß von der Sonnendrehung eine Kraft ausgehe, die der magnetischen Kraft ähnlich und für die Planetenbewegungen verantwortlich sei – das lag nahe, denn der englische Arzt William Gilbert hatte soeben die merkwürdigen Kräfte der Anziehung und Abstoßung bei Magneten untersucht und darüber berichtet. Kepler theoretisierte weiter: Bei jedem Planeten greife diese Kraft tangential zum Umlauf an, und ihre Größe sei umgekehrt proportional der Entfernung des Planeten zur Sonne. Folglich müsse die Geschwindigkeit eines Planeten stets proportional dem Wert 1/r sein, wobei mit r der jeweilige Abstand von der Sonne bezeichnet sei. Erst Isaac Newton zeigte später, daß dies nicht stimmt. Kepler war es nicht aufgefallen, weil er die Bewegungen just an den Stellen beobachtet hatte, wo es aus geometrischen Gründen gerade zutraf, nämlich an den Enden der Hauptachsen der elliptischen Marsumlaufbahn. Hätte Kepler den Fehler bemerkt, dann wäre er sicherlich hier mit seinen Überlegungen am Ende gewesen. So aber rechnete er unbeschwert weiter.
Seine Theorie implizierte, daß ein Stückchen Planetenbahn zwischen zwei Punkten P und P' proportional der Strecke zwischen der Sonne und dem Punkt P sein müsse. Würde also ein Bogenstück der Planetenumlaufbahn in lauter kleine Bahnelemente eingeteilt, müsse die Summe der Strecken zwischen Sonne und den Elementen proportional zu der Zeit sein, die der Planet benötigt, um diesen Bogen zu durchlaufen.

Diese Summe aber konnte Kepler nicht berechnen, denn die dafür nötige Integralrechnung war noch nicht erfunden. Er behalf sich damit, diese Summe durch die Fläche zu ersetzen, die vom Bahnradius beim Durchlaufen des Bogens überstrichen wird, hatte aber ein schlechtes Gewissen dabei. Denn Kepler wußte nur allzu genau, daß diese mathematische Manipulation im Prinzip nicht gerechtfertigt war.

Gleichwohl lieferte ihm diese bedenkliche Art der Berechnung den Lehrsatz: »Die Verbindungslinie Planet – Sonne bestreicht in gleichen Zeiten gleiche Flächen.« Er sollte als »Zweites Keplersches Gesetz« in die Geschichte der Astronomie eingehen.

Mit seinen recht präzisen Daten der Erdumlaufbahn und dem Flächensatz konnte er nun aus der Marsbewegung die einzelnen Punkte von dessen Bahn an solchen Stellen prüfen, die nicht in der Nähe der Hauptachsenendpunkte lagen. Hierbei allerdings gab es Unstimmigkeiten. Viele der berechneten Planetenpositionen wichen erheblich von den Beobachtungsergebnissen Tycho Brahes ab, zum Teil um bis zu acht Bogenminuten. Wie schon erwähnt, war es für Kepler unvorstellbar, daß sich Brahe um soviel geirrt hatte. »Wir müssen Gott für diese Unstimmigkeit dankbar sein und sie nutzen«, befand Kepler und überprüfte seine Hypothese. Er nahm zunächst eine ovale Marsumlaufbahn an, die ihm aber keine besseren Ergebnisse lieferte. Schließlich kam er auf den Gedanken, der heute den Namen »Erstes Keplersches Gesetz« trägt: »Die Planetenbahnen sind Ellipsen, in deren einem Brennpunkt die Sonne steht.« Kepler schrieb später darüber: »Ich erwachte aus tiefem Schlaf und neues Licht fiel auf mich.«

Es wäre vermutlich nicht auf ihn gefallen, wenn er keine vorgefaßte, irrtümliche Meinung über den Grund der Planetenbewegung gehabt hätte, seine abenteuerliche Magnetismusvorstellung, und wenn er nicht mangels eines geeigneten Kalküls absichtlich eine hanebüchene Mathematik angewandt hätte. Denn wären ihm die wahren Verhältnisse der Planetenkinetik auch nur in groben Umrissen bewußt gewesen, hätte er vor der Schwierigkeit ihrer Durchdringung mit den noch dürftigen mathematischen Hilfsmitteln seiner Zeit kapitulieren müssen.

Seine beiden Gesetze der Planetenbewegung formulierte Kepler 1609 in dem Werk »Astronomia nova«, das er mit einer überschwenglichen Widmung an seinen Arbeitgeber, Rudolf II., schmückte. Uns Heutigen mutet sie befremdlich an, eine Allegorie, die Keplers Forschung als einen Feldzug für seinen Fürsten umschreibt.

Beide Gesetze, die er ja nur an der Marsumlaufbahn gefunden hatte, kann er an den Bahnen der anderen Planeten bestätigen. Unbefriedigt ist er darüber, daß er die Bahndaten der verschiedenen Planeten nicht miteinander in Beziehung setzen kann. Im »Mysterium cosmographicum« hat er dafür nur mystische Erklärungen. Sosehr er Mystiker war und bis an sein Lebensende blieb, störte es ihn doch, keine mathematische Gleichung für diesen Fall herstellen zu können. Er rechnet mit Tycho Brahes präzisen Bahndaten hin und her. Erst am 8. März 1618 kommt ihm die Idee, daß die Umlaufzeit mit der Länge der Bahnachsen zusammenhängen muß. Aber er verrechnet sich, kann den Fehler zunächst nicht entdecken. Am 15. Mai, acht Tage vor dem Prager Fenstersturz, mit dem der Dreißigjährige Krieg begann, ist der Fehler gefunden und damit das Dritte Keplersche Gesetz: »Die Quadrate der Umlaufzeiten zweier Planeten verhalten sich zueinander wie die Kuben ihrer großen Bahnachsen.«

Begraben unter allerlei mystischen Gedanken und Phantasien ist dieses Gesetz im 1619 geschriebenen Werk Keplers »Harmonices mundi« zu finden. Noch war die Kinematik der Planeten keine Physik. Kepler empfand sie eher als Partitur einer Sphärenmusik, vom Schöpfer so und nicht

anders komponiert, damit sich die Bahnen der Wandelsterne in die platonische Harmonie der regelmäßigen Körper einfügten. Siebzig Jahre gingen noch ins Land, bis Isaac Newton (1642 bis 1727) die physikalische Begründung der Keplerschen Gesetze fand.
Historiker sehen sich oft vor die Frage gestellt, wie der Verlauf der Geschichte gewesen wäre, wenn das eine oder andere schicksalsträchtige Ereignis nicht stattgefunden hätte. Die moderne Geschichtswissenschaft hält solche Überlegungen für unfruchtbar, auch weil historische Gegebenheiten viel zu komplex sind, als daß die Folgen der Veränderungen nur eines oder weniger Parameter absehbar wären. Die Geschichte der Naturwissenschaften hingegen läßt – zumindest in der Renaissance – lineare Entwicklungen erkennen, die sehr wohl Spekulationen über Fragen der Art »Was wäre geworden, wenn . . .« zulassen. Eine solche Frage lautet: Hätte Isaac Newton das Gravitationsgesetz gefunden, wenn er Keplers Gesetze nicht gekannt hätte? Mit an Sicherheit grenzender Wahrscheinlichkeit nicht. Mithin dürften Keplers gravierende Fehler auch Geburtshelfer für die naturwissenschaftliche Physik gewesen sein, die mit Newton begann.
Ein Irrtum stand auch an der Wiege der wissenschaftlichen Chemie. Gegen Ende des 17. Jahrhunderts befaßten sich mit der Beschaffenheit und Umwandlung von Stoffen noch fast ausschließlich Alchimisten, denen der Sinn mehr nach Magie als nach Ergründung stand. Ihre Lehre hatte sich seit der Antike nicht weiterentwickelt. Hinzugekommen waren lediglich eine Menge nutzloser Zauberformeln und Techniken für die Zubereitung allerlei Verbindungen und Gemenge, die zwar nicht nutzlos waren, jedoch noch nicht wirklich genutzt wurden. Eine Technik, die zuverlässiger chemischer Verfahren und Erfindungen bedurft hätte, gab es kaum. Nutznießer der Alchimie waren allenfalls Ärzte, die nach heilkräftigen Substanzen Ausschau hielten. Da sie

aber ihren Patienten gegenüber Verantwortung zu tragen hatten, mischten viele von ihnen ihre Arzneien lieber selbst, als daß sie es den versponnenen Magiern in den Hexenküchen der Alchimie überließen. So wurde mancher Doktor unversehens zum Chemiker.

Einer von ihnen war Georg Ernst Stahl. Er bemerkte, daß Kohle, wenn er sie verbrannte, leichter wurde, und suchte dafür eine Erklärung. Als gebildeter Mann seiner Zeit wird ihm die Lehre des zweiten Nachfolgers am Aristotelischen Lyzeum, Straton aus Lampsakos, bekannt gewesen sein, der als einer der sehr wenigen Wissenschaftler der Antike Forschung im Experiment betrieben hatte. Straton hatte den Gewichtsverlust beim Verbrennen von Holz gewogen und daraus geschlossen, daß beim Erhitzen Materie aus winzigen Poren entweiche. Stahl stellte sich diese Materie als ein Gas vor, wie anders hätte sie auch aus Poren strömen können, und nannte es »Phlogiston«, »Feuerstoff«. Brennbare Stoffe enthalten dieses Gas in unterschiedlicher Dichte, theoretisierte Stahl, und den Stoff, der nach dem Verbrennen übrigbleibt, nannte er »dephlogistiert«. Kohlenasche war also dephlogistierte Kohle.

Das Bemerkenswerte an Stahls Theorie war, daß sich mit ihr allerlei chemische Einzelbeobachtungen geradezu elegant erklären ließen. So war zum Beispiel jetzt einleuchtend, daß verbrannte Metalle wieder in den Zustand vor ihrer Verbrennung zurückgeführt werden konnten, wenn diese dephlogistierten Stoffe mit phlogistonreichen Substanzen zusammengebracht wurden.

Stahl hatte bei Versuchen beobachtet, daß Holzkohle ein dephlogistierender Stoff im Sinne seiner Theorie sei. Er schloß daraus, daß die Holzkohle, die von alters her bei der Verhüttung von Metallen verwendet wurde, nicht nur der Heizung des Materials diente, wie damals angenommen wurde. Die Holzkohle ist chemisch am Verhüttungsprozeß, der Umwandlung des Metallkalks – so wurde das Oxid zur

damaligen Zeit genannt – in das reine Metall, beteiligt, konstatierte Stahl.
In heutiger Terminologie ausgedrückt, entdeckte Stahl zwei Grundpfeiler der Chemie, Oxidation und Reduktion. Aber er interpretierte sie mit einer chemischen Theorie, die unserer heutigen nahezu diametral entgegengesetzt ist. Diese fast spiegelbildliche Gegensätzlichkeit war es, die der Phlogistonthese zu einem verhältnismäßig langen Leben verhalf. Viele naturwissenschaftliche Theorien behalten zumindest einen großen Teil ihrer inneren Stimmigkeit bei, wenn lediglich die Vorzeichen gewechselt werden. So läßt sich auch die spezielle Relativitätstheorie von Albert Einstein lückenlos aufrechterhalten, wenn vorausgesetzt wird, daß die Lichtgeschwindigkeit nicht die größte überhaupt mögliche Geschwindigkeit ist, sondern, gerade umgekehrt, die kleinste.
Eine solche absurde Welt, in der sich alles mit Überlichtgeschwindigkeiten bewegen würde bis hin zur unendlich großen, die der Ruhe in unserem Universum entspräche, könnte existieren. Alle uns bekannten physikalischen Gesetze hätten dort – mit umgekehrten Vorzeichen versehen – Gültigkeit. Übrigens: Sollte es sie tatsächlich geben, dann würden wir von ihr keine Nachricht erhalten können. Mithin sind wir prinzipiell außerstande, die Existenz dieser komplementären Welt zu beweisen oder zu widerlegen. Spiegelbildlich in diesem strengen Sinn war allerdings die Phlogistontheorie zur modernen Auffassung der Oxidation nicht.
In seinem Labor untersuchte Stahl allerlei Substanzen auf ihren Phlogistongehalt und veröffentlichte 1697 den ersten seiner Forschungsberichte. Mit diesen Veröffentlichungen verhalf er der Hüttenindustrie, die seine theoretischen Erkenntnisse in die Praxis umsetzte, zu beachtlichen Fortschritten. Noch ein Gutes hatte die Theorie: Stahl stellte sich das Phlogiston als einen sehr feinen, gasförmigen Stoff

vor, und da seine Hypothesen zur herrschenden Lehre geworden waren, widmeten sich jetzt Chemiker mit besonderem Eifer dem Versuch, dieses Gas zu isolieren. Denn experimentell hatte es ja noch niemand nachgewiesen. Dieses Bemühen förderte die Erforschung von Gasen ganz allgemein und führte zu Erfindungen von Instrumenten und Methoden der Gas-Chemie.

Die Phlogistontheorie erwies sich demnach als ein starker Motor in der Entwicklung der chemischen Wissenschaft. Kein Wunder, daß sie sich auch dann noch hielt, als sich die ersten Widersprüche mit der Erfahrung zeigten. Mit der Verbesserung der wissenschaftlichen Geräte und zunehmender Geschicklichkeit beim Experimentieren stellte sich heraus, daß der Gewichtsverlust bei der Verbrennung keineswegs die Regel, sondern eher die Ausnahme ist. Damit war die tragende Säule der Phlogistontheorie geborsten. Doch das mochte von den »neuen« Chemikern niemand wahrhaben. Sie hatten sich gerade erst von der alchimistischen Mystik gelöst, und ihr Befreier war Georg Ernst Stahl, seine Autorität sollte nicht untergraben werden.

Mit allerlei Hilfsvorstellungen versuchten die Chemiker, die Phlogistontheorie aufrechtzuerhalten. Diese Rettungsversuche gipfelten in der Annahme, daß das – immer noch nicht isolierte – Phlogiston in manchen Fällen ein negatives Gewicht habe. Die Fahndung nach neuen Stützen für die baufällig gewordene Theorie erbrachte eine Reihe neuer Erkenntnisse, darunter die Entdeckung des Sauerstoffs durch den Schweden Karl Wilhelm Scheele (1742 bis 1786); sie hätte der Theorie den Todesstoß versetzen müssen. Aber sie tat es nicht.

Hierzu bedurfte es eines Revolutionärs. Der hieß Antoine Laurent Lavoisier (1743 bis 1794). Er wies nach, daß Verbrennung Verbindung mit Sauerstoff und der umgekehrte Vorgang die Abgabe von Sauerstoff ist. Bei der Verbrennung also nimmt der Stoff etwas auf, weshalb er schwerer wird, und bei der Reduktion gibt er etwas ab. Daß jedoch zum Beispiel Kohle beim Verbrennen an Gewicht verliert, liegt daran, daß sie bei diesem Prozeß Rauch, also gasförmige Materie, abstößt. Lavoisier, der das erste Erhaltungsgesetz der Chemie postulierte, den Satz von der Erhaltung der Masse, nahm noch an einer zweiten Revolution teil, der Französischen, und verlor dabei sein Leben.

Ein Dreivierteljahrhundert hatte sich die Phlogistontheorie des Georg Ernst Stahl gehalten, im letzten Viertel ihres Lebens freilich nur noch aus einem Grund, den wir häufig in der Geschichte der Naturwissenschaften antreffen: Ist eine Theorie lange genug verbreitet, wurde sie schon Generationen von Studenten als Lehrmeinung vermittelt, dann bekommt sie das Flair eines Dogmas, wenn nicht gar das einer gesicherten Wahrheit.

Das gilt keineswegs nur für die beginnende Neuzeit. Ein fast skandalös zu nennendes Beispiel hierfür aus unserer aufgeklärten Epoche lieferten die Geophysiker.

Aufgeschreckt hatte sie einer der ihren im Jahre 1912, Alfred Wegener, ein weitgereister Mann und äußerst scharfer Beobachter. Ihm kam es merkwürdig vor, daß Afrika und Südamerika wie zwei Puzzlesteine zusammenpaßten. Würde Südamerika auf dem Globus nach Nordosten geschoben, dann ließe sich die Ostküste dieses Kontinents fast nahtlos in die Westküste Afrikas einfügen. Das, so meinte Wegener, kann kein Zufall sein.

Der deutsche Geophysiker suchte nach möglichen Hinweisen dafür, daß vielleicht einmal Afrika und Amerika ein Kontinent gewesen waren, und fand tatsächlich einige. Ähnlichkeiten in Fauna und Flora, die in Westafrika und Ostbrasilien anzutreffen sind, mochten ihren Grund im Handelsverkehr zwischen beiden Kontinenten haben, aber der entfiel bei den Übereinstimmungen, die sich aus Fossilien ergaben. Geologische Daten sprachen auch für einen

gemeinsamen Ursprung beider Landmassen; die Gesteinsschichten gerade der Atlantikküsten paßten gut zusammen, und Untersuchungen ergaben, daß die Klimaentwicklung an der brasilianischen Atlantikküste der im westlichen Afrika recht ähnlich gewesen zu sein schien.
Gewiß, alle diese Indizien waren eher Andeutungen als harte Fakten, nicht gerade schwerwiegend. Doch fand sie Alfred Wegener bemerkenswert genug, um eine Theorie auf ihnen aufzubauen. Die Kontinente, so spekulierte er, sind Schollen aus vergleichsweise leichtem Material, die auf einer schweren, zähflüssigen Untergrundmasse lägen. Sie könnten sich darauf verschieben; dies finde ständig statt, nur eben sehr langsam. Aber über die Jahrmillionen sei Südamerika nach Westen abgedriftet. Ursprünglich wären alle Landmassen der Südhalbkugel am Südpol vereinigt gewesen.
Diese 1912 veröffentlichte Hypothese der Kontinentalverschiebung erregte viel Aufsehen, allerdings vor allem in illustrierten Zeitschriften, Sach- und Jugendbüchern, weniger jedoch in den Kreisen, die es angehen sollte, bei den Geologen und Geophysikern. Die reagierten skeptisch, die meisten gar mit schroffer Ablehnung.
Erstaunlich ist, daß die Wissenschaftler dennoch begannen, emsig nach Belegen für die Wegenersche Theorie zu fahnden. Mehr und mehr von ihnen wurden auch fündig und häuften somit Argumente in der Fachliteratur, die den ursprünglichen Zusammenhang der Kontinente immer wahrscheinlicher machten. Aber es gab einen theoretischen Haken. Wegener hatte als treibende Kraft für die Kontinentalschollen die Gezeiten angenommen, das konnten die Physiker nicht akzeptieren. Tatsächlich wären diese Kräfte viel zu schwach, um die Landmassen in Bewegung zu bringen.
An dieser Stelle hätten die Geophysiker nach einem anderen physikalischen Modell für die Verschiebungsmechanik

Ausschau halten sollen. Daß gerade Geowissenschaftler, deren Stärke im Sammeln, Einordnen und in der erdgeschichtlichen Deutung von Fundstücken besteht, sich von den Theoretikern den Blick auf eine zumindest doch reizvolle Hypothese, wenn nicht gar den Tatsachen entsprechende Lehre, verstellen ließen, ist erstaunlich. Erklärbar ist es nur mit der konservativen Haltung, das Bewährte nicht aufgeben zu wollen.

Der bekannte sowjetische Geophysiker Vladimir Vladimirowitsch Belussow schrieb 1954: »Viele Hypothesen der Geotektonik haben der geotektonischen Wissenschaft erheblichen Schaden zugefügt, weil sie bei denen, die nicht darauf spezialisiert sind, den Eindruck erwecken, dieses sei ein Gebiet, das von Phantastereien oberflächlichster Art regiert werde. Das anschaulichste Beispiel dafür hat Wegeners Hypothese von der Kontinentalverschiebung geliefert. Sie ist phantastisch und hat nichts mit Wissenschaft zu tun.«

Fred Hoyle, der englische Astrophysiker, war überzeugt davon, daß die Wegenersche Theorie physikalisch unhaltbar sei. In seinem 1955 erschienen Buch »Grenzen der Astronomie« schreibt er: »Wie es ein Kontinent, der aus gut 35 Kilometer starkem Felsgestein besteht, anstellen soll, sich fortzubewegen, ist nie wirklich geklärt worden; und ehe nicht irgendein plausibler Mechanismus dafür angegeben werden kann, brauchen wir die Verschiebung von Kontinenten nicht ernst zu nehmen.«

Schließlich aber muß sich wohl einer der Zunft darauf besonnen haben, was der Leibarzt der Königin Elisabeth I. von England, William Gilbert, im Jahre 1600 zu Papier gebrachte hatte: »Wenn es nicht zu einer allgemeinen Auflösung eines Kontinents kommt und zu einem Absinken, wie es im Gebiet von Atlantis war, von der Platon und die Alten berichten, dann wird die magnetische Richtung unveränderlich bleiben.«

Geschrieben hatte es Gilbert im dritten Kapitel seines über alle Grenzen hinaus rasch bekannt gewordenen Werkes »De Magnete«, und gemeint waren die magnetischen Kräfte der Erde. Sie wurden Mitte der fünfziger Jahre unseres Jahrhunderts in Gesteinen des Ozeanbodens der afrikanischen und südamerikanischen Küsten vermessen. Dabei ergab sich, daß die magnetische Ausrichtung der alten Gesteinsschichten nicht der entspricht, die von den Linien des gegenwärtigen erdmagnetischen Feldes am selben Ort gezeichnet werden. Als sich die untersuchten Felsen formten, müssen sie also an einem anderen Ort gelegen haben. Die Berechnungen zeigten: Die Kontinente waren tatsächlich im Lauf der Jahrmillionen gewandert. Mit der Verspätung von fast einem halben Jahrhundert gaben jetzt, 1960, die Geophysiker endlich ihrem Kollegen Alfred Wegener recht, der diesen von ihm so sehr ersehnten Triumph nicht mehr erleben durfte; er war 1930 bei einer Expedition in Grönland umgekommen. »Plattentektonik« wird jetzt seine Kontinentalverschiebung genannt.
Die Geschichte der fruchtbaren Irrtümer in den Naturwissenschaften, mit der dieses Kapitel begonnen hat, wäre unvollständig ohne ein Beispiel aus unserem Jahrhundert: die Entdeckung der natürlichen Radioaktivität.
Gegen Ende des 19. Jahrhunderts war der Aufbau der Materie das zentrale Forschungsthema der Physik. Sowohl in der Chemie als auch in der kinetischen Gastheorie erlaubte die Hypothese, wonach alle Stoffe aus Atomen bestehen, einleuchtende Erklärungen für allerlei Phänomene, zum Beispiel für die stets konstanten Mengenverhältnisse, in denen chemische Elemente Verbindungen miteinander eingehen, oder die Verstärkung des Gasdrucks bei Erhitzung eines Gases.
Skeptiker wie der österreichische Physiker und geistreiche Wortführer des Positivismus, Ernst Mach, und der deutsche Physikochemiker Wilhelm Ostwald lehnten die reale

Existenz der Atome ab, weil sie eine der Erfahrung nicht zugängliche Grundannahme sei. Diese Einstellung wird zuweilen heute noch mißverstanden. Sie entsprang einer geistigen Redlichkeit, die nicht zulassen durfte, daß Theorie und Wahrheit leichtfertig einander gleichgesetzt werden.

Mach und Ostwald waren – jeder auf seine Weise – überzeugt davon, daß es sauberer und letztlich auch gedeihlicher für die wissenschaftliche Kultur sei, Naturerkenntnis und Naturgesetz als freie Schöpfungen des menschlichen Geistes zu betrachten, die allenfalls grobe Abbildungen der Wirklichkeit sein könnten, deren Güte sich aber prinzipiell nicht nachprüfen lasse. Weniger philosophisch denkende Naturforscher ignorierten diese erkenntnistheoretischen Einlassungen und stellten sich Atome als winzige Gegenstände vor.

Hinweise darauf, daß auch die Elektrizität aus Teilchen bestehen kann, hatte der englische Naturforscher Michael Faraday (1791 bis 1867) mit den von ihm erkannten elektrochemischen Gesetzen gegeben. Ein weiteres Indiz dafür lieferte der deutsche Physiker Johann Wilhelm Hittorf. In einer Gasentladungsröhre entdeckte er Strahlen, die sich in der Röhre von der – von elekrischem Strom durchflossenen – Kathode geradlinig ausbreiteten, jedoch von Magneten abgelenkt werden konnten. Mit diesen »Kathodenstrahlen« begann ein neues Kapitel der Physik, gleichzeitig aber auch eine Strahlenhysterie. Das unsichtbare Etwas, das wie Licht oder Schall den Raum überwindet, in welchen Formen mag es noch auftreten? Sind Strahlen die Träger himmlischer oder telepathischer Botschaften? Können Strahlen Krankheiten verursachen? Wie immer gab es Leute, die diese Fragen mit phantastischen Behauptungen zu beantworten wußten. Zugleich »entdeckten« besonders dem Okkultismus zuneigende Tüftler mit abenteuerlichen Apparaten neue Strahlen, so auch der Physiker Baron Karl

von Reichenbach, der seine Strahlensorte kurz »Od« nannte – niemand außer ihm hat sie je nachgewiesen.
In der Physik wurden tatsächlich bald weitere Strahlen entdeckt: Der Würzburger Wilhelm Conrad Röntgen (1845 bis 1923) hatte mit Kathodenstrahlen experimentiert und dabei – am 8. November 1895 – bemerkt, daß bei ihrem Auftreffen auf ein Stück Materie eine andere Strahlung entstand, die sich im Gegensatz zu den Kathodenstrahlen nicht elektrisch ablenken ließ und auf einem Fluoriszenzschirm aus Barium-Platinocyanid einen hellen Leuchtfleck erzeugte. Röntgen fand heraus, daß diese X-Strahlen (X stand für »unbekannt«) Materie durchdringen und eine Photoplatte schwärzen können, daß sie geradlinig wie Licht verlaufen, jedoch keine Reflexion erkennen lassen, und daß sie elektrisch geladene Körper zu entladen vermögen. Der Physiker verschickte an viele Freunde und Kollegen Photos, auf denen die Knochen der linken Hand seiner Frau inklusive Ehering zu betrachten waren. Sechs Wochen nach der Entdeckung dieser Strahlen konnte sie Röntgen mit allen ihren Eigenschaften beschreiben.
Strahlen waren jetzt für eine Weile das Lieblingsthema in Zeitungen und Zeitschriften. Röntgenbrillen wurden angeboten, die es dem Träger erlaubten, durch die Kleidung seiner Mitmenschen hindurchzusehen; auch die Gegenmaßnahme wurde inseriert: röntgenstrahlsichere Damenwäsche.
Nicht alle Wissenschaftler mochten Röntgens Veröffentlichung glauben. Lord William Thompson Kelvin, Erfinder eines Gasthermometers – nach ihm wird die auf den absoluten Nullpunkt bezogene Temperatur »Grad Kelvin« bezeichnet –, zu jener Zeit gerade Präsident der ehrwürdigen britischen Wissenschaftsgesellschaft »Royal Society«, erklärte kurz und bündig: »Diese Strahlen des Herrn Röntgen werden sich als Betrug herausstellen.«
Der französische Mathematiker und Physiker Henri Poin-

caré (1854 bis 1912) hatte der Académie des Sciences in Paris ein Röntgenbild vorgelegt, aber dabei den Verdacht geäußert, daß die X-Strahlung nicht, wie Röntgen annahm, beim Auftreffen eines Kathodenstrahls auf Materie entstünde, sondern von der Fluoriszenzschicht an der Stirnfläche der benutzten Kathodenstrahlröhre herrührte. In der Zeitschrift »Revue Nationale des Sciences« (20. Januar 1896) veröffentlichte er in einem Artikel, der gemeinsam mit Beiträgen von Röntgen und Jean Perrin erschien, diese Vermutung und den Verdacht, daß jede elektromagnetische Strahlung, zum Beispiel auch Licht, fluoriszierendes Material zur Abgabe von Röntgenstrahlen veranlassen könne. Dies las Poincarés Schüler an der Ecole Polytechnique, Henri Becquerel (1852 bis 1908), der sich sogleich zu einer experimentellen Prüfung entschloß; er war ohnehin gerade mit der Untersuchung fluoriszierender Uranverbindungen beschäftigt.

Becquerel streute Uransalz auf eine zum Lichtschutz in schwarzes Papier gewickelte Photoplatte und setzte das Ganze der Sonnenstrahlung aus. Nach vier Stunden entwickelte er die Platte. Wie von Poincaré vermutet, waren auf ihr an den Stellen, wo die Uransalzstücke gelegen hatten, die Konturen der Kristalle zu erkennen. Eine Strahlung also, die wie Röntgenstrahlen das Papier durchdrang, hatte die Photoplatte geschwärzt. Dies bestätigte Poincarés Vermutung.

Ein paar Tage später wollte Henri Becquerel seinen Versuch wiederholen. Er hatte seine Photoplatten in einer Schublade aufbewahrt, in der sich auch Uransalzkristalle befanden. Der Franzose war ein sorgfältiger Experimentator; darum entwickelte er zunächst eine der Photoplatten, um sicher zu sein, daß sie noch unbelichtet waren. Zu seinem höchsten Erstaunen bemerkte er darauf eine Schwärzung mit verdächtigen Konturen. Ja, es waren die Konturen der Kristalle.

Offensichtlich war keine Bestrahlung des Urans vonnöten; es strahlte von sich aus. Henri Bécquerel hatte die natürliche Radioaktivität entdeckt – und unterrichtete eilig die Académie des Sciences davon. Gemeinsam mit dem Ehepaar Curie erhielt er dafür den Nobelpreis für Physik im Jahre 1903. Geleitet hat ihn dazu ein Irrtum seines Lehrers Poincaré. Ohne dessen falsche Vermutung wäre es wahrscheinlich nie dazu gekommen, daß er Photoplatten und Uransalze zusammen in eine Schublade gelegt hätte.

Wenige Wissenschaftler dürften sich um den Fortschritt ihres Fachbereichs gleich durch zwei äußerst fruchtbare Irrtümer verdient gemacht haben. Einer jedenfalls war Pierre de Fermat (1601 bis 1665). In Toulouse hatte er Rechtswissenschaften studiert, als Dreißigjähriger wurde er hier Parlamentsrat und blieb Beamter bis zu seinem Tod. Wenige Bürger der Stadt werden damals geahnt haben, daß dieser Staatsdiener von Mathematikern seiner Zeit hoch verehrt wurde. Mathematik hatte er sich im Selbststudium beigebracht, und er beherrschte sie auf vielen Gebieten vorzüglich. Fermat fand eine Reihe geometrischer Gesetzmäßigkeiten, zum Beispiel, daß jede ebene Kurve zweiter Ordnung einen Kegelschnitt repräsentiert. Als er noch ein junger Mann war, beschaffte er sich ein Exemplar der ersten gedruckten Ausgabe eines mindestens 1300 Jahre alten Werks des Diophantos von Alexandria; sie war 1621 erschienen.

Das Fermatsche Exemplar des Buches sollte Berühmtheit erlangen, wegen einer Randbemerkung des Besitzers. Fermat hatte – wohl während der Bürostunden im Amt – gelegentlich seine eigenen Gedanken auf Seitenrändern des Buchs notiert. Einer bezog sich auf das Problem, eine Lösung für die Gleichung

$$x^n + y^n = z^n$$

zu finden. Präziser: Gesucht sind vier positive ganze Zahlen x, y, z und n, wobei n größer als 2 sein soll, die, in die obenstehende Formel eingesetzt, eine korrekte Gleichung ergeben. Für n = 2 wäre diese Aufgabe leicht zu lösen, zum Beispiel ist:

$$3^2 + 4^2 = 5^2$$

Denn 9 + 16 = 25. Doch n soll ja größer als 2 sein. Diese Aufgabe hatte Fermat in seiner Diophantausgabe an den Rand gekritzelt, dazu die Bemerkung, daß sie nicht lösbar sei. Darunter steht in lateinischer Sprache: »Hierfür habe ich einen wahrhaft wunderbaren Beweis entdeckt, aber der Rand ist zu schmal, ihn zu fassen.«

Nach Fermats Tod hat sein Sohn diese Randbemerkung veröffentlicht, und seitdem haben sich unzählige Mathematiker den Kopf darüber zerbrochen, ob die Aufgabe tatsächlich unlösbar ist und wie es Fermat wohl bewiesen haben könnte.

Heute glaubt niemand mehr, daß der Franzose tatsächlich diesen »wahrhaft wunderbaren Beweis entdeckt« hat. Es gilt als sicher, daß dies ein Irrtum war. Die Frage aber, ob »das große Fermatsche Problem« – so heißt die Aufgabe heute – gelöst werden kann oder nicht, ist nach wie vor offen.

Hätte sich Fermat nicht geirrt – was selbstverständlich nicht absolut sicher ist –, hätte er nicht geglaubt, die Unlösbarkeit des Problems elegant bewiesen zu haben, dann wäre es vielleicht erst viel später, vielleicht bis heute noch nicht gestellt worden. Die Versuche aber, einen Fermat-Beweis zu führen, sind für die Entwicklung der Mathematik wegweisend gewesen. Die Theorie der natürlichen Zahlen, der Gesetze ihrer Zerlegbarkeit in Teiler und der – »diophantisch« genannten – Gleichungssysteme, deren Koeffizienten und Lösungen ganze Zahlen sein sollen, entstanden; im Computerzeitalter haben sie ein besonders wichtiges Anwendungsgebiet erhalten.

Einmal schien es, als habe jemand das Fermat-Problem gelöst, Ernst Eduard Kummer (1810 bis 1893). Der deutsche Mathematiker hatte einen Beweis für die Unlösbarkeit veröffentlicht, der eine Zeitlang als schlüssig akzeptiert wurde, bis Lejeune Dirichlet (1805 bis 1859), einer der bedeutendsten Zahlentheoretiker, nachwies, daß er nicht stimmte. Kummer hatte in seinem Beweis eine Annahme gemacht, deren Richtigkeit er für selbstverständlich hielt – sie war es aber nicht.
Immerhin konnte Kummer bei vielen Exponenten n (zum Beispiel für alle ungeraden Primzahlen unter 100) nachweisen, daß für sie das Fermat-Problem unlösbar ist. Die Pariser Akademie der Wissenschaften gab ihm schließlich den Preis von dreitausend Francs, der eigentlich für denjenigen gestiftet worden war, der das Problem vollständig gelöst haben würde. Eduard Kummer hatte diese Auszeichnung wahrlich verdient. Denn im Zusammenhang mit seinen geistreichen Methoden, dem Fermat-Problem beizukommen, schuf er eines der mächtigsten Werkzeuge der modernen Mathematik, die Theorie der algebraischen Zahlen und Ideale (wobei unter einem Ideal keineswegs etwa das zu verstehen ist, was wir uns darunter vorstellen, sondern bestimmte Zahlenmengen).
Fermat hatte jedoch nicht nur diesen algebraischen Stein ins Rollen gebracht. Ein anderer Irrtum, diesmal ein regelrechter Fehler, unterlief ihm, als er über Primzahlen nachdachte (zur Erinnerung: Eine Primzahl ist eine positive ganze Zahl, die nur durch 1 und durch sich selbst ohne Rest teilbar ist, durch keine andere Zahl). Fermat behauptete, für jede positive ganze Zahl n sei

$$2^{2^n} + 1$$

eine Primzahl.
Leonhard Euler (1707 bis 1783) bewies ihm das Gegenteil. Fermat hatte sich geirrt, abermals in höchst fruchtbringen-

der Weise. Denn Euler entdeckte seine Neigung zur Zahlentheorie, die er aber auf eine neue Weise in Angriff nahm; er begründete die »analytische Zahlentheorie«, auf die aber im Rahmen dieses Buches nicht eingegangen werden kann.

Sünden wider die Methodik

In der Antike hatten die Wissenschaften von der Natur eine Freiheit genossen wie kein anderer Bereich der Kultur. Kühne Ideen über Himmel, Erde, Mensch und Denken wurden diskutiert, es gab weder religiöse noch politische Reglementierungen, solange sich die Naturforschung diesseits ihrer Schranken hielt, die allerdings Fragen der Moral, der Ethik, insbesondere der Erziehung ausgrenzten. Im Mittelalter wurde dies anders. Die Heilige Schrift der Christen legte die Naturanschauung, vor allem die Lehre von der Entstehung der Welt, der Erde, der Lebewesen, besonders der Menschen, fest, und die Herrschenden wachten eifersüchtig darüber, daß nicht ein Jota von dem verändert wurde, was die Bibel über das Werden, den Aufbau, die Funktion, die Bestimmung und das Ende der Welt zu sagen hatte.
Glich die Scholastik der Griechen eher einer freiwilligen Selbstkontrolle, die oft genug und straflos von den großen hellenischen Denkern durchbrochen wurde, so war sie in der ersten Hälfte des ersten Jahrtausends zum Gefängnis geworden; ein Ausbruch konnte das Leben kosten. Wissenschaft hatte so gut wie keinen Freiraum unter dem Diktat des allein gültigen Dogmas. Erst als die Renaissance anbrach, durften es Wissenschaftler wagen, die Natur ohne Zwischenschaltung eines Zensors direkt zu befragen. Doch es bedurfte einer Anleitung, wie dies zu bewerkstelligen war.
Gegen Dogmen in der Wissenschaft war ein Brite zu Felde gezogen, dessen Leben weitaus mehr vom Ränkespiel am Hof der Königin Elisabeth und ihres Nachfolgers Jakob

bestimmt war als von der Philosophie. Gleichwohl wurde er zum Begründer der »Wissenschaftlichen Methodik«: Francis Bacon (1561 bis 1626), Baron von Verulam, Viscount Saint-Alba. Diesen Ruf erwarb sich der Generalfiskal, Siegelbewahrer und Großkanzler, als er nach einem peinlichen Bestechungsskandal, aus allen Ämtern entfernt, endlich Ruhe fand, seinem 1609 zum erstenmal abgeschlossenen, in der Folgezeit jedoch zwölfmal umgeschriebenen Werk über die Erneuerung der Wissenschaft die endgültige Fassung zu geben. Statt des ursprünglichen Titels »Cogitata et visa« (»Gedanken und Eindrücke«) wählte er jetzt, im Jahre 1621, »Novum organon« (»Das neue Werkzeug«) in Anlehnung an das klassische »Organon«, dem Logiklehrbuch des Aristoteles. Das »Novum organon« war als Teil eines umfassenden Werks, »Instauration magna« (»Die große Erneuerung«), geplant, von dem aber bei weitem nicht alles erschien, was sich der Autor vorgenommen hatte.

Bacon hatte sich schon während seines Studiums in Cambridge über die herrschende scholastische Philosophie geärgert und war überzeugt davon, daß die Wissenschaft einer gründlichen Erneuerung bedürfe. Wissenschaft war in der Spätrenaissance technisch anwendbar geworden. Uhren wurden konstruiert, vor allem auch solche, an denen nicht nur die Tageszeit, sondern auch die Stellungen der Planeten abgelesen werden konnten: Mühlen, erste Maschinen für die Textilherstellung, Feuerwaffen wurden erfunden. Wissenschaft war nicht mehr nur Gelehrsamkeit, sondern diente zunehmend der Technik. Also mußten ihre Voraussagen, zum Beispiel über die Kräfteverhältnisse bei Hebeln oder über das physikalische Verhalten eines abgeschossenen Projektils, zuverlässig sein.

Just dies vermochte die scholastische Wissenschaft nicht zu leisten. Sie erschöpfte sich im wesentlichen darin, beobachteten Phänomenen einen möglichst passenden Namen zu geben, wenn möglich einen, der sich in philosophischen Diskursen auf Begriffe zurückführen ließ, die von anerkannten Denkern, vornehmlich aus der Antike, geprägt worden waren.

Aristoteles (384 bis 322 v. Chr.) galt in diesem Sinne als unschlagbar. Er hatte die Gesetze des folgerichtigen Denkens, der Logik, enthüllt. Ergo gab es über die Richtigkeit dessen, was er gedacht hatte, keinen Zweifel.

Doch so klar und zwingend die Herleitungen des großen Denkers der Antike auf den Gebieten der Logik, der Staats- und Gesellschaftstheorie waren, so einfallsreich er Naturbeobachtungen in Theorien verschmolz – vieles war eben zur Zeit des Francis Bacon überholt, weil die Menschen inzwischen gelernt hatten, die Welt schärfer zu beobachten, als es die Griechen vermocht hatten, nicht zuletzt dank neuer Instrumente.

Die Welt ist nach Aristoteles in einer Stufenfolge gestaffelt. Die jeweils höhere Stufe vereinigt in sich die Eigenschaften der darunterliegenden. Ganz unten steht die unbelebte Natur, die Pflanzen unterscheiden sich von ihr nur durch ihre Bildungskraft. Bei den Tieren kommen Empfindungen, Begehren und Fortpflanzungstrieb hinzu. Der Mensch schließlich ist zudem mit Vernunft und der Fähigkeit zum Handeln ausgestattet.

Die Welt besteht aus den fünf Elementen Feuer, Wasser, Luft, Erde und Äther. Die ersten vier sind irdischer Natur, das fünfte (die Quint-Essenz) erfüllt den Himmel. Aristoteles unterscheidet zwischen natürlicher und erzwungener Bewegung. Gegenständliche Körper bleiben nur in Bewegung, solange sie mit dem Beweger in Berührung stehen – an einen geworfenen Speer hat der Philosoph vermutlich nie gedacht. Schwere Gegenstände fallen schneller als leichte – der italienische Mathematiker Giambattista Benedetti hat – vermutlich als erster – diese Behauptung 1585 angezweifelt, ein Jahr später widerlegte sie der Niederländer Simon Stevin im Experiment; Galilei hat es wiederholt. Merkwürdig muten uns heute auch die aristotelischen Vorstellungen von Dingen an, die er nicht untersucht haben kann, gleichwohl zu kennen behauptete. So glaubte und lehrte er, daß der hintere Teil des menschlichen Schädels völlig leer und das Gehirn selbst ohne Blut sei. Er leugnete ausdrücklich, daß das Gehirn Empfindung besitze; es sei der kälteste Teil des Körpers und diene dazu, die Wärme des Menschen zu mäßigen.

Leute mit großen Köpfen und engen Adern – meinte Aristoteles – schlafen viel, weil die Feuchtigkeit des Körpers durch die engen Adern nicht rasch genug emporsteigen könne und weil der Kopf zuviel Feuchtigkeit verdampfe.

Bei Menschen, bei Schafen, Ziegen und Schweinen haben die männlichen Artgenossen mehr Zähne als die weiblichen.

Nach Aristoteles gibt es eine Gattung Ochsen, die einen Knochen im Herzen tragen.

Das Blut ist in unseren unteren Körperteilen dicker und schwärzer als in den oberen. Das Blut der Frau ist dicker und schwärzer als das des Mannes. Darum ist der Mann edler als die Frau, und darum sind auch die oberen Körperteile edler als die unteren.

Das Rebhuhnweibchen wird befruchtet, wenn der Wind vom Männchen herweht. Zu bestimmten Zeiten wird es aber schon von der Stimme des darüberfliegenden Männchens befruchtet.

Vom Biß eines tollen Hundes wird jedes andere Tier toll gemacht, nur nicht der Mensch.

Die linke Körperhälfte ist beim Menschen die kältere.

Der Mensch allein – im Gegensatz zu den Tieren – besitzt Fleisch an den Beinen.

Ein Tropfen Wein in einem großen Faß Wasser wird zu Wasser.

Jedes Sinnesorgan ist einem Element zugeordnet: Das Auge besteht aus Wasser, der für Schall empfindliche Teil aus Luft, der Geruch aus Feuer.
Eine fraglos einfach zu widerlegende Behauptung des Aristoteles hat sich erstaunlich lange erhalten: Fliegen haben vier Beine. Sie ist noch in Lehrbüchern aus der Mitte des 19. Jahrhunderts zu lesen.
Daß ein so gescheiter Mann wie Aristoteles solche Absurditäten lehrte, hatte einen schlichten Grund. Sie waren überliefert worden, und Überliefertes, vor allem wenn es schriftlich war, stand im Altertum in hohem Ansehen. Darauf beruhte die Scholastik, die noch im späten Mittelalter die Wissenschaften beherrschte.
Ihr hatte Francis Bacon den Kampf angesagt. Nicht Menschen, nicht Überlieferung, nur Erfahrung hatte für ihn die Qualität einer Autorität; Erfahrung sollte, wo irgend möglich, im kontrollierten Experiment gewonnen werden, und welche Bedingungen ein solches Experiment nach Bacons Lehre zu erfüllen habe, gilt bis heute als Richtschnur wissenschaftlicher Wahrheitsfindung. Die wichtigste Forderung: Das Experimentalergebnis muß zu jeder Zeit an einem beliebigen Ort reproduzierbar sein. Wissenschaft hat, wenn ihre Ergebnisse glaubhaft sein sollen, seit Bacon diesen Verlauf: Sie beginnt mit dem Phänomen, für dessen Erklärung eine Hypothese aufgestellt wird. Die Hypothese oder Theorie ist daraufhin zu prüfen, welche Voraussagen sich aus ihr ergeben. Diese Konsequenzen müssen – so weit es möglich ist – im Experiment geprüft werden. Spricht das Experimentalergebnis dagegen, so ist die Hypothese zu verwerfen. Andernfalls gewinnt sie an Glaubwürdigkeit.
Exemplarisch für diesen Kanon wissenschaftlicher Erkenntnis ist Albert Einsteins spezielle Relativitätstheorie. In zwei von den Amerikanern Albert Abraham Michelson und Edward Williams Morley im Jahre 1887 ausgeführten

Experimenten hatte sich herausgestellt, daß die Geschwindigkeit des Lichts in jeder Himmelsrichtung die gleiche ist. Licht aber war von dem englischen Arzt und Sprachforscher John Young als Wellenerscheinung erkannt worden. Doch um sich dies erklären zu können, mußte nach damaliger Auffassung ein Medium existieren, in dem sich eine solche Welle ausbreiten konnte. Denn Wasserwellen zum Beispiel wären ohne Wasser nicht denkbar, und Schallwellen breiten sich im Vakuum nicht aus, weil sie der Luft als Ausbreitungsstoff bedürfen.

Das Medium für Licht erhielt zunächst einen Namen, »Äther«, und wurde zum Forschungsgegenstand. Der Äther mußte – das hatten Lichtexperimente ergeben –, sofern er überhaupt existierte, im Weltall ruhen, aber von bewegten Körpern, die er durchdrang, teilweise mitgeführt werden. Die mit der Erde rotierende Erdatmosphäre ist so ein bewegter Körper, der den Äther hätte mitführen müssen. Darum durfte sich das Licht eigentlich nicht in jeder Himmelsrichtung gleich schnell fortpflanzen.

Das Michelson/Morley-Experiment hätte nach Bacon zur Aufgabe der Lichtätherhypothese führen müssen. Aber wie bei der Phlogistontheorie des Doktor Stahl mochten sich die Gelehrten zu einem so drastischen Schritt nicht entschließen. Der Hamburger Physiker Heinrich Hertz versuchte in seiner Arbeit »Über die Elektrodynamik bewegter Körper« die Ätherhypothese zu retten. Ebenso sein niederländischer Kollege Hendrik Antoon Lorentz, der sich 1895 einen mathematischen Trick ausdachte, die »Lorentz-Transformation«, mit der die Konstanz der Lichtgeschwindigkeit im bewegten Äther erklärt werden konnte – aber nicht mußte, wie sich später herausstellte. Wiewohl diese Mathematik zur Stützung der Ätherthese gedacht war, sollte sich ihr genialer Ansatz als einleuchtendster Grund für ihre Aufgabe erweisen.

Dies erkannte der 25jährige Physiker Albert Einstein. 1905

schrieb er in den »Annalen der Physik« die Arbeit »Zur Elektrodynamik bewegter Körper«, deren Kernsatz lautete: »Die mißlungenen Versuche, eine Bewegung der Erde relativ zum Lichtmedium zu konstatieren, führen zu der Vermutung, daß dem Begriff der absoluten Ruhe nicht nur in der Mechanik, sondern auch in der Elektrodynamik keine Eigenschaften der Erscheinungen entsprechen... Wir wollen diese Vermutung (deren Inhalt im folgenden ›Prinzip der Relativität‹ genannt werden wird) zur Voraussetzung erheben und außerdem die mit ihm nur scheinbar unverträgliche Voraussetzung einführen, daß sich das Licht im leeren Raum stets mit einer bestimmten, vom Bewegungszustande des emittierenden Körpers unabhängigen Geschwindigkeit fortpflanzt.«

Dieses Programm führt Einstein auf den dreißig Seiten der Arbeit konsequent durch. Die damit aufgestellte, wahrhaft revolutionäre (später »spezielle« genannte) »Relativitätstheorie« hatte unglaubliche Konsequenzen. Bewegte Uhren müßten danach langsamer laufen als in Ruhe befindliche – ein Raumfahrer, der die Erde mit nahezu Lichtgeschwindigkeit verließe und wieder zurückkehrte, würde, obwohl selbst nur um ein paar Tage gealtert, seine Kinder, die bei seinem Start noch nicht schulpflichtig waren, als Greise wiedersehen. Gegenstände, die auf eine hohe Geschwindigkeit beschleunigt werden, müßten an Volumen und Masse zunehmen. Und: Gibt ein Körper Energie von der Größe E als Strahlung ab, dann verkleinert sich seine Masse um E/c^2, wobei c die Geschwindigkeit des Lichts bedeutet.

Getreu Bacons Forderung galt es nun, die geradezu absurd klingenden Voraussagen der Theorie zu prüfen. Dies allerdings stieß auf erhebliche Schwierigkeiten. Denn meßbar sind – gemäß der Theorie – diese Konsequenzen erst unter extremen Bedingungen, nämlich wenn sich Massen mit unvorstellbar großen Geschwindigkeiten bewegen beziehungsweise Energie in hoher Größenordnung abstrahlen. An eine Prüfung von beidem im Experiment war nicht zu denken.

Inzwischen haben sich die meisten aus Einsteins Theorie ergebenden Voraussagen erfüllt. In den Ringen der großen Teilchenbeschleuniger nehmen die mit nahezu Lichtgeschwindigkeit kreisenden subatomaren Partikel an Masse zu, genau nach der Einsteinschen Formel; äußerst präzise Uhren, nämlich die Zerfallszeit instabiler Strahlungsteilchen, gehen deutlich nach, wenn sie mit extrem hoher Geschwindigkeit durch den Raum geschossen werden. Und die Atombombe macht die Gültigkeit der Beziehung zwischen Masse und Energie drastisch deutlich.

Physiker, die vor allem im 20. Jahrhundert mehrere Weltbildumstürze erleben mußten, zum Beispiel auch Max Plancks Quantentheorie, haben gelernt, die von Francis Bacon vor mehr als 350 Jahren gepredigte Skepsis gegenüber wissenschaftlichen Theorien ernst zu nehmen. Die von Albert Einstein später entwickelte »Allgemeine Relativitätstheorie«, die ein unbegrenztes, gleichwohl endliches Weltall postuliert und lehrt, daß sich der Raum in Gegenwart von Masse krümmt, wird von modernen Physikern nach wie vor als Hypothese behandelt. Dies, obwohl alle nachprüfbaren, sich aus ihr ergebenden Konsequenzen ausnahmslos bestätigt worden sind.

Leider wird die von den Physikern geübte Zurückhaltung gegenüber dem Wahrheitsgehalt einer Theorie – noch? – nicht von allen Wissenschaftlern geteilt. Besonders in der Medizin und in der Psychologie wird allzu häufig gegen die wissenschaftliche Methodik des Francis Bacon gesündigt. Die ursprünglich von den Religionen beherrschte Naturbetrachtung machte noch im vorigen Jahrhundert einen prinzipiellen Unterschied zwischen Geist und Körper. Jeder Versuch, das Denken und Verhalten des Menschen auf körperliche Funktionen zurückzuführen, galt vielerorts als

verwerflich. Die von dem niederländischen Philosophen Benedictus de Spinoza (Baruch d'Espinoza) Mitte des 17. Jahrhunderts erhobene Forderung, den menschlichen Geist als Teil der Natur und darum als den Naturgesetzen unterworfen zu betrachten, ist zwar von so bedeutenden Denkern wie Kant, Nietzsche, Marx, Darwin, Kierkegaard und Bergson weitergetragen worden; doch in den meisten Universitäten der Welt ist die Psychologie bis heute eine philosophische Disziplin geblieben, nicht Bestandteil der naturwissenschaftlichen Fakultäten, wohin sie gehört.
Diese äußerliche Einordnung mag belanglos anmuten – tatsächlich müssen wir sie wohl als eine der Ursachen dafür ansehen, daß heute noch ganze Schulen der Psychologie das Ansinnen, ihre Wissenschaft den Gesetzen der naturwissenschaftlichen Methodik zu unterwerfen, weit von sich weisen. Bemerkenswert ist, daß dies besonders hartnäckig diejenigen Psychologen tun, die ihre Lehre auf die Arbeit eines Mannes gründen, der sich selbst stets als Naturwissenschaftler bezeichnet hat, Sigmund Freud.
Freilich muß eingeräumt werden, daß psychologische Forschungsgegenstände wie Liebe, Haß oder Neurose schwer definierbar und schon gar nicht etwa exakt meßbar sind. Entsprechend schwierig gestalten sich darum zeit- und ortsunabhängige, reproduzierbare Experimente. Doch unmöglich sind experimentelle Untersuchungen in der Psychologie nicht, und Meßbarkeit ist – entgegen einem weitverbreiteten Mißverständnis – für die Anwendung der wissenschaftlichen Methodik keineswegs unabdingbar.
Das mindeste, das von den Vertretern einer Lehre, deren Gültigkeit noch nicht erwiesen ist, verlangt werden kann, ist das Zugeständnis, daß sie allenfalls hypothetischen Charakter hat, also nur ein Modell ist, von dem niemand zu sagen vermag, ob es die Wirklichkeit, und sei es auch nur vage, widerspiegelt oder nicht.
Abbilder der Wirklichkeit in Modellen sind für die Wissen-

schaft von unschätzbarem Wert. Keplers mathematisches Modell der Himmelsmechanik hat nicht nur die Planetenbewegungen berechenbar gemacht, sondern auch das von seinem Zeitgenossen Kopernikus entworfene heliozentrische Weltbild, in dessen Mittelpunkt die Sonne und nicht mehr die Erde stand, gefestigt. Zudem räumte Keplers Himmelsmechanik mit den mystischen Vorstellungen von Engeln, die am Firmament Sterne bewegen, auf.

Nicht immer waren geistige Modellbauer so erfolgreich wie Johannes Kepler. Ausgerechnet Lavoisier, der, wie erwähnt, mit der Theorie des Phlogistons radikal aufgeräumt hatte, hielt an einem physikalischen Modell fest, das Wärme als einen unwägbaren Stoff erklärte. Der französische Revolutionär schlug sogar vor, diese mysteriöse Substanz in den Stand eines chemischen Elements zu erheben.

Sigmund Freud verdanken wir eine ganze Reihe von Modellen psychischer Zusammenhänge; und weil der Wiener Nervenarzt ein einfallsreicher Theoretiker war, zeichnen sich seine Hypothesen, zum Beispiel über die Bedeutung von Träumen, über das Unbewußte oder die Verdrängung, durch überzeugende Plausibilität aus. Just darin aber liegt die Gefahr.

Plausibilität ist kein Maß für Glaubwürdigkeit. Plausibel ist Newtons Welt, in der Lichtstrahlen gerade verlaufen, bewegte Gegenstände weder ihre Ausmaße noch ihre Masse ändern, die Zeit überall im Universum dieselbe ist. Aber mit Sicherheit entspricht die wirkliche Welt mehr dem unplausiblen Modell Einsteins. Plausibilität ist ein Feind der Erkenntnis. Sie verführt uns dazu, das, was uns einleuchtet, für gesichertes Wissen zu halten.

Plausibel ist das Modell von der Verdrängung und den zwei Ebenen des Seelenlebens, das Sigmund Freud und Joseph Breuer in ihren »Studien über Hysterie« ausgearbeitet haben. Die obere Ebene ist das Bewußtsein, die untere das Unbewußte. In der frühen Kindheit ist das Unbewußte noch leer, quasi nicht vorhanden. Es wird erst mittels der Verdrängung von Erlebnissen, Gefühlsregungen, Gedanken mit Inhalten gefüllt. Diese Inhalte sind die unbewußten Vorstellungen oder Motive, »traumatische Reminiszenzen« genannt. Sie haben das Bestreben, sich im Bewußtsein bemerkbar zu machen. Dieser Kraft aber wirkt eine andere entgegen, nämlich die der Verdrängung. Ist sie sehr stark, dann ist im Bewußtsein – zumindest vorübergehend – nichts zu finden, was dem Verdrängten entsprechen könnte. Ist hingegen die Verdrängungskraft nahezu null, so steht dem völligen »Auftauchen« im Bewußtsein nichts im Wege, das Verdrängte kann sich in unverhüllter Form als »symptomatische Handlung« ausdrücken. Zwischen diesen beiden Extremen liegen die psychiatrisch interessanten Fälle.

Die Verdrängung vermag die traumatische Reminiszenz nicht völlig im Unbewußten festzuhalten. Ein Ausgleich zwischen den beiden Kräften muß zustande kommen. Er macht sich als Symptom bemerkbar, in dem das Verdrängte in mehr oder weniger verkleideter Form ausgedrückt wird, meistens als Neurose. Um sie zu beseitigen, ist es erforderlich, das ihr im Unbewußten entsprechende verdrängte Motiv, die wahre Ursache also, zu entschlüsseln. Erst wenn dies in einer »Psychoanalyse« gelingt, lassen sich die verdrängten Träume ins Bewußtsein befördern und die psychischen Energien, die der Verdrängungszustand verzehrt, freisetzen.

An diesem Modell kann man allerlei psychische Phänomene in überzeugender Weise als Symptome von Verdrängungen deuten, etwa unsere Fehlleistungen. Die Tatsache, daß wir manchmal etwas durchaus Wichtiges vergessen, wird als Symptom der Verdrängung einer angstbesetzten Vorstellung oder Episode erklärt. Traum und Hypnose geben verdrängten Gedächtnisinhalten die Möglichkeit, in das Bewußtsein emporzusteigen, jedoch nicht ohne Mitwirkung eines Zensors. Er übersetzt das Verdrängte in einen Traumablauf, der den Träumer nicht aus dem Schlaf reißt. Wo dies dem Zensor nicht gelingt, entsteht der Alptraum und das quälende Erwachen daraus.

Derart in sich schlüssige Erklärungen lassen allzu leicht vergessen, daß sie nur für ein Modell gelten und mit den wirklichen seelischen Vorgängen nichts zu tun zu haben brauchen. Dessenungeachtet mag das tiefenpsychologische Modell zur Aufdeckung bislang unbekannter psychischer Tatbestände führen. So hat sich zum Beispiel in Experimenten gezeigt, daß Angst – ein typischer Auslöser für Verdrängungen – zum Verlust von Gedächtnisinhalten führen kann. Und es ist keineswegs ausgeschlossen, daß psychoanalytische Therapien unter bestimmten Umständen wirksam sein können, selbst wenn vielleicht deren Basis, das Verdrängungsmodell, nicht stimmen sollte. Analoges haben wir ja schon am Beispiel der Phlogistontheorie gesehen. Sie hatte sowohl der chemischen Forschung als auch der chemischen Technik wertvolle Anstöße gegeben, obwohl sie definitiv falsch ist. Zum Glück erwies sich dies rechtzeitig. Denn es hätte sich zum Beispiel bei der industriellen Anwendung fehlerhafter »Erkenntnisse« aufgrund der Theorie leicht ein Unglück ereignen können. Immerhin ging es um den vermeintlichen Feuerstoff, also um Verbrennungsvorgänge und Explosion.

Analog ist es nicht ausgeschlossen, daß die Behandlung psychisch Kranker mit einer Therapie, deren Basis wissenschaftlich nicht gesichert ist, zu gesundheitlichem Schaden des Patienten führt.

Nicht allein die verführerische innere Stimmigkeit des tiefenpsychologischen Modells, sondern auch unser Interesse an allem, was unser tiefstes Inneres durchleuchtet, hat zur enormen Verbreitung dieser Lehre geführt – und dazu, daß sie bald als wissenschaftlich gesichert galt. Dazu tragen in fahrlässiger Weise auch weltbekannte Wissenschaftler wie der Psychoanalytiker Erich Fromm bei, der gerne von den »Entdeckungen« der Tiefenpsychologie spricht, obwohl er selbstverständlich weiß, daß er allenfalls von Vermutungen sprechen dürfte.

Sigmund Freud und seine fachkundigen Nachfolger haben sich beim Entwurf des Modells immerhin auf klinische Erfahrungen berufen können. Doch bald begannen Leute ohne jedes psychologische oder psychiatrische Training, die Theorie nach Gutdünken zu erweitern und sich sogar eigene Psychotherapien auszudenken. In der Bundesrepublik dürfen dank eines von Rudolf Heß inspirierten Gesetzes aus der Nazizeit solche Selfmade-Therapeuten Patienten gegen Honorar behandeln. Dafür braucht der künftige Seelenheiler nur in einer lächerlichen Prüfung für die Zulassung als Heilpraktiker hersagen zu können, was ihm verboten ist – zum Beispiel rezeptpflichtige Medizin zu verschreiben oder Geschlechtsteile zu behandeln.

In der Medizin ist es eher die Ausnahme denn die Regel, daß ein Heilverfahren wissenschaftlich begründet werden kann. Dessenungeachtet aber ist in den meisten Fällen ihre Wirksamkeit im kontrollierten klinischen Experiment nachzuweisen, dies wird zum Beispiel bei der Einführung neuer Arzneimittel sogar verlangt. Gleichermaßen wäre es nicht notwendig, die Gültigkeit des tiefenpsychologischen Modells nachzuweisen, um die von ihm hergeleitete Psychoanalyse als wirksames Heilverfahren wissenschaftlich abzusichern. Auch hier würde eine klinische Prüfung vollauf genügen.

Die aber stößt auf enorme Schwierigkeiten. Denn der Theorie nach kann die Therapie nicht kurzfristig wirksam sein. Darum bleiben die Patienten lange, manchmal jahrelang in der Behandlung. Innerhalb so großer Zeiträume aber können unzählige Ereignisse, die mit der Therapie in keinem Zusammenhang stehen, den Kranken psychisch beeinflussen. Zudem ist erwiesen, daß seelische Störungen ohne jegliche Behandlung verschwinden können, manchmal schon sehr bald nach ihrem ersten Auftreten, manchmal erst nach Jahren, und niemand weiß, warum dies so ist. Prüfen aber läßt sich die Wirksamkeit einer Therapie nur, wenn ein Vergleich der behandelten mit einer unbehandelten Krankheit unter gleichen Lebensbedingungen angestellt werden kann. Dies ist hier, wie übrigens auch bei anderen Psychotherapien, nicht möglich. Selbstverständlich spricht dies nicht dagegen, daß die Psychoanalyse vielleicht eine erfolgreiche Therapie sein kann, aber eben leider auch nicht dafür.

Ebenso verhält es sich mit den möglichen schädlichen Nebenwirkungen einer Therapie. Auch sie lassen sich nur eingrenzen, wenn Krankheitsverläufe vorhersehbar und Umwelteinflüsse standardisierbar sind. Beides ist im Bereich der psychischen Krankheiten nicht gegeben.

Vom Standpunkt der wissenschaftlichen Methodik betrachtet, ist darum jede Psychotherapie als ein Experiment mit ungewissem Ausgang zu werten. Dies mag noch hingehen, wenn die Experimentatoren erfahrene Psychiater sind, die gelernt haben, beginnende seelische Veränderungen zu diagnostizieren und daraufhin notfalls eine Behandlung abzubrechen. Unvertretbar sind solche Menschenversuche mit Sicherheit aber dort, wo sie von Laien oder in Laiengruppen ausgeführt werden. Bemerkenswert ist in diesem Zusammenhang, daß gerade dieser Psychoszene viele Frauen und Männer angehören, die gegen Tierversuche auf die Barrikaden steigen.

Aller dieser Unsicherheiten wegen hat es nicht an Versuchen gefehlt, das Werkzeug der wissenschaftlichen Methode an der Wurzel anzusetzen, am Modell. Das aber bedeutet Experimentieren, und weil Tiere hierfür unbrauchbar sind, müssen Menschen dafür herhalten.

Hier zeigt sich nun eine bemerkenswerte Ungereimtheit. Wenn es stimmt, was die Tiefenpsychologie lehrt, dann

sind die Wechselwirkungen zwischen Bewußtsein und Unbewußtem äußerst delikat. Ein alltägliches Ereignis während der Kindheit, das jedoch mit einer besonderen Stimmungslage zusammenfällt, kann – so die Theorie – ins Unbewußte verdrängt und zur Ursache für eine Neurose werden, unter der diese Person ihr ganzes Leben lang zu leiden haben wird. Weil zum Beispiel der Vater versehentlich die heißgeliebte Puppe zertreten hat und dies in einer Phase, in der sich die kleine Tochter in einem emotionellen Konflikt mit ihrer Geschlechtlichkeit befand, wird ihr Dasein fortan von einem Widerwillen gegen Männer geprägt. Ein geringfügiger Anlaß also vermag hier einen lebenslangen Konflikt auszulösen – nach der Theorie.
Wer dies für gegeben erachtet oder auch nur für möglich hält, müßte vor jeder experimentellen Manipulation des Unbewußten – strenggenommen auch vor der Psychoanalyse – zurückschrecken. Einige verantwortungsbewußte Tiefenpsychologen warnen darum vor Explorationen in Bereichen unterhalb der Bewußtseinsebene – was ihnen wiederum von manchen Gegnern ungerechterweise als Vorwand angekreidet wird, um exakte wissenschaftliche Nachprüfungen der Lehre zu verhindern. Andere haben da weniger Skrupel. Sie experimentieren munter drauflos, wohl im Vertrauen darauf, daß nicht alles so dramatisch sein wird, wie es die Lehre beschreibt.
Daneben gibt es natürlich Experimentalpsychologen, die den Zusammenhang zwischen unbewußten Motiven und Seelenstörungen für Unsinn halten. Diese Forscher gehen für gewöhnlich davon aus, daß die Evolution bei der Entwicklung unserer Spezies schon dafür gesorgt hat, daß wir gegen seelische Infektionen im allgemeinen immun sind. Dafür gibt es ja auch recht handfeste Indizien. Eines davon bezieht sich auf die Traumata in der Kindheit:
Während der Bombennächte im Zweiten Weltkrieg sind Millionen von Kindern jeden Alters unzählige Male in

Situationen geraten, die alles boten, was sich an Auslösern psychischer Traumata ausdenken läßt. Säuglinge, Kleinst- und Kleinkinder wurden aus dem Schlaf gerissen, bei ohrenbetäubendem Lärm heulender Sirenen und krachender Explosionen in einen stickigen Keller gebracht, in dem fremde, vor Angst zitternde Gestalten beieinanderhockten, die bei jeder Detonation zusammenzuckten, aufschrien, beteten. Viele dieser Kinder mußten die Flucht durch brennende Straßen, oft in den Armen fremder Personen, erleben, hatten plötzlich den Mund zu halten, weil Menschen, die offenbar Böses taten, in der Nähe waren ... Aber keine Statistik läßt erkennen, daß bei dieser Generation in den Jahren und Jahrzehnten danach eine signifikante Häufung von seelischen Störungen oder Krankheiten zu verzeichnen ist.

Ein Indiz ist kein Beweis, darum macht die bemerkenswerte Unempfindlichkeit der Kriegskindergeneration gegen Traumata das tiefenpsychologische Modell nicht gleich unbrauchbar, es stellt es nur in Frage. Insbesondere läßt sich daraus gewiß nicht die Folgerung herleiten, Experimente mit dem – vermeintlich? – Unbewußten könnten keinen Schaden anrichten.

Aller Bedenken ungeachtet, experimentieren Psychologen an der menschlichen Seele, so, als sei sie ein Stück Materie vom Mond oder eine Zellkultur. Weil sich der Theorie entsprechend im Traum das Unbewußte »öffnet«, ergo besonders leicht zugänglich sein müßte, werden Frauen und Männern während des Schlafs Botschaften eingeflüstert, gelegentlich von milden Elektroschocks begleitet, um zu ermitteln, ob sich dies später, im Zustand des Bewußtseins, irgendwie bemerkbar macht. Bisher haben alle diese Versuche kein erkennbares Resultat gebracht. Die Betonung liegt hier auf »erkennbar«. An die Botschaft an den Schlafenden – das gleiche gilt für Hypnotisierte – kann sich der Erwachende nicht mehr erinnern, und auch sein Verhalten hat sich dadurch nicht meßbar verändert. Aber wer weiß, ob die Einflüsterung nicht irgendwann einmal in der Zukunft plötzlich virulent wird, eine Krankheit oder Untat hervorruft? Seelische Spätfolgen sind doch gerade das Fundament der Psychologie des Unbewußten; sie zu erkennen hat Freud sein Leben lang gepredigt.

Warum sollten sie nicht möglich sein? Schließlich kennen wir physische Spätfolgen zur Genüge. Das bißchen Zuviel an Sonnenbestrahlung heute macht sich erst in zwanzig Jahren als Hautkrebs bemerkbar. Bei einer jungen Frau bildet sich plötzlich eine bösartige Geschwulst, der Grund: Bevor sie geboren war, hatte sich ihre Mutter auf Anraten des Arztes eine Salbe in die Brust massiert, um sie ein wenig zu straffen. Das Medikament enthielt das Sexualhormon Diäthylstilböstrol.

Die umfangreiche Fachliteratur weist aus, daß ungeachtet solcher Überlegungen Versuchspersonen bedenkenlos psychischen Manipulationen ausgesetzt werden. Und weil in der Psychologie – zum Leidwesen gewissenhafter Forscher – die Grenze zwischen Wissenschaft und Scharlatanerie fließend ist, fehlen auch nicht die Pseudopsychologen, die gar nicht erst abwarten wollen, welche Ergebnisse sich aus diesen Humanexperimenten ergeben, sondern die ihnen zugrundeliegenden Ideen in Profit ummünzen. Zumeist schneidern sich diese Geschäftemacher eine vereinfachte Version der Theorie zurecht, die ihren Patienten oder Kunden leichter einleuchtet als komplizierte Abhandlungen über das Ich, das Es oder den Ödipuskomplex.

Beliebt ist die psychische Dampfmaschine – die freilich nicht so bezeichnet wird. Unbehagliches, Angst, Ärger, Streß, Klassenhaß werden ins Unterbewußtsein verdrängt. Dies scheint eine Art Druckgefäß zu sein; denn je mehr dort hineingedrängt wird, desto stärker erhöht sich der Druck. Aggressionsdruck wird er gerne genannt. Wehe, wenn er zu stark wird. Dann nämlich kommt es zur Explosion: Die Frau wird verprügelt, das Auto zu Bruch gefahren oder ein Mord begangen. Manche dieser Pseudopsychologen predigen sogar, daß aus aufgestauten Aggressionen Kriege entstehen, wohl als Zusammenwirken einer ganzen Batterie von explodierenden Psychokesseln. Um so Schreckliches zu verhindern, braucht der Mensch ein Ventil; denn der Aggressionsdampf muß entweichen. Also – hier beginnt das Geschäft – müssen Ventile geöffnet werden. Das versprechen Kliniken, in denen sich Patienten ausleben, ausheulen oder ausschreien sollen (wenn Dampf entweicht, zischt und piept es ja auch); das propagieren unzählige Gruppen, deren Mitglieder ihre Ängste und Haßgefühle in Zeichnungen, Tänzen und Laientheater-Aufführungen darstellen oder einander beschimpfen, lieben, schlagen.

Die Initiatoren solcher Psychozentren und ihre Kunden lesen fast jeden Montag in der Zeitung, daß Fußballfans, die sich am Spielfeld schreiend, randalierend, singend und prügelnd haben ausleben können, nach dem Schlußpfiff nicht etwa vom Aggressionsdruck befreit sind, sondern, im Gegenteil, jetzt erst anfangen, ihre Mitmenschen zu quälen, Schaufenster oder Zugabteile zu zertrümmern, Häuser in Brand zu stecken.

Hier zeigt sich, daß nicht nur Wissenschaftler an ihren liebgewonnenen Modellen und Theorien hängen. Daß unsere Psyche ein Dampfkessel mit zuweilen verstopften Ventilen sei, ist eben ein eindrucksvolles Bild. Erstaunlicherweise verehren es besonders diejenigen Menschen, die den Naturwissenschaftlern gerne ein allzu materialistisches und simplifizierendes Weltbild vorwerfen.

Wenn es um die Seele geht, werden die Menschen leichtgläubig. Religionsstifter und Wunderheiler, Gaukler und Sektenfürsten haben es von jeher zu nutzen gewußt. Mit zunehmender wissenschaftlicher Bildung hat sich lediglich deren Verkaufsstrategie geändert. Der Nürnberger Trichter aus dem Mittelalter ist heute ein Kassettenrecorder mit angeschlossenem »Flüsterlautsprecher«. Er wird unter das Kopfkissen gelegt, eine Kassette wird eingeschaltet, und während der Lernwillige allmählich einschlummert, vernimmt sein offenbar auf Unterbewußtsein umgeschaltetes Ohr das Ableiern von Vokabeln oder Formeln der Arithmetik. »Lernen im Schlaf« verspricht die Firma, die das Gerät verkauft und dazu behauptet, der Erfolg sei wissenschaftlich erwiesen.

Wie schon erwähnt, sind alle Experimente, bei denen Schlafenden oder Hypnotisierten auch nur die einfachsten Gedächtnisinhalte eingeflößt werden sollten, ergebnislos verlaufen. Das erfahren nach einiger Zeit auch die Käufer der zumeist teuren Apparaturen an sich selbst. Darum verschwinden die Psychoprodukte periodisch vom Markt, jedoch nur, um bald wieder feilgeboten zu werden, wenn über die Erkenntnis ihrer Wirkungslosigkeit Gras gewachsen ist – es wächst offenbar in wenigen Jahren.

Der Schlaf bietet nicht den einzigen direkten Zugang zum Unbewußten. Schon vor der Jahrhundertwende waren Forscher auf die Idee gekommen, das Vorhandensein der »unterschwelligen Wahrnehmung« zu testen. Psychoanalytiker glauben, erfahren zu haben, daß sich Patienten während einer Analyse an Eindrücke erinnern, die sie nicht bewußt aufgenommen haben. Eine Patientin vermag plötzlich Sätze wiederzugeben, die jemand bei einer Party gesprochen hat, während sie sich mit einer anderen Person unterhielt. Buchtitel aus einer Bibliothek, die jemand nur oberflächlich aus der Ferne betrachtet hat, werden genannt, die Einrichtung eines Zimmers, in dem sich ein Patient nur vorübergehend aufgehalten hat, werden von ihm bis in die kleinsten Einzelheiten minutiös beschrieben.

Utopisten wie Aldous Huxley oder George Orwell haben Schilderungen solcher Phänomene begierig aufgenommen und zu Methoden der Verhaltensmanipulation weitergesponnen. In Experimenten freilich wollte sich die unterschwellige Wahrnehmung – wissenschaftlich »subliminale Perzeption« genannt – allenfalls als geringfügige Abweichung vom statistischen Zufall zeigen. Die Methoden waren anfangs auch wenig vertrauenerweckend. Einen der ersten Berichte über solche Versuche verfaßten vor hundert Jahren C. S. Peirce und J. Jastrow. In zwei Experimenten, an denen jeweils eine Person teilnahm – einmal Peirce, einmal Jastrow –, ermittelten die Autoren, daß sie kaum meßbare Gewichtsunterschiede von Gegenständen, die sie in die Hand nahmen, mit einer über dem Zufall liegenden Häufigkeit »erraten« konnten. Sehr überzeugend war das Ergebnis allerdings nicht, zumal die Frage, bei welchen Gewichtsunterschieden die Schwelle der Wahrnehmbarkeit zu legen ist, keineswegs befriedigend definiert worden war.

In einem 1904 beschriebenen Experiment berieselte der britische Psychologe K. Dunlap Versuchspersonen mit einem Dauerton, der so leise war, daß er – jedenfalls nach Meinung des Autors – bewußt nicht wahrgenommen werden konnte. Als er den Ton gelegentlich unterbrach, wurde dies jedoch von einigen Probanden bemerkt.

Wörter, extrem leise zugeflüstert, Bilder, die in so großer Entfernung gezeigt wurden, daß Einzelheiten nicht erkennbar waren, optische Täuschungen, hervorgerufen von äußerst feinen und darum nicht ins Auge fallenden Schattierungen, wurden in einigen Versuchen »unterschwellig« erfaßt, bei Wiederholungen der Versuche durch andere Forscher dann wieder nicht. Kurzum, die unterschwellige Wahrnehmung war – jedenfalls mit der gebotenen naturwissenschaftlichen Skepsis betrachtet – nicht nachweisbar.

Doch Mitte der fünfziger Jahre schlug eine Bombe in die Szene dieser psychologischen Forschungsrichtung ein. Auf der Titelseite ihrer Ausgabe vom 10. Juni 1956 berichtete die britische Zeitung »Sunday Times« von einer Sensation aus der Neuen Welt. »Invisible Advertisements«, unsichtbare Inserate, stand über dem Artikel, dessen Unterzeile »Sales through the subconscious« auf Methoden hinwies, vermittels Einflußnahme auf das Unbewußte Menschen zum Kauf von Waren zu verleiten. Daß diese »geheime Verführung« möglich sei, habe ein psychologischer Versuch in Amerika gezeigt, behauptete der Autor.

Die Experimentatoren hätten an mehreren Stellen eines Spielfilms eine lecker aussehende Portion Speiseeis eingeblendet, die jedoch nur während eines Sekundenbruchteils auf der Leinwand erschien. Kein Mensch könne eine so kurze Darbietung bewußt wahrnehmen, geschweige denn, das Dargebotene erkennen. So hätten denn auch die Zuschauer nicht das geringste bemerkt. Gleichwohl sei aber in der Pause nach dem Film auffallend viel mehr Eis verkauft worden als bei Vorführungen desselben Films im selben Kino zur gleichen Tageszeit, jedoch ohne die Einblendungen.

Unser Unterbewußtsein, so belehrte der Korrespondent seine Leser, könne Eindrücke wahrnehmen, für die das Bewußtsein zu träge sei. An solche Eindrücke vermögen wir uns zwar nicht zu erinnern, doch könnten sie unser Verhalten beeinflussen. Aus dem Kinoversuch ergäben sich »weitreichende und wenig wünschenswerte Aussichten«, unkte der Berichterstatter, und er deutete an, daß sich Werbeagenturen, vielleicht gar politische Parteien oder andere Interessengruppen solche Methoden zunutze machen könnten, um uns zu bestimmten Entscheidungen oder Handlungen, die unserer Persönlichkeit vielleicht gar nicht entsprächen, zu verleiten.

Die Resonanz auf diesen Artikel muß wohl eher verhalten gewesen sein; denn die »Times« druckte in der nächsten Ausgabe lediglich zwei Leserbriefe zu dem Thema ab.

Beide waren von bekannten Experimentalpsychologen, D. W. Forrest und B. R. Singer, geschrieben, die sich zu jener Zeit mit einem einschlägigen Forschungsthema beschäftigten, nämlich mit der Bestimmung von Wahrnehmungsschwellen. Die beiden Fachleute rieten dringend zu Skepsis gegenüber solchen Meldungen und legten dar, wie schwierig der Nachweis unterschwelliger Wahrnehmung sei.

Diese Warnung schien wohl beherzigt worden zu sein. Jedenfalls wurde in der Folgezeit kein weiteres Echo auf den Artikel abgedruckt. Anders verhielt sich ein Jahr später die Leserschaft des New Yorker »Wall Street Journal«. Ihr Korrespondent C. Henderson berichtete über eine Pressekonferenz, die in New York stattgefunden hatte.

Ein Werbefachmann, J. M. Vicary, Inhaber der soeben gegründeten New Yorker Agentur »Subliminal Projection Co. Inc.« referierte über den Erfolg einer von seinem Psychologenteam entwickelten »neuen Werbetechnik«. Im »Fort Lee Theater«, einem Kino in der nicht weit von New York entfernten Stadt Fort Lee (US-Staat New Jersey), habe die Erprobung stattgefunden.

Wie in dem vor Jahresfrist in England veröffentlichten Fall – möglicherweise hatte es sich damals um einen absichtlich im Ausland gestarteten »Versuchsballon« des Mister Vicary gehandelt – seien in den laufenden Spielfilm ungefähr alle fünf Sekunden ultrakurze Einblendungen von Werbung für Coca-Cola und für Popcorn geblitzt worden. Niemand habe dies bewußt wahrnehmen können – in anderen Reportagen über dieselbe Veranstaltung war die Einblendungsdauer mit einer dreitausendstel Sekunde angegeben, in der Tat eine unter der Wahrnehmungsschwelle liegende Exposition. Dennoch habe das Verfahren verblüffende Folgen gehabt: Während des sechswöchigen Tests, an dem 45 699 Kinobesucher unwissentlich teilgenommen hätten, habe an den Coca-Cola-Automaten der Getränkeverkauf um 18,1 Prozent höher gelegen als vor dem Experiment, beim Popcornstand sei der Absatz sogar um 57,7 Prozent emporgeschnellt.

»Die Zuschauer haben sich zum Konsum geradezu gezwungen gefühlt«, soll Vicary voller Jubel ausgerufen haben. Doch nähere Einzelheiten wollte er nicht preisgeben, denn seine Firma hatte das Verfahren zum Patent angemeldet, und angeblich wurde dessen Originalität noch amtlich geprüft.

Wie ein Lauffeuer verbreitete sich die Nachricht vom unterschwelligen Kaufzwang. Zwar waren hier und dort Stellungnahmen ungläubiger Fachleute zu lesen; doch überwogen bei weitem die Kommentare, die allesamt nach demselben Muster gestrickt waren: »›1984‹ ist 27 Jahre zu früh gekommen«, »Marionetten der Werbung und Propaganda sind wir geworden«, »Wer schützt uns vor der Manipulation?«. Einige Kolumnisten rückten plötzlich mit dem heraus, was sie immer schon gewußt haben wollen, nämlich, daß schon SS-Leute unterschwellig für ihre Greueltaten motiviert worden seien, daß der sowjetische Rundfunk seit langem Musik- und Unterhaltungsprogramme mit unhörbar geflüsterten Propagandaparolen überlagere, daß in der Werbung des US-Fernsehens subliminale Bild- und Tonspots gang und gäbe seien. Angeklagte würden unterschwellig zu Geständnissen verleitet, Sekten fingen mit ähnlichen Methoden ihre Opfer ein.

Zu diesen Legenden gesellte sich eine handfeste Nachricht: Die britische Rundfunkgesellschaft BBC hatte schon 1956 – möglicherweise angeregt durch den vagen Bericht in der »Sunday Times« – mit einer unterschwelligen Nachricht experimentiert. In einer Folge der Fernsehsendereihe »A Question of Science« wurde für die Dauer von einer fünfundzwanzigstel Sekunde ein einziges Mal die »Nachricht« eingeblendet: »Pirie bricht Weltrekord.« Gordon Pirie war zu jener Zeit ein bekannter britischer Langstreckenläufer.

Am Ende des Programms forderte der Moderator die Zuschauer auf, der Redaktion mitzuteilen, ob ihnen etwas Ungewöhnliches während der Sendung aufgefallen sei. Von den – geschätzten – 4,5 bis 6 Millionen Zuschauern hatten daraufhin 430 an den Sender geschrieben, und 20 von ihnen sollen die versteckte Meldung korrekt wiedergegeben haben.

Der vergleichsweise harmlose Versuch stützte allenfalls die gelegentlich geäußerte Vermutung, daß es Personen gibt, die eine schriftliche Mitteilung, die ihnen nur vierzig Millisekunden lang präsentiert wird, lesen können. Die nunmehr für alles Unterschwellige sensibilisierte angloamerikanische Öffentlichkeit aber empfand das BBC-Experiment als Einbruch in die Psyche, als Vertrauensbruch an den Zuschauern. Daß die Sendung mit dem ausdrücklichen Hinweis auf ein »möglicherweise interessantes Experiment« begonnen hatte, wurde nicht als Entschuldigung akzeptiert. Und auf das Buch zum Thema brauchte die Öffentlichkeit nicht lange zu warten: Vance Packard schrieb es, »Die geheimen Verführer«, ein Bestseller natürlich.

Wie zu erwarten, fanden sich alsbald auch Wissenschaftler, die ihren Ruf in das neue, vielversprechende Geschäft einbrachten. In New Orleans gründete Professor R. E. Corrigan, der jahrelang Forschungen auf dem Gebiet der Wahrnehmungsschwelle betrieben hatte, zusammen mit dem Neurologen H. C. Becker die Firma »Precon Process and Equipment Corporation«, die zunächst ankündigte, sie wolle sich vornehmlich um Aufträge der Filmindustrie bemühen. Mit unterschwellig wirksamen Einblendungen in emotionsgeladenen Filmszenen versprachen die Wissenschaftler eine Steigerung der Erregung und damit der Beliebtheit des Streifens. Im Patentantrag der Firma war dann allerdings auch von Unterricht, Werbung, politischer Propaganda und psychologischer Kriegführung die Rede.

Amerikanische Fernsehanstalten standen der neuen Psychotechnik keineswegs ablehnend gegenüber. Möglicherweise ließen sich die störenden Unterbrechungen des Programms durch Werbesendungen mittels unterschwelliger Reklamespots ersetzen, erklärte eine TV-Station, dies würde der Zuschauer sicher begrüßen. Der aber verbat sich solches Ansinnen energisch und zwang die für das Fernmeldewesen zuständige Behörde »Federal Communications Commission« (FCC) zu ermitteln, ob vielleicht schon die eine oder andere TV-Station das neue Verfahren eingesetzt habe. Ja, es sei schon einmal probiert worden, mußte die FCC zugeben, aber die Einblendungen hätten sich als störend erwiesen, weil sie so lange auf dem Bildschirm gestanden hatten, daß sie wahrgenommen wurden, jedoch nicht lange genug, um verstanden zu werden.
Tatsächlich lassen sich, wie die Organisation der amerikanischen Rundfunk- und Fernsehgesellschaften, »National Association of Radio and Television Broadcasters«, mitteilte, im Fernsehen keine Bilder senden, die nur für die kurze Dauer von weniger als einer Millisekunde auf dem Bildschirm stehen. Aus diesem Grunde schon scheitere hier die Anwendung der subliminalen Beeinflussung. Immerhin beschäftigte sich das Gremium der Fernsehgewaltigen noch lange mit dem Thema, bis es sich 1966 dazu verpflichtete, keine »unterschwellige Werbung oder ähnliche Beeinflussungsmethoden« einzusetzen.
Ungeachtet der Beschwichtigungen berieten der US-Kongreß und Parlamente mehrerer Bundesstaaten über Gesetzesvorlagen, die »hinterlistige Reklame« vorsorglich unter Strafe stellen sollten.
Mister Vicary aber wollte sich das Geschäft nicht verderben lassen. Er meinte, wer das neue Werbeverfahren an sich selbst gespürt habe, müsse von dessen Harmlosigkeit überzeugt sein, und lud darum im Januar 1958 Kongreßabgeordnete und Beamte der FCC zu einer Demonstration in

ein Fernsehstudio der Bundeshauptstadt Washington, D. C., ein. In seinem einleitenden Vortrag hatte Vicary erklärt, die unterschwellige Beeinflußbarkeit sei von bekannten Forschern auf den Gebieten der Medizin und der Psychologie erwiesen. Mit dem Hinweis auf Mediziner hat der versierte Werbefachmann wohl selbst ein wenig unterschwellige Beruhigung der Gemüter herbeiführen wollen – wenn sich sogar Ärzte damit befaßt haben ...

Ein Western wurde gezeigt und alle paar Minuten eine der beiden »Botschaften« eingeblendet: »Eat Popcorn« und »Fight Polio« – die Polioschutzimpfung war damals gerade erst eingeführt worden. Die Illustrierte »Life« berichtete über diese Vorführung in einem Beitrag, dessen Überschrift zwar ankündigte, die »versteckte Verkaufstechnik« sei schon fast Wirklichkeit, jedoch einräumen mußte, daß die Washingtoner Demonstration nicht sonderlich überzeugend gewesen sei.

Immerhin verabschiedete der Kongreß des Bundesstaats New York im März 1958 ein Gesetz, das jede Art von unterschwelliger Werbung verbot. Auch im Nachbarstaat New Jersey wurde ein solches Verbot diskutiert. Ein Untersuchungsausschuß wurde einberufen und ein Fachgutachten bestellt. Die Gutachter kamen zu einem vernichtenden Verdikt: »Die Wirkung unterschwelliger Projektionen auf uns dürfte so unmerklich sein wie die projizierten Bilder selbst.« Für unwirksam erklärten auch kalifornische Gutachter das gefürchtete Verfahren, weshalb sie dessen ausdrückliches Verbot für unnötig hielten. Ein solches Gesetz würde nur Komplikationen hervorrufen, weil keine Aussicht bestehe, daß es jemals bundesweit eingeführt werden könnte.

Selbstverständlich bemühten sich auch die Verbände der Werbewirtschaft um die Klärung des Effekts unterschwelliger Informationen. Ihre Urteile fielen jedoch etwas vage aus, wohl weil einige ihrer Mitgliedsfirmen davon betroffen waren. Die Wirksamkeit solcher Methoden sei nicht hinreichend belegt, weshalb kein abschließendes Urteil möglich sei, hieß es da, überdies müsse noch näher erforscht werden, in welcher Weise sich subliminale Botschaften beim Konsumenten auswirkten.

Und die Wissenschaftler? Nur wenige Monate nach Vicarys Vorführung in Washington fand an der Universität von Michigan ein Symposium statt, an dem sich namhafte Forscher beteiligten. Das Thema: »Advertising and the Subconscious« (»Werbung und das Unterbewußtsein«). Nicht nur die Fachwelt hoffte, von den in Ann Arbor versammelten Experten endlich ein klärendes Wort zu hören. Niemand sprach es. Einer der Teilnehmer, R. L. Cutler, verkündete, die Möglichkeit, Menschen unterschwellig zu beeinflussen, sei zwar noch nicht endgültig bewiesen, doch müsse sie als wahrscheinlich gelten. Der Wissenschaftler wandte sich außerdem gegen ein Verbot solcher Werbemethoden, wegen der »überwältigenden positiven Aussichten, die sie eröffneten«. Ein anderer Fachmann referierte gar über eigene, überzeugende Experimentalergebnisse mit stroboskopischen Präsentationen von Werbeaussagen.

Die großen Radio- und Fernsehanstalten der Vereinigten Staaten ließen die Finger von dem heißen Eisen, doch lokale Stationen konnten der Versuchung nicht widerstehen, ein wenig mit unterschwelligen Mitteilungen herumzuspielen. Der örtliche Fernsehsender WTWO von Bangor im bevölkerungsarmen Maine veranstaltete einen zweiwöchigen Test. An jedem zweiten Tag unterbrach die Station alle elf Sekunden ihr Programm für die Dauer von einer sechzigstel Sekunde, während der sie die Aufforderung »Schreib an WTWO« auf den Bildschirm brachte. Angeblich soll dies eine Steigerung der Zuschauerbriefe um ein Prozent bewirkt haben.

Auf ähnliche Weise ermunterte der Radiosender KYA in San Franzisko seine Hörer zum Briefschreiben; er will

daraufhin 87 Zuschriften erhalten haben. In Seattle experimentierte der Radiosender KOL mit der musikunterlegten Kurzbotschaft »How about a cup of coffee«, woraufhin ganze drei Hörer Kaffee getrunken haben sollen.
Experimentalpsychologen stellten allerlei Versuche an, bei Zuschauern von Kinofilmen, bei Studenten während einer Vorlesung oder bei Zuhörern von Schallplattenvorführungen mittels unauffälliger Anreize wie sehr schwach beleuchteter und darum kaum wahrnehmbarer Schrifttafeln, blitzartig erscheinender Bilder oder äußerst leiser Einflüsterungen bestimmte Empfindungen wie Hunger, Durst oder Liebesbedürfnis zu wecken. Nie stellte sich ein auch nur annähernd so frappierender Erfolg ein, wie ihn Mister Vicary erzielt haben wollte. Wohl aber gab es positive Resultate, die mit Hilfe statistischer Methoden aus den Testprotokollen herausgekitzelt wurden. Sonderlich eindrucksvoll war dies zwar nicht, aber es genügte, um die Wahrscheinlichkeit nicht null werden zu lassen, daß wir unterschwellig zu allerlei Verhaltensänderungen überredet werden können.
So geriet denn auch die subliminale Perzeption allmählich in die Lehrbücher. Der amerikanische Mathematiker und Gründer der Kybernetik, Norbert Wiener, hat einmal gesagt: »Mit Lehrbüchern ist es wie mit Möbeln. Wenn sich einmal in einem Schrank der Holzwurm eingenistet hat, steckt er bald auch in allen anderen Möbelstücken.« Nachdem die subliminale Wahrnehmung in »Social Psychology« von Secord und Backman Eingang gefunden hatte, pflanzte sie sich in vielen anderen einschlägigen Lehrwerken fort, bis in Irles »Lehrbuch der Sozialpsychologie«, das 1975 in Göttingen erschienen ist.
Inzwischen aber hatte sich ein verdächtiges Stillschweigen über das Thema verbreitet. Ein Grund dafür ist in der Literatur nicht auszumachen. Kein prominenter Gelehrter hat einen eindrucksvollen Gegenbeweis publiziert, nie-

mand hatte ein Machtwort gesprochen. Unterschwellige Beeinflussung war urplötzlich kein Thema mehr.

Wissenschaft ist zwar ein öffentliches Unternehmen, ihre Theorien und Resultate kann jedermann lesen – ausgenommen natürlich die Kriegsforschung. Aber Wissenschaft erschöpft sich nicht im öffentlichen Diskurs. Diejenigen, die sie betreiben, sind wie alle Menschen mit gemeinsamen Interessen auch durch private Mitteilungskanäle miteinander verbunden, dazu gehört das Kollegengespräch beim Kongreß oder die Korrespondenz zwischen den Herausgebern einer Fachzeitschrift. Diese Kommunikationsebene ist von unschätzbarem Wert. In der Regel funktioniert sie als Sieb, das zweifelhafte Beiträge zur Wissenschaft von den für verläßlich erachteten scheidet. Manche originelle Theorie, manch überraschende Entdeckung ist beim ersten Anlauf dieser inoffiziellen Zensurstelle zum Opfer gefallen. Zugleich aber ist fraglos viel Unsinn ausgefiltert worden.

Diese zweite Kommunikationsebene funktioniert jedoch auch als stabilisierendes Element in der Gemeinschaft der Wissenschaftler. Sie kann auf Autoritäten nicht verzichten; denn die Spezialisierung hat es mit sich gebracht, daß niemand mehr ein ganzes Fachgebiet beherrscht. Der Krebsforscher kann nicht ein Spezialgebiet der Genetik von Grund auf studieren, um Antwort auf eine bestimmte Frage aus diesem Gebiet zu bekommen. Er muß einen Spezialisten fragen, aber er braucht eine Versicherung dafür, daß auf dessen Auskunft Verlaß ist. Die holt er sich von einer Autorität. Viel ist über diese »Päpste« gelästert worden, und es kann nicht geleugnet werden, daß sie manchen Fortschritt in der Wissenschaft gebremst haben. Doch ohne sie wäre das System Wissenschaft lange schon ein undurchdringliches Dickicht geworden, gäbe es keine Orientierungsmöglichkeiten mehr.

Darum ist das System darauf bedacht, seine Pfeiler, die

Autoritäten, vor dem Sturz zu bewahren. Dies geschieht auf der erwähnten zweiten Kommunikationsebene der Wissenschaft. Sie wird so zum Netz für allzu waghalsige Akrobaten im Zirkus der Lehre und Forschung. Denn auch Autoritäten irren gelegentlich. Einsteins gern zitierte Bemerkung, »Ich kann nicht glauben, daß Gott mit der Welt Würfel spielt«, charakterisiert einen Irrtum des berühmten Physikers. Mit dieser Metapher wollte er sein Mißfallen über die Konsequenzen ausdrücken, die der französische Prinz Louis de Broglie, der Däne Niels Bohr und der Deutsche Werner Heisenberg aus seiner Theorie gezogen hatten: Die Natur sei letztlich nicht exakt zu beschreiben, ihre Gesetze hätten allenfalls statistische Gültigkeit.

Sigmund Freud glaubte fest an die »wissenschaftliche Entdeckung« des Berliner Chirurgen Wilhelm Fliess. Dieser hatte sich eine lächerliche Zahlenmystik ausgedacht, nach der bestimmte Zyklen das Leben eines Menschen beherrschen. Diese Zyklen waren auf den beiden Zahlen 23 und 28 aufgebaut. Doktor Fliess war so besessen von diesem Zahlenpaar, daß er bald alles, Zahlen, Daten oder Zeitspannen, für wichtig hielt, was sich auf eine Zahl in der Form $23x+28y$ zurückführen ließ, worin x und y ganze positive oder negative Zahlen sind. Freud fand dies bei sich, bei seinen Freunden und Patienten immer wieder bestätigt. So seien zum Beispiel viele Personen, die er gekannt habe, im Alter von 51 Jahren gestorben, und 51 ist $23 \times 1+28 \times 1$. War ihm etwas am 13. eines Monats besonders gut gelungen, so lag dies natürlich daran, daß $13=23 \times 3+28 \times (-2)$ ist. Daß sich jede beliebige Zahl nach dieser Methode berechnen läßt, darauf waren weder Freud noch Fliess gekommen.

Daß der große Freud auf solchen Mumpitz hereingefallen war, wurde bei seinen Kollegen und Schülern als peinlich empfunden. Und damit kommen wir wieder auf die Bedeutung der zweiten Kommunikationsebene in der Wissenschaft zurück. Weil seine Entgleisung so unangenehm war, andererseits aber die Autorität des Forschers gerettet werden mußte, wurde der Mantel der Verschwiegenheit darübergebreitet. Es funktionierte hervorragend. Der »Ausrutscher« – ein gnädiges Wort für eine Manie, die mindestens fünf Jahre gedauert hat – blieb der Öffentlichkeit jahrzehntelang verborgen und ist auch heute noch nahezu unbekannt.

Geschwiegen wurde, wie schon erwähnt, in den wissenschaftlichen Fachzeitschriften seit Mitte der sechziger Jahre auffallend einmütig über die zuvor so leidenschaftlich diskutierte Frage, ob dem Menschen Propaganda oder Reklame mit listigen Tricks ins Unbewußte eingepflanzt werden könne. Da sich kompetente Sozialpsychologen in dieser Diskussion exponiert hatten, ist anzunehmen, daß auch hier ein Agreement auf der zweiten Kommunikationsebene der Wissenschaft stattgefunden hat. Nachzuweisen ist dies nicht. Vermutlich haben kontrollierte Versuche von Experimentalpsychologen an verschiedenen Forschungsinstituten keinerlei Bestätigung der subliminalen Beeinflußbarkeit erbracht. Nun galt es, Autoritäten nicht zu desavouieren.

Um kein Mißverständnis aufkommen zu lassen: Da wird nicht ein Ukas ausgegeben, etwa des Inhalts, daß alle Veröffentlichungen über das Gebiet ab sofort zu unterbleiben hätten. Nein, niemand dirigiert hier das Orchester. Dennoch spielt es vorzüglich zusammen, denn zumindest innerhalb derselben Disziplin sind Wissenschaftler stark voneinander abhängig. Wer eine Ratte riecht, weiß nicht, ob sie ihn nicht selber beißen wird; darum ist es gut, im eigenen Haus rechtzeitig Alarm zu schlagen, doch nicht so laut, daß es zum Nachbar oder gar an die Öffentlichkeit dringt.

Darum brauchte sich ein Student am Institut für Sozialpsychologie in Köln, Horst W. Brand, keine Gedanken zu machen. Da seine besondere Neigung der Werbepsychologie galt, mußte er bald über die unterschwellige Wahrnehmung stolpern. Beim Literaturstudium erkannte der Student rasch, daß auf diesem Gebiet, von wenigen Ausnahmen abgesehen, arg gegen die Prinzipien der wissenschaftlichen Methodik verstoßen worden ist. Brand beschloß um 1970, seine Doktorarbeit über die subliminale Perzeption zu schreiben. Dies zwang ihn zu gewissenhafter Recherche, die ihn zunehmend davon überzeugte, daß bislang nicht eine einzige Forschungsarbeit bei kritischer Wertung den Schluß zuließ, die Möglichkeit, Menschen unterschwellig zur Änderung ihrer Ansichten oder Verhaltensweisen zu bewegen, sei erwiesen.

Zunächst ergab sich, daß die sensationellen Kinoexperimente des John Vicary, die in den fünfziger Jahren für soviel Aufregung gesorgt hatten, nirgendwo mit der gebotenen Ausführlichkeit beschrieben worden sind. Angaben über die Anzahl der Kinobesucher variieren in den Berichten ebenso wie die angeblichen Erfolgsquoten der Experimente. Von Methodik bei diesen Versuchen war – jedenfalls den Berichten zufolge – herzlich wenig zu bemerken. Horst Brand mußte vom Standpunkt der Wissenschaft aus die Vicary-Experimente abschreiben. Ob das erste, das mit dem erstaunlichsten Ergebnis, überhaupt stattgefunden hat, ist inzwischen sogar zweifelhaft geworden.

Zur Überraschung von Horst Brand waren die von Forschern ausgeführten Experimente in den meisten Fällen nicht viel besser. Sowohl in ihrer Durchführung als auch bei der Auswertung ihrer Ergebnisse stellten sich gravierende Verstöße gegen die Regeln der Wissenschaftlichkeit heraus. In einem Fall sollte zum Beispiel geprüft werden, ob eine unterschwellige Botschaft das Hungergefühl der Versuchspersonen zu steigern vermag. Dazu wurde zwei Gruppen derselbe Film vorgeführt, doch nur bei der einen Gruppe war er von kurzen Einblendungen des Wortes »beef« unterbrochen, nicht so bei der anderen, der Kontrollgruppe. Tatsächlich stellte sich heraus, daß unter den Mitgliedern der ersten Gruppe nach der Filmvorführung signifikant mehr Personen Hunger verspürten als in der Kontrollgruppe. Doch war hierbei eines übersehen worden: Die erste Vorführung hatte um 11 Uhr vormittags begonnen, also vor der Mittagessenzeit, die andere um 14.30 Uhr, als vermutlich die meisten Probanden schon ihren Lunch eingenommen hatten.

Das Fazit des überaus sorgfältigen Literaturstudiums war eindeutig. Sorgfältig kontrollierte und skeptisch auszuwertende Experimente waren vonnöten. Horst Brand beschloß, sie in Köln auszuführen. Getreu der wissenschaftlichen Methodik imitierte er, soweit es nach der vorliegenden Literatur möglich war, die angeblich erfolgreichen Experimente zur unterschwelligen Wahrnehmung. Änderungen gegenüber den Originalversuchen wurden nur dort vorgenommen, wo systematische Experimentierfehler begangen worden waren.

Nicht ein einziger Versuch ließ auch nur in einer Andeutung unterschwellige Beeinflussung erkennen.

Brand hat eine lesenswerte erweiterte Version seiner Doktorarbeit unter dem Titel »Die Legende von den ›geheimen Verführern‹« im Beltz Verlag veröffentlicht, der die meisten hier gemachten Angaben entnommen sind.

Inzwischen haben Experimentalpsychologen die unterschwellige Beeinflussung in der Akte »Peinliche Irrtümer« abgelegt. In neuen Lehrbüchern suchen wir sie vergebens. Doch das Gerücht ist nicht tot. Wie die Illustriertenanzeigen für das »Lernen im Schlaf« taucht die Mär von der »geheimen Verführung« immer wieder auf. Verwunderlich ist das nicht. Verführerisch plausibel klingt das Märchen – jedenfalls für den, der ein allzu grobes, mechanistisches Modell der menschlichen Seele mit wissenschaftlicher Erkenntnis verwechselt.

Von Autorität verführt

Für die Scholastiker haben wir heute nur noch ein gnädiges Lächeln übrig. Unverständlich kommt es uns vor, eine These deshalb für wahr zu halten, weil sich ihr Inhalt auf Aussagen großer Gelehrter des Altertums beziehen läßt. Doch halten wir es mit unserer Wissenschaftsgläubigkeit so viel anders?

Zur Zeit, da die ersten Sputniks die Erde umrundeten und US-Astronauten gerade ihre ersten Hopser in den Weltraum unternahmen, war Wissenschaft, insbesondere in der Neuen Welt, stark gefragt. Namen wie »Jet Propulsion Laboratory«, »Massachusetts Institute of Technology« oder »Goddard Spaceflight Center« standen so oft in der Zeitung wie die Beatles oder Frank Sinatra. Ein Forschungsinstitut erregte die Neugier der Wissenschaftsinteressierten besonders: die Rand Corporation im kalifornischen Santa Monica. Geheimnisumwittert waren die Aktivitäten dieser »Denkfabrik« (englisch: »Think Tank«), der ersten Institution überhaupt, die diesen Beinamen bekommen hatte. Es hieß, dort würde an gewaltigen Computern schon der vierte Weltkrieg durchgespielt – nach dem dritten fragte bereits keiner mehr. Andere wollten wissen, daß hier Roboter höchster Präzision und mit einem übermenschlichen Denkvermögen ausgestattet konstruiert würden, wieder andere berichteten über Experten der mathematischen Spieltheorie, die in Santa Monica unschlagbare Wirtschaftsstrategien ausgearbeitet hätten.

Die vielfach tatsächlich mit geheimer Militärforschung betrauten Wissenschaftler des Instituts amüsierten sich über solche Science-Legenden, doch mancher von ihnen mag die damit einhergehende hohe Meinung ihrer Zeitgenossen von den »Genies« der Rand Corporation gelegentlich genossen haben. In dieser Zeit zwischen 1960 und 1965 hatte sich einer von ihnen, ein junger, aus Deutschland stammender Mathematiker, Olaf Helmer, mit einem Problem beschäftigt, das damals beliebt, ja geradezu modisch war, der Zukunftsforschung.

Überall entwickelte sich Erstaunliches in der Welt der Technik. Bald sollten Menschen auf den Mond geschossen werden, Ingenieure hatten Maschinen konstruiert, die denken, spielen und lernen konnten, neue Werkstoffe mit erstaunlichen Eigenschaften kamen auf den Markt, eine Pfanne, in der Spiegeleier ohne Fett gebraten werden konnten, Plastikbeutel lösten die Papiertüten ab, Flugzeuge wurden nicht mehr von Propellern getrieben, Klebstoffe hielten Werkstücke fester zusammen als Nieten oder Schweißnähte, die Automation stand vor der Tür, und in Virginia suchten Astronomen Kontakt mit intelligenten Wesen auf fernen Gestirnen.

Der Wunsch zu erfahren, wohin das alles einmal führen würde, war allzu verständlich. Futurologie war gefragt, und wo ein Wunsch, da ist auch ein Wissenschaftler, der ihn zu erfüllen verspricht. Dem Menschen ist der Blick in die Zukunft zwar versagt, doch da gibt es die Trends, die in sie weisen. Mithin galt es, Trends zu entdecken. Dafür hatte jeder sein eigenes Verfahren entwickelt. Auch Olaf Helmer bei der Rand Corporation; er nannte sie sinnigerweise »Delphi-Methode«.

Sie war ein Experiment und darum aller wissenschaftlicher Ehren wert. Wer anläßlich eines Besuchs der Denkfabrik nach der »Delphi-Methode« fragte, wurde allerdings eilfertig darüber belehrt, daß sie nicht zum Forschungsprogramm der Corporation gehöre, sondern nur eine private Nebenbeschäftigung des dort an anderen Projekten tätigen Mathematikers sei.

Die wenigsten Leute aber, die über die Delphi-Methode berichteten, hatten in Santa Monica danach gefragt. So kam es, daß dieser futurologischen Methodik das Etikett »Rand Corporation« anhaftete. Das machte sie berühmt. Helmers Grundidee war allerdings nicht sonderlich originell. Wer etwas wissen möchte, sollte einen Experten fragen; just das tat der Doktor Helmer. Nur ging er dabei methodisch vor. Was ein Experte sagt, muß nicht unbedingt richtig sein, darum empfiehlt es sich, bei mehreren Fachleuten Auskunft einzuholen. Darin lag die Methode. Ein weiteres Ingredienz: Spezialisten sind, das weiß man ja, gelegentlich betriebsblind. Darum lohnt es sich, auch noch die Meinung von Leuten zu erfragen, die zwar Experten sind, jedoch auf einem ganz anderen Gebiet.
Aus diesen drei Zutaten bestand das Delphi-Rezept. In der Praxis lief das so: Helmer verschickte Fragebogen an Fachleute aller Art, die zunächst gebeten wurden, größere wissenschaftliche Entdeckungen und technische Erfindungen zu benennen, »die Ihnen in den Sie besonders interessierenden Gebieten sowohl als dringend notwendig als auch innerhalb der nächsten fünfzig Jahre realisierbar erscheinen«. Von den 150 angeschriebenen Persönlichkeiten – Wirtschaftler, Ingenieure, Mathematiker, Offiziere, Betriebsberater, Physiker, Sozialwissenschaftler und (fünf) Schriftsteller – antworteten 81. Ihre Angaben wurden für eine zweite Fragenbogenaktion aufgelistet. Jetzt sollte jeder angeben, für wie wahrscheinlich er in welchem zukünftigen Zeitraum die Verwirklichung der einzelnen Entdekkungen oder Erfindungen halte.
Nachdem dies geschehen war, wurden den Experten die meisten Ergebnisse der zweiten Befragung vorgelegt. Nun sollten sie sich noch einmal zu denjenigen zukünftigen Ereignissen äußern, über deren Eintrittswahrscheinlichkeit keine rechte Einigung zustande gekommen war. Nach einer vierten, weiterhin auf Einigung abzielenden Befragung

waren über sechs verschiedene Gebiete Tabellen zusammengestellt worden, die jeweils ein Zukunftsbild zeichneten.
Ob die Delphi-Technik des Olaf Helmer Licht in das Dunkel der Zukunft bringen würde – er selbst hoffte es, doch nicht ohne Zweifel darüber. Inzwischen hat sich ein Teil jenes Dunkels zur Gegenwart und Vergangenheit aufgehellt. Manches traf ein, so die Entwicklung einfacher und billiger Empfängnisverhütungsmittel um die Jahrzehntwende 1970. Nicht minder häufig aber sind die Nieten: Die automatische Sprachübersetzung, die selbst Vorsichtige unter den befragten Experten 1978 allerspätestens für verwirklicht hielten, läßt immer noch viel zu wünschen übrig; brauchbar ist sie noch lange nicht. Eine wirtschaftlich tragbare Meerwasserentsalzung müßte es nach der Delphi-Prognose auch schon geben – sie ist heute noch so unerschwinglich wie damals. »Synthetische Baustoffe für ultraleichte Bauweise«, für Anfang der siebziger Jahre angesagt, gibt es nicht, sind auch gar nicht mehr gefragt. Die Wettervorhersagen sind immer noch nicht zuverlässig, obwohl sie es nach Delphi längst hätten sein müssen. An der für 1980 vorausgesagten zentralen Informationsbank, die technisch keinerlei Schwierigkeiten böte, ist niemand interessiert, im Gegenteil: Sie käme mit dem Datenschutz in Konflikt. Nebelhaft ist, was mit einer – auch für 1980 angesagten – »Revision der physikalischen Theorien« gemeint war; jedenfalls hat es sie nicht gegeben. Und auf die mit größter Wahrscheinlichkeit für das Jahr 1983 prophezeite »kontrollierte thermonukleare Energie«, den Fusionsreaktor, werden wir wohl noch einige Jahrzehnte warten müssen, falls er überhaupt je realisierbar wird.
Delphi war kein gutes Orakel, die Trefferquote ist fast null. Wie hätte es auch anders sein können? Warum sollten Personen, die sich mit dem einen oder anderen Fachgebiet beschäftigen, wissen können, wann ein bislang noch unge-

löstes Problem gelöst sein wird? Warum sollte das, was 81 Leute über den Daumen peilen, zuverlässiger sein als das, was ein einzelner vorherzusehen glaubt?
Dies hätte sich schon 1964 jeder fragen können, als Helmers Methode von den Medien als Sensation verbreitet wurde. Kaum jemand fragte nach. Statt dessen wurde Delphi fleißig angewandt, nicht nur von Möchtegernfuturologen, sondern auch von Industrieplanern, Universitäten und Politikern überall in der Welt. Warum? Weil sie – was nicht einmal zutraf – aus der Denkfabrik Rand Corporation stammte. Wer durfte einer solchen Autorität mit profanem Menschenverstand widersprechen?
Autoritäten, das werden nicht nur Menschen, Bücher (die Bibel) oder Institute. 1972 wurde es eine Maschine. Am Massachusetts Institute of Technology in Cambridge an der US-Ostküste hatte das Ehepaar Donella (Dana) und Dennis Meadows einen Großcomputer zum Propheten gemacht. Benutzt hatten die beiden Wissenschaftler eine an dem Institut zuvor entwickelte Methode, »System Dynamics« genannt, die es erlaubt, empirisch erkannte Zusammenhänge zwischen einzelnen Parametern wie etwa den zwischen industriellem Wachstum und Umweltverschmutzung oder den zwischen Energieverbrauch eines Landes und dessen Bruttosozialprodukt miteinander zu einem System zu vernetzen, so daß im Idealfall jede einzelne dieser Einflußgrößen von jeder anderen in einer berechenbaren Weise aufeinander bezogen ist.
Veränderungen dieser Größen müssen dann notwendigerweise entsprechende Veränderungen an den anderen nach sich ziehen. Folglich müßte sich die Welt in ihren wesentlichen Zügen als ein System aus mathematischen Funktionen darstellen lassen, die jene komplexen Zusammenhänge widerspiegeln. Und es bedürfte nur noch gewaltiger Rechenarbeit, um bei gegebenen variablen Größen, die sich zum Beispiel aus gefällten wirtschaftlichen oder politi-

schen Entscheidungen ergeben, den daraus resultierenden Weltzustand zu ermitteln. Mehr noch: Die Veränderung dieser Größen würde ein dynamisches Verhalten des Systems errechnen lassen. So eine per Entscheidung veränderbare Größe läßt sich als ein Einstellknopf vorstellen; wird er gedreht, dann reagiert das System darauf und zeigt die daraus errechnete Entwicklung der Welt an. Mithin ließe sich an allen Knöpfen so lange herumdrehen, bis das am günstigsten erscheinende Szenarium eingestellt ist. An den Stellungen der Knöpfe wäre dann ablesbar, wie sich die Mächtigen der Welt entscheiden müßten, um diese günstige Zukunft herzustellen.

Das Ehepaar Meadows hatte sich zusammen mit einem Stab von Beratern und Mitarbeitern an die Arbeit gemacht, ein solches Weltmodell zu konstruieren und – hier kam der Computer ins Spiel – verschiedene mögliche Entwicklungen durchzuspielen.

Selbstverständlich war dies zunächst nur für wenige Einflußgrößen wie Bevölkerungswachstum, Rohstoffreserven, Umweltbelastung, Bruttosozialprodukt, Nahrungsmittelproduktion oder Industrieproduktion ausführbar. Immerhin summierten sie sich zu der stattlichen Anzahl von 99 Faktoren, die miteinander in Beziehung gebracht wurden. Das daraus resultierende System mathematischer Gleichungen und Funktionen fand seine handhabbare Form in einem Computerprogramm, das nunmehr zur Verfügung stand. Die »Knöpfe« waren Fragen nach bestimmten Optionen für den Input, etwa nach dem Maß der Industrialisierung oder nach der Höhe des Rohstoffverbrauchs. Nach ihrer Einstellung druckte die Maschine das entsprechende Szenario aus.

Wurden die Inputdaten so eingestellt, wie sie der Gegenwartssituation entsprachen, zeichnete der Computer ein düsteres Zukunftsbild. Mit anderen Worten: Wenn wir mit dem, was wir von den Gütern dieser Welt noch zur Verfügung haben, so weiterwursteln wie bisher, steht uns eine Katastrophe bevor. In ein paar Jahren schon sind uns wichtige Rohstoffe ausgegangen, vergiften wir uns an der verschmutzten Luft, breiten sich über die explosionsartig angewachsene Bevölkerung Hunger und Elend aus – jedenfalls in dieser synthetischen Formelwelt. Die Entscheidungsträger müßten also an den richtigen Knöpfen drehen, im wesentlichen zurückdrehen, wo es sich zum Beispiel um Konsum, Rohstoffeinsatz, Umweltbelastung oder Kinderkriegen handelt. Dann, so ließ der Computer wissen, bestehe eine Chance für die Menschheit, unter moderaten Bedingungen zu überleben.

Die ihrer Arbeit zugrundeliegenden Überzeugungen, die Methode und eine Reihe von errechneten Szenarien veröffentlichen Dana und Dennis Meadows in einem vom Club of Rome in Auftrag gegebenen Buch, »Limits to Growth«, das rasch zum Weltbestseller wurde. Was darin stand, war nicht neu. Wer hätte nicht längst gewußt, daß wir auf der begrenzten Oberfläche einer Kugel leben, weshalb wir uns schlechterdings nicht ungehemmt vermehren können, daß dennoch in jeder Minute 240 Kinder geboren werden, und weil nicht auch in jeder Minute 240 Menschen sterben, die Erdbevölkerung mit zunehmendem Tempo wächst – gegenwärtig jeden Tag um 200000 Personen, weshalb es in zehn Jahren 800 Millionen mehr sein werden als heute. Wir haben gewußt, daß eine begrenzte Erde auch nur in begrenztem Maße Rohstoffe und Nahrungsmittel hergibt und ein begrenzter Wasser- und Luftvorrat nur ein bestimmtes Maß an Schadstoffbelastung verträgt. Doch jetzt erst wurde die Misere zum Gegenstand einer Diskussion, die nicht mehr nur in der Ökobewegung oder in Wirtschaftsseminaren, sondern in der Allgemeinheit geführt wurde. Warum jetzt?

Weil die Hiobsbotschaft aus einem Computer kam. Zu jener Zeit hatte noch kaum jemand einen Computer gesehen, geschweige denn daran gearbeitet. Programmieren, heute eine Freizeitbeschäftigung für Kinder, galt als hohe Kunst, die nur eine Elite außergewöhnlich intelligenter Menschen beherrschte. Die Maschinen wurden »Elektronengehirne« genannt, entworfen von den Hohepriestern der »Kybernetik« (von der niemand so ganz genau wußte, was sie war), fähig des unfehlbaren Denkens in blitzschnellen, stets richtigen logischen Schlüssen. Was so ein Gerät als Ergebnis produzierte, das mußte ganz einfach richtig sein.

Den Medien bot sich die Horrorstudie aus dem Computer als Kontrastprogramm zum satten Leben an. Unter denen, die bislang unangefochten Wachstum gepredigt hatten, erhob sich ein Sturm. Dana und Dennis Meadows, die letztlich nur eine Arbeit ihres Lehrers Jay Forrester weiterentwickelt und eine andere, für Wissenschaftler unübliche Form der Publikation ihrer Ergebnisse gewählt hatten als er, gerieten wegen des Erfolgs ihrer leicht faßlichen, eindrucksvollen Darstellung von vielen Seiten unter Feuer. Sie hatten es sich mit allen verdorben, mit den Kapitalisten wie mit den Marxisten; den Umweltschützern war die Diktion der beiden Forscher zu lasch, den professionellen Futurologen war sie zu forsch, den Politikern zu negativ. Wirtschaftswissenschaftler machten sich emsig an die Arbeit, das Modell »Welt III«, wie es offiziell hieß, zu zerpflücken. Und es gab viel zu kritisieren. Das Netz, das die amerikanischen Forscher geknüpft hatten, war grobmaschig. Vieles war unberücksichtigt geblieben. Manche der ökonomischen Gleichungen in dem System kamen eher informierten Schätzungen denn Marktgesetzlichkeiten gleich. Ein regelrechter Fehler im Programm wurde ausgemacht. Kurzum, es gab viele Angriffsflächen. Und Mißverständnisse: Dem Ehepaar Meadows wurde unterstellt, sie hätten sich aufgrund ihres dürren Modells zu Propheten ernannt und die Wissenschaftsgläubigkeit ihrer Mitmen-

schen ausgebeutet, um ihnen eine hieb- und stichfest erforschte Zukunft vorzugaukeln.
Richtig hingegen war, daß die Meadows, wie sie in ihrem Erfolgsbuch deutlich bekundet hatten, keine Prognosen stellen, sondern nur Szenarien vor uns ausbreiten wollten, Anregungen zum Nachdenken. Richtig war auch, daß sie auf Fehlerquellen in ihrer Arbeit aufmerksam gemacht hatten. Insofern war ihre Veröffentlichung voreilig, aber die beiden Wissenschaftler nahmen dies in Kauf; denn es ging ihnen hauptsächlich darum, Politiker, Wirtschaftler und Forschungsinstitute anzuregen, diese Art von Systemdynamik zu lernen, zu verbessern und dann als Entscheidungshilfe zu betreiben.
Für die computergläubige Öffentlichkeit aber blieb »Grenzen des Wachstums« eine Zukunftsvision mit Auswahlmöglichkeit. Und weil dies so gut angekommen war, machten sich jetzt andere, zumeist weniger umsichtige Fachleute an die Arbeit, eigene Weltmodelle zu konstruieren. Es zeigte sich bald, daß sie je nach der politischen Einstellung der Autoren optimistischer oder pessimistischer ausfielen als »Welt III«. Es zeigte sich auch, daß einige dieser Nachahmungen nur aus der populären Darstellung eines Modells bestanden, das in Wirklichkeit nie in ein Computerprogramm umgesetzt, geschweige denn durchgerechnet worden war, also die veröffentlichten Ergebnisse gar nicht geliefert haben konnte. Diese Pseudomodelle brachten schließlich die dynamische Systemanalyse in schlechten Ruf. Verdient hatte sie ihn nicht.
Wohl aber zeigten sich bei den ehrlichen Bemühungen um die Anwendung des Prognoseinstruments bald Grenzen, die enger gezogen waren, als es die Erfinder vermutet hatten. Unsere Kenntnis von Gesetzmäßigkeiten, die reale Prozesse beherrschen, ist außerordentlich gering. Selbst so einfache Beziehungen wie Angebot und Nachfrage sind zu kompliziert, als daß sie sich in einer allgemein anwendba-

ren mathematischen Formel ausdrücken ließen. Schon kleine Abweichungen der formal errechneten Resultate von der Realität werden aber in einem vielfach vernetzten Formelsystem manchmal zu einem Fehler verstärkt, der das Endergebnis nicht nur in einen falschen Wertebereich verschiebt, sondern geradezu auf den Kopf stellen kann. Der Computer vermag komplexe Probleme zu lösen, aber kann nicht entscheiden, ob die Lösungen sinnvoll sind oder nicht. »Gigo« nennen Programmierer dieses Dilemma, es ist die Abkürzung für »garbage in, garbage out«, wer Müll hineinsteckt, bekommt auch Müll heraus.

Inzwischen ist die Maschine auch unter Laien nicht mehr vom Flair der Unfehlbarkeit umhüllt. Computer stehen im Büro, im Laden und im Kinderzimmer, zuverlässige Rechenidioten, die das Dasein etwas vereinfachen, als Büroautomaten oder Spielgeräte.

Untergang im Meer des Rauschens

Der Pfad der Physik war steinig, voller Schlaglöcher, gesäumt von unfallträchtigen Abgründen. An manchen Gabelungen schien der Holzweg lockender als die weiterführende Strecke. Doch er führte schließlich in fruchtbare Gefilde der Erkenntnis und scheint gegenwärtig auf einem Gelände soliden Wissens zu verlaufen. Der Kompaß »wissenschaftliche Methodik« hat sich in keinem anderen Gebiet der Wissenschaften als so zuverlässig erwiesen wie in der Physik. Ein Wunder ist es nicht. Denn keine andere Wissenschaft erlaubt Theorien, die so eng an die Mathematik geknüpft sind, also an die zweiwertige Logik, die das Fundament eben dieser Methodik ist – eine Aussage über die Natur ist entweder wahr oder falsch, tertium non datur.

In Wirklichkeit hat es der Naturforscher jedoch stets mit einer Logik zu tun, die nicht mit der Logik der Mathematik übereinstimmt, mit einer dreiwertigen Logik, in der es nicht nur »wahr« und »falsch«, sondern auch noch das »unbestimmt« gibt. Nehmen wir einmal an, wir verfügten über verläßliche Methoden der Beobachtung, nehmen wir an, wir könnten unseren Experimentierverfahren absolut vertrauen und akkurate Messungen ausführen, deren Resultate sich mit hieb- und stichfesten mathematischen Verfahren zu einer stimmigen Theorie zusammenfügen ließen. Selbst wenn dies alles garantiert wäre, könnten wir nicht davon ausgehen, daß diese Theorie ein wahres Abbild der Natur sei.

Die mathematische Formel setzt präzise Zahlenwerte voraus, beschreibt Punkte, die keine Dimension haben oder eindimensionale Geraden, Zeitpunkte ohne Ausdehnung, kontinuierliche Funktionsabläufe, glatte Kurven ..., Dinge, die es in der Natur nicht gibt. Zudem legen jedes Experiment und jede Messung ein Raster über die Natur. Die Übereinstimmung zwischen Experimentalergebnissen und der Theorie, die dem Versuch zugrunde liegt, kann immer nur bis zu einer bestimmten Genauigkeitsgrenze überprüft werden. Sie wird durch die notwendigerweise begrenzte Anzahl von Messungen und durch die Eigenschaften der verwendeten Geräte gezogen, durch das Auflösungsvermögen eines Mikroskops etwa oder die Präzision einer Waage.

Die Grenze wird auch bestimmt durch die einer Theorie stets eigentümliche Abstraktion. Sie bedeutet in diesem Zusammenhang fast immer Nichtberücksichtigung von Einflußgrößen. Es läßt sich eben nicht alles einbeziehen, was zum Beispiel für die Bewegung eines Körpers relevant ist, etwa die Stellung des Mondes am Ort des Versuchs und zur Zeit, da er vorgenommen wurde, oder die minimalen Schwankungen der Erdrotation.

Hier geht es nicht etwa um bloße Bequemlichkeit des Theoretikers, der seine Formeln noch überblicken können möchte, oder um die Schlampigkeit von Experimentatoren, die vielleicht nie zu Rande kämen, wollten sie alles berücksichtigen. Nein, die Genauigkeitsgrenzen sind prinzipieller Natur, wie Stephan Körner nachgewiesen hat – mithin ist die Übereinstimmung zwischen Theorie und Wirklichkeit unerreichbar. Wir können uns ihr immer nur nähern.

Weit oberhalb der erwähnten prinzipiellen Genauigkeitsgrenze steht der Experimentator schon vor einer unüberwindlichen Schranke, die ihm das »Rauschen« setzt. Wiewohl es meistens nicht im ursprünglichen Wortsinn gebraucht wird, ist »Rauschen« eine vorzügliche Metapher, um diese Experimentierschranke verständlich zu machen.

Der Rufer am Gestade wird nicht gehört, weil sein Ruf im Meeresrauschen untergeht. Mit der Nadel im Heuhaufen ist es ähnlich. Wir finden sie nicht, weil nadelhafte Formen zuhauf durcheinanderliegen. Sehr leichte Erdstöße sind im Seismogramm nicht auszumachen, weil sie in dem aus unzähligen verschiedenen Gründen stets vorhandenen Zittern der Erdoberfläche untergehen.
Radiowellen sind sehr gute Informationsträger, zumal sich die von ihnen transportierten Signale am Empfänger verstärken lassen. Aber es werden auch Störsignale mitverstärkt, elektromagnetische Feldschwankungen, die von anderen Teilen der Empfangsapparatur oder von Geräten aus der Umgebung stammen, Temperaturschwankungen, Vibrationen des Gebäudes, kosmische Strahlen. Wenn das zu empfangende Signal schwächer ist als diese Störungen, wird jede weitere Verstärkung zwecklos. Das gilt ganz allgemein. Es hat keinen Zweck, die Empfindlichkeit eines Seismographen zu steigern, wenn er schon das ständige Mikrovibrieren der Erde in großen Amplituden aufzeichnet. »Störabstand« heißt in der Fachsprache das Verhältnis der Stärke des erwarteten Signals zur Stärke des Rauschens. Je näher er dem Wert Eins kommt, desto weniger Verlaß ist darauf, daß das Signal noch richtig erkannt werden kann.
An einem in der Zeitung abgebildeten Photo läßt sich sehr anschaulich erfahren, wie ein Signal im Rauschen untergeht. Wer ein kleines Detail auf dem Bild erkennen möchte, greift zur Lupe. Ein wenig Vergrößerung mag noch helfen, den einen oder anderen abgebildeten Gegenstand auszumachen. Doch sehr bald ist eine unüberwindbare Schranke erreicht. Ein Bildelement in der Größenordnung von ein paar Rasterpunkten bleibt unkenntlich, und sei die Vergrößerung noch so stark. Wo genau liegt die Erkennbarkeitsgrenze? Sie hängt vom Betrachter ab. Der eine mag glauben, in der Ansammlung von wenigen Raster-

punkten noch eine Gestalt erfassen zu können, der andere wirft das Handtuch.
Just dieses Dilemma ist in der Naturforschung eher die Regel denn die Ausnahme. In dem Maß nämlich, in dem der Störabstand geringer wird, tritt die Persönlichkeit des Experimentators in den Vordergrund, seine gefühlsmäßige Einschätzung, seine Kritikfähigkeit, seine Skepsis, seine Hoffnungen und Überzeugungen.
In diesem Bereich verliert die Naturwissenschaft ihr so gern zur Schau getragenes Markenzeichen, die Exaktheit. An die Stelle der Autorität »Nachweis« tritt die Überzeugung und im weiteren Verlauf die demokratische Entscheidung darüber, was als erwiesen gelten soll und was nicht.
Ein Beispiel aus jüngerer Zeit:
Seit Jahren sind die Physiker davon überzeugt, daß die Materie letztlich aus Teilchen aufgebaut ist, die wirklich elementar sind, also keine weitere Unterteilung erlauben, so, wie es Demokrit für die von ihm so benannten Atome angenommen hatte. Bis vor kurzem wurde auf eben diese »Quarks« – so genannt nicht etwa nach dem Weißkäse, sondern nach einem von James Joyce »erfundenen« Kunstwort – Jagd gemacht.
Ein Quark wäre wie jedes andere Elementarteilchen viel zu winzig, als daß es jemals sichtbar gemacht werden könnte. Doch die Elementarteilchenphysiker haben allerlei Mikroskope gebaut, in denen immerhin die Flugspuren solcher Partikel erkennbar sind – so, wie ein Flugzeug in sehr großer Höhe manchmal nur noch an den Kondensstreifen ausgemacht werden kann, die es beim Flug hinterläßt.
Das älteste Mikroskop dieser Art, die von Charles Thomson Rees Wilson (1869 bis 1959) im Jahre 1911 erfundene Nebelkammer, ist mit übersättigtem Wasserdampf gefüllt und macht die Flugspuren elektrisch geladener Teilchen als feine Ketten aus winzigen Wassertröpfchen sichtbar. In einer solchen Nebelkammer hergestellte Photos zeigen

zum Beispiel die Spuren der Partikel, die als Teilchen der kosmischen Strahlen auf die Erde niederprasseln.
Auf einem Nebelkammerbild entdeckten zwei australische Physiker, Carles B. A. McCusker und Irvin Cairns, Ende der sechziger Jahre einen dünnen, geraden Strich, dessen Erscheinungsbild, genauer, die Dichte der Nebeltröpfchen, gut mit dem übereinstimmten, was die – damals geltende – Theorie als charakteristische Spur eines Quarks vorhergesagt hatte. Es könnte gerade in dem Augenblick, da das Photo geschossen wurde, inmitten eines Schauers kosmischer Strahlen die Kammer durchflogen haben. Verglichen mit den von Elektronen hinterlassenen, unschwer erkennbaren Spuren hätte jene des vermeintlichen Quarks nur zwei Drittel der Tröpfchen pro Längeneinheit haben dürfen, und es sah in der Tat so aus, als wäre dies der Fall gewesen.
Die Färbung der Linien auf Nebelkammerphotos aber ist alles andere als gleichmäßig, weil viele Einflüsse, wie Unregelmäßigkeit der Tröpfchenbildung, Lichtreflexion der Tröpfchen, die Grobkörnigkeit des Photomaterials, wenn nicht gar Kratzer und Staub, ihre »Spuren« hinterlassen. Das Rauschen also ist erheblich, der Störabstand gering – und der Wunsch, endlich einmal ein Quark zu sehen, dringend. Immerhin wiesen die beiden Forscher in ihrem Bericht über dieses Resultat deutlich darauf hin, daß noch mehr Nebelkammerbilder zu untersuchen seien, ehe mit Sicherheit von der Entdeckung eines Quarks gesprochen werden könne. Doch der Ton dieses Forschungsberichts klang recht optimistisch.
Vielerorts wurden jetzt die zum Teil schon eingemotteten Nebelkammern instand gesetzt und eifrig in kosmischen Strahlenschauern nach dünnen, geraden Strichen Ausschau gehalten – vergeblich. Indessen mehrte sich der Verdacht, daß das berühmte Photo, das übrigens besonderes Interesse in den Wissenschaftsredaktionen der Weltpresse gefun-

den hatte, an der aufregenden Stelle wohl einen Kratzer abbekommen hatte.
Heute sind die Elementarteilchenphysiker davon überzeugt, daß die wahren Elementarteilchen, die Quarks, auf Nebelkammerphotos oder in anderen Teilchendetektoren keine Spur hinterlassen können, weil sie unter keinen Umständen einzeln durch den Raum zu fliegen vermögen. Sie kommen stets nur zu je zweien oder zu je dreien zusammengepackt vor, und in dieser Verpackung sind sie uninteressant. Denn dann handelt es sich um seit langem bekannte Teilchen, nämlich um Protonen beziehungsweise Mesonen. Den Quarks also ist einzeln wohl nicht auf die Spur zu kommen, jedenfalls nach der gegenwärtig favorisierten Theorie über die Welt der subatomaren Teilchen.
Die moderne Wissenschaft hat Methoden entwickelt, die im Meer des Rauschens vermuteten, jedoch nicht mehr erfaßbaren Informationen dennoch erkennbar zu machen. Diese Verfahren mit den englischen Namen »data processing« und »image enhancement« wurden ursprünglich für die unbemannte Raumfahrt entwickelt, wo es gilt, Funksignale, vermittels derer Bildelemente oder Meßergebnisse codiert werden, über sehr weite Strecken möglichst vollständig zu empfangen. So sind zum Beispiel die scharfen Aufnahmen von den Ringen und Monden des immerhin an die eineinhalb Milliarden Kilometer weit entfernten Saturn zu uns gekommen. In der Computertomographie sind diese Methoden dann für die Medizin nützlich geworden.
Doch mit Hilfe dieser technischen Tricks wird die Störungsquelle Mensch zwar ein wenig zurückgedrängt, keineswegs aber ausgeschaltet.
Einen heroischen Kampf gegen das Rauschen hat der amerikanische Physiker Joseph Weber in den frühen sechziger Jahren geführt. Es ging um den Nachweis von Schwerewellen.

Isaac Newton fand das Gesetz der Gravitation, aber warum zwei Körper einander anziehen, blieb für ihn eine ungelöste Frage, wiewohl er sich viel Gedanken darüber gemacht hat. Er schrieb das Phänomen einer »Fernwirkung« zu, aber er war sich im klaren darüber, daß dies nur ein Wort war, ein scholastisches Element in seinem so ganz und gar antischolastischen Denken, nicht wirklich ein physikalischer Begriff in seinem Sinne.

»Daß ein Körper auf einen anderen wirken kann«, schreibt er, »und das durch ein Vakuum, ohne irgendein Medium dazwischen . . ., ist für mich eine so große Absurdität, daß ich glaube, niemand, der in philosophischen Dingen kompetent zu urteilen vermag, kann dies für wahr halten.«

Newton hatte das Gravitationsgesetz aus den drei Keplerschen Gesetzen der Planetenbewegung abgeleitet, aus einem nicht eben kleinen System, und dies setzt eine momentane, sofortige Kraftwirkung zwischen den Himmelskörpern über eine große Entfernung voraus.

Mit der speziellen Relativitätstheorie war eine solche Fernwirkung unvereinbar. Denn sie würde bedingen, daß sich für zwei Massen, die sich aufeinander zu- oder voneinander fortbewegen, diese Wirkung augenblicklich und im selben Moment für beide Massen ändert. Die Relativitätstheorie aber läßt Gleichzeitigkeit prinzipiell nicht zu. Dazu Einstein: »Mit der Relativierung der Gleichzeitigkeit schwand endgültig jede Möglichkeit, Fernkräfte ins Fundament der Physik aufzunehmen, da diese den absoluten Charakter der Gleichzeitigkeit voraussetzen.«

Aber was sollte an die Stelle von Fernkräften treten? Das Schwerefeld. Gravitation ist ein lokales Phänomen. Die Sonne zieht die Erde an, weil die Masse der Sonne den Raum verändert, in dem sich die Erde befindet. Die Sonne baut um sich ein Gravitationsfeld auf, innerhalb dessen sich die Erde bewegt. Würde die Sonne aus irgendeinem – unvorstellbaren – Grunde plötzlich verschwinden, dann hörte ihre anziehende Wirkung nicht augenblicklich auf, denn die Gravitation ist eine Eigenschaft des Raumes, nicht der Sonnenmasse, und weil sich nichts schneller als das Licht bewegen kann, würde auch der Abbau des Feldes seine Zeit brauchen. Er würde acht Sekunden nach dem Verschwinden der Sonne die Erde erreichen, in Form einer Schockwelle.

Ihre Auswirkung wäre katastrophal, zumal die Erde fortan geradlinig durch das Universum sausen würde. Doch irgendwo, weit draußen im All, ereignen sich solche Katastrophen, verschwinden Sterne, und ihre Schockwellen, Schwerewellen genannt, rasen mit Lichtgeschwindigkeit durch den Raum. Haben sie eine nachweisbare Wirkung, wenn sie auf unserem Planeten eintreffen?

Im Prinzip ja. Einen hinreichend großen Zylinder müßten sie – zumindest ein wenig – in transversale Schwingungen versetzen, ihn in seiner Längsrichtung ein bißchen vibrieren lassen. Aber die Betonung liegt hier auf »hinreichend groß« und auf »ein bißchen«. Wie groß und wie wenig ist das?

Physiker haben ausgerechnet, wie dick und lang ein Resonator sein müßte, der die aus fernen Sternzusammenbrüchen herrührenden Schwerewellen anzeigen könnte. Die Antwort: So groß, daß er zur Zeit jedenfalls nicht gebaut werden könnte.

Doch einer traute dieser Rechnung nicht, Joseph Weber aus Maryland. Anfang der sechziger Jahre baute er eine Schwerewellenantenne, einen Aluminiumzylinder von eineinhalb Tonnen Gewicht, der mit allergrößter Sorgfalt so aufgehängt wurde, daß ihn nichts am noch so zarten Schwingen hindern konnte. Zudem wurde er so gelagert, daß er gegen Umwelteinflüsse wie Bodenerschütterungen seismischen Ursprungs oder auch nur vom Straßenverkehr oder von der entfernten Meeresbrandung verursachte Vibrationen, Wind oder Regen isoliert war. Der gewaltige

Apparat war ein handwerkliches Meisterwerk. Nicht minder meisterhaft die Elektronik. Mit ultrasensiblen Detektoren konnten die feinsten Erschütterungen an allen Stellen des Zylinders registriert werden. Längenveränderungen in der Größenordnung von einem Millionstel des Durchmessers eines einzelnen Atoms entgingen den Präzisionsinstrumenten nicht. Weber, als vorzüglicher Experimentator weithin bekannt und bewundert, hatte sich selbst übertroffen.

Einen zweiten Detektor dieser Art ließ der Gelehrte tausend Kilometer entfernt in der Nähe von Chicago errichten, ein Gerät, ebenso groß, ebenso empfindlich, ebenso teuer.

Wie zu erwarten, registrierte ein so hochsensibles Instrument das Rauschen unzähliger Mikroeinflüsse, die bei aller Vorsicht nicht völlig auszuschalten waren. Professor Weber blieb also nichts anderes übrig, als in den zittrigen Aufzeichnungen seiner Meßdatenschreiber nach Ausschlägen zu fahnden, die vielleicht ein bißchen über das Rauschen hinausragten oder sich in anderer Weise davon unterschieden. War dies der Fall, so wurden die Registrierungen der beiden Instrumente in Maryland und Illinois miteinander verglichen. Denn wäre der Auslöser für diese Signale tatsächlich eine Schwerewelle aus den Tiefen des Universums, so müßte die davon herrührende Vibration an beiden Orten zur selben Zeit aufgefangen worden sein. Jahrelang durchmusterte er geduldig die Aufzeichnungen seiner beiden Instrumente. Genauer gesagt: Er ließ es von einem Computer tun, der darauf programmiert war, Auffälliges aus dem alltäglichen Zittern herauszufiltern.

Webers besondere Schwierigkeit bestand darin, daß er keinen Anhaltspunkt dafür hatte, wann eine solche Ausnahme eintreten könnte. Er mußte also ständig auf der Hut sein. Wenn er Glück hatte, würde irgendwo jemand in einem astronomischen Observatorium den Kollaps eines

Sterns beobachten und daran denken, diese Beobachtung nach Maryland zu melden. Die Chance aber, daß dies eintreten würde, war außerordentlich gering.
Wäre es nicht Joseph Weber gewesen, der allen entmutigenden Berechnungen seiner Kollegen zum Trotz nach der winzigen Nadel im Heuhaufen gesucht hätte, Weber, der international geachtete Forscher – er wäre als Sonderling belächelt worden und hätte wohl die Mittel für den Bau der teuren Schwerewellendetektoren erst gar nicht bekommen.
Zur Überraschung der Fachwelt berichtete Joseph Weber im Jahr 1969, er sei fündig geworden. Er konnte auf eine Anzahl auffallender »Ereignisse« verweisen, die jeweils von beiden Detektoren zum selben Zeitpunkt registriert worden waren. Daß dies an den beiden so weit entfernten Orten geschehen war, konnte kein Zufall sein. Einige Fachkollegen stellten die Frage, ob vielleicht Sonnenausbrüche die Ursache gewesen seien, doch Weber konnte überzeugend darlegen, daß darauf seine Instrumente nicht reagieren würden. Hatte er Schwerewellen entdeckt?
Die Meldung über diesen Erfolg ging durch die Weltpresse. Die »Süddeutsche Zeitung« schlug Joseph Weber für den Nobelpreis vor. Die Physiker reagierten kühler. Sie nahmen jetzt das Design und die angewandten Methoden der Rauschunterdrückung unter die Lupe. Diskussionsthema wurde bald auch die statistische Auswertung der empfangenen Daten. Kosmologen nahmen sich noch einmal die zugrundeliegende Theorie vor und gaben zu bedenken, daß sich allenfalls eine astrophysikalische Katastrophe im Zentrum der Milchstraße, das von der Erde aus nicht beobachtet werden kann, ereignet haben könnte.
Andere Physiker bauten nun in vielen Teilen der Welt ihre eigenen Schwerewellenantennen, teils von gleichen Ausmaßen wie Webers Gerät, teils noch größer und noch empfindlicher. Doch nie wieder sind Signale aufgefangen

worden, die auf Schwerewellen hätten schließen lassen. Inzwischen herrscht allgemein die Ansicht vor, daß Schwerewellen, die von stellaren Zusammenbrüchen herrühren, viel zu schwach sind, als daß sie mit dem größten gegenwärtig technisch realisierbaren Gerät entdeckt werden könnten.

Wenn wir allerdings die Regeln der naturwissenschaftlichen Methodik in aller Strenge anwenden, muß eingeräumt werden, daß Webers Experiment nicht bis ins letzte korrekt imitiert worden ist. Keiner der Schwerewellendetektoren, mit denen seine Resultate überprüft wurden, entsprach in seiner Konstruktion exakt dem des Amerikaners. Gewiß, einige waren empfindlicher, hätten vielleicht eher noch ein positives Ereignis auffangen sollen, aber das zählt bei der Reproduzierbarkeit nicht. Gerechtigkeit wird Weber erst widerfahren, wenn eine genaue Kopie seiner Apparatur für eine hinreichend lange Dauer kein verdächtiges Indiz für eine Schockwelle aus dem All erkennen läßt. Und da wäre auch noch zu klären, was »hinreichend lang« bedeutet. Vielleicht hatte er wirklich Glück gehabt, daß während der Jahre seiner Beobachtung irgendwo im Universum gerade ein Stern erlosch. Doch was diesen Punkt betrifft, ist die wissenschaftliche Methode hart, aber ungerecht: Was nicht reproduzierbar ist, gilt nicht. Basta.

Es ist schon gut so. Vielleicht verpassen wir auf diese Weise gelegentlich den Nachweis eines einzigartigen Ereignisses. Dafür aber erspart es uns, von Scharlatanerien überflutet zu werden.

Rauschen macht nicht nur Physikern zu schaffen. Anfang der sechziger Jahre hatten Nervenphysiologen gegen dieses Mimikry der Natur anzukämpfen.

Plathelminthes heißt ihr Stamm, Turbellaria ihre Klasse und ihre Ordnung Acoela. Plattwürmer sind sie, eine der 9000 verschiedenen Arten, nicht einmal zwei Zentimeter lange, flache Tiere recht einfacher Bauart. Die meisten

Menschen haben nie einen solchen Wurm gesehen, der an Meeresküsten, zwischen Algen, manchmal auch im Schlamm, unter Steinen oder im feuchten Strandsand lebt.
In den Jahren um 1960 interessierten sich plötzlich Neurophysiologen und Experimentalpsychologen für die unscheinbaren Fädchen. Nicht, daß sie ein aufregendes Seelenleben hätten, nein, das Bemerkenswerte an ihnen ist, daß sie trotz ihres höchst primitiven Nervensystems etwas lernen können.
So wird's gemacht: Der Wurm wird in ein Glasrohr gesetzt, das sich am einen Ende wie ein Ypsilon in zwei Rohre teilt. In dem einen Schenkel des Ypsilons ist eine Vorrichtung angebracht, zumeist zwei Drähte auf der Kriechbahn, die unter Strom stehen. Der Wurm kriecht durch das Rohr; es ist dünn und nur ganz flach mit Wasser bedeckt, so daß eine Umkehr recht beschwerlich wäre, er kann also gar nicht anders, als das Rohr zu durchkriechen, und muß sich an der Gabelung für eine Richtung entscheiden. Wählt er die linke, geschieht ihm nichts. Im rechten Rohr aber bekommt er einen elektrischen Schlag, den mag er nicht. Er zuckt zusammen.
Viele Male wird dieses Experiment wiederholt. Allmählich lernt der Wurm, sich für den linken Weg zu entscheiden. Jetzt ist er dressiert. Damit beginnt der zweite Akt. Seine Vorgeschichte:
Plattwürmer können sich ungeschlechtlich vermehren, sie teilen sich plötzlich in mehrere kleine, selbständige Würmchen, die dann wieder zur vollen Größe heranwachsen. Nicht alle Plattwurmarten tun dies normalerweise, aber sie lassen sich dazu zwingen. Das heißt: Wenn ein Plattwurm mit einer Schere quer durchgeschnitten wird, so wächst dem Kopfende das fehlende Hinterteil und dem Schwanzende ein Kopf. Es entstehen zwei Würmer.
An der Universität von Michigan hatte der Neurophysiologe J. V. McConnel just dies mit dressierten Würmern getan

und die beiden so entstandenen Würmer in das Trainingsrohr gesetzt. Zu seiner großen Freude verhielten sich jetzt beide Würmer an der Weggabelung so wie der alte. Sie wählten den linken Weg, also auch der, dessen Kopfende sich neu gebildet hatte.

War dies schon im höchsten Maße erstaunlich, so sollten Versuche mit geradezu sensationellem Ergebnis folgen. Planarien (Plattwürmer) dieser Art ernähren sich von Algen, aber sie sind nicht allzu wählerisch. Wenn aus ihren Artgenossen ein gut verdaulicher Brei hergestellt wird, fressen sie auch diesen. Das wurde jetzt genutzt. Wieder wurden Würmer darauf dressiert, den linken Weg zu wählen, doch als sie ihre Lektion gelernt hatten, erging es ihnen schlecht. Zu Brei zerstampft gab man sie undressierten Würmern zum Fraß. Die so gefütterten Kannibalen wurden jetzt ins Trainingsrohr gesetzt und siehe da: Verglichen mit den verspeisten Artgenossen benötigten diese Plattwürmer ein wesentlich kürzeres Training, um zu lernen, daß der linke Weg vorzuziehen sei.

McConnels Veröffentlichung dieses Experimentalergebnisses rief viel Aufmerksamkeit nicht nur unter Fachleuten hervor. Der Kolumnist der »New York Times«, Art Buchwald, kommentierte es mit dem guten Rat an Studenten: »Verspeisen Sie Ihren Professor.«

Die biologische Erklärung für diesen ungeheuren Vorgang ließ nicht lange auf sich warten. Gelerntes wurde in den Molekülen der Ribonukleinsäure gespeichert, lautete die Hypothese, und dafür sprach dies: Wurden Plattwürmer nach dem Training zerteilt, danach aber zur Regeneration in eine Flüssigkeit gebracht, welche die Synthese von Ribonukleinsäure behindert, so hatten die nunmehr entstandenen Würmer keinen Lernvorteil mehr gegenüber undressierten Tieren. Darum war zu vermuten, daß sich die Plattwürmer beim kannibalischen Mahl ihr Vorwissen mit der Ribonukleinsäure einverleibt hatten, deren molekula-

rer Aufbau gemäß dem Lerninhalt in irgendeiner Weise verändert worden war.
Überall in Amerika, später auch in Europa und Japan, ließen Neurophysiologen nunmehr Würmer durch Röhrchen kriechen. Sogar ein teils spaßig, teils aber auch durchaus ernst gemeintes Fachblatt wurde gegründet: »The Wormrunner's Digest«. In Schweden testete Professor Holger Hyden die chemische Speicherung von Gedächtnisinhalten an größeren Tieren, an Ratten. In seinem Göteborger Labor war ein kleiner Tanzzirkus entstanden. Die Hauptattraktion: Ratten, die über ein Drahtseil balancierten.
Da Ratten von Natur aus keine Seiltänzer sind, stellte die Dressur besonders harte Anforderungen an ihr Gleichgewichtszentrum im Ohr. Hyden vermutete, daß die Dressur in den Nervenzellen ihres Gleichgewichtsorgans eine stoffliche Veränderung hervorrufe, in der die erlernte Kunst chemisch fixiert sei. Tatsächlich stellte er solche Veränderungen in den Nervenzellen fest. Zunächst einmal ergab sich, daß bei den trainierten Tieren diese Zellen wesentlich mehr Ribonukleinsäure enthielten als bei Artgenossen, die den Balanceakt nicht beherrschten.
Die gleiche Anreicherung stellte der schwedische Forscher bei Ratten fest, die er eine Zeitlang in einer drehbaren Trommel herumgeschleudert hatte. Es schien darum ein Symptom für jede Art von Belastung des Gleichgewichtssinns zu sein. Doch eine nähere Untersuchung brachte weitaus mehr zutage. Bei Tieren, deren Gleichgewicht nicht gefordert worden war, befand sich die gleiche Ribonukleinsäure im Ohr wie bei den herumgeschleuderten Ratten. Nicht so bei den Nagern, die als Seiltänzer abgerichtet worden waren. Die bei ihnen gefundenen Ribonukleinsäure-Moleküle hatten im Vergleich mit undressierten Ratten eine deutlich unterscheidbare Struktur.
Andere Versuche mit Ratten förderten ein »Dunkelflucht-

Molekül« zutage. Normalerweise ziehen sich Ratten, wenn sie erschreckt werden, in ein Loch oder, wenn keines vorhanden ist, in eine dunkle Ecke zurück. Sie lassen sich aber umerziehen. Wenn so ein Tier gelernt hat, daß es in der dunklen Ecke seines Käfigs ein elektrischer Schlag erwartet, folgt es nicht mehr dem natürlichen Drang, sondern nimmt ins Helle Reißaus. Dieses anormale Verhalten, so hieß es, zeigten auch Ratten, die nichts gelernt, stattdessen aber Injektionen ins Hirn bekommen hatten; gespritzt worden war Hirnsubstanz von einem dressierten Artgenossen.

Berichte über Tierversuche, die eine chemische Fixierung von Gedächtnisinhalten in Molekülen, vornehmlich der Ribonukleinsäure, zu bestätigen schienen, machten allerorts die Runde. Doch es gab auch andere Reports.

Der amerikanische Experimentalpsychologe Hans Lukas Teuber setzte am Massachusetts Institute of Technology in Boston ein Experimentatorenteam auf die Dressur von Plattwürmern an. Aber nicht einer der unzähligen Versuche ließ ein Resultat erkennen, das mit denen des Kollegen McConnel und all der anderen Wormrunner übereinstimmte. So erging es nun auch anderen Forschern.

Plattwürmer, so mußten sie zunächst erfahren, sind gar nicht so gelehrig, wie es in den Berichten stand. Auch wenn so ein Tier hundertmal durch das Y-Rohr gekrochen ist und bei der Wahl des falschen Weges seinen Schlag erhalten hatte, kommt es immer noch häufig vor, daß es trotzdem wieder in die unangenehme Richtung abbiegt. Richtig ist, daß die Häufigkeit dieses Fehlverhaltens abnimmt, daß nach langem geduldigen Training der eine Weg dem anderen öfter vorgezogen wird, als es der Zufall will.

Erschwerend kommt hinzu, daß das Gedächtnis der Tiere nicht besonders beeindruckend ist. Sind sie eine Zeitlang unbehelligt gelassen worden, dann haben die Würmer wieder alles vergessen. Sie müssen neu dressiert werden. Es ist also eine rechte Plage mit den Plattwurmexperimenten. Daß die primitiven Tiere nach ihrer Zerteilung und Regeneration noch dressiert sind, ist alles andere als offensichtlich. Die Berichte aus den Labors, in denen sich positive Ergebnisse eingestellt hatten, machten bei näherem Studium auch nicht gerade einen überwältigenden Eindruck. Aus endlosen Versuchsreihen ließ die Statistik ein nur wenig über dem Zufall liegendes Übergewicht nach der Erfolgsseite erkennen. Dies jedoch, wie schon gesagt, nicht in allen Labors.

Schließlich fand einer der Nichterfolgreichen den Mut, sein negatives Ergebnis in der Zeitschrift »Science« öffentlich kundzutun. Das brach den Damm. Jetzt meldeten sich aus aller Welt die Wissenschaftler, die ihren Plattwurm vergeblich hatten kriechen lassen. Ihre Befürchtung, sie könnten vielleicht einen experimentellen Fehler gemacht oder die falsche Plattwurmart benutzt haben – die Nomenklatur ist hier offenbar nicht eindeutig –, war nun verflogen. Würmer waren jetzt nicht mehr gefragt, »Wormrunner's Digest« stellte sein Erscheinen ein. Auch um Rattentanz und Dunkelflucht-Molekül wurde es verdächtig still. Das Fazit: Die lautlosen Würmchen hatten ihrer Unzuverlässigkeit wegen für statistisches Rauschen gesorgt. Mehr war nicht. Wie Erlerntes im Gehirn gespeichert wird, weiß immer noch niemand.

Rauschen schleicht sich in vielen Verkleidungen in die Labors der Wissenschaftler ein, manchmal gar als schlichter Dreck. Paradebeispiel: Die unglaubliche Geschichte vom Polywasser. Sie ist zugleich Lehrstück dafür, daß sich auch Forscher unserer Tage von Autorität blenden lassen. Keine andere chemische Verbindung ist uns aus alltäglicher Erfahrung so vertraut wie H_2O, das Wasser. Es bedeckt drei Viertel der Erdoberfläche, durchsetzt unsere Atemluft, ist der größte Bestandteil unseres Körpers und ein elementares Lebensmittel. Weil es einen verhältnismäßig hohen Gefrierpunkt hat und seine Siedetemperatur niedrig ist, sind uns seine drei Aggregatzustände, der feste, der flüssige und der gasförmige, wohlbekannt. Generationen von Chemikern in aller Welt haben diesen so einfach zusammengesetzten Stoff gründlich studiert. Darum ist es schwer vorstellbar, daß er noch ein Geheimnis bergen könnte.

Doch die Geschichte der Naturwissenschaften hat gelehrt, daß wir vor Überraschungen nie sicher sind. Wer hätte gedacht, daß Sand, das ordinärste Mineral überhaupt, einmal Eigenschaften entpuppen würde, die nicht nur einen neuen Forschungszweig der Physik ins Leben gerufen haben, die Festkörperphysik, sondern auch die Technik revolutionieren würde, die auf Silizium-Halbleitern beruhende Elektronik.

Darum rief 1961 eine Nachricht aus der Sowjetunion bei den Chemikern weltweit zwar Überraschung, jedoch keineswegs etwa ungläubiges Kopfschütteln hervor, die Kunde von der Entdeckung des »anomalen Wassers«. Ein bis dahin wenig bekannter Chemiker, N. N. Fedjakin, hatte herausgefunden, daß sich in haarfeinen Quarzröhrchen, die in einem Vakuumgefäß hängen, dessen Boden mit destilliertem Wasser bedeckt ist, nach längerer Zeit etwas niederschlägt, was erwartungsgemäß Wasser sein müßte, tatsächlich aber eine eigenartige Substanz war, die wie Vaseline aussah und sich auch so anfühlte. Da sie nichts anderes sein könne als Wasser, so schloß der russische Forscher, müsse es ein »Allotrop«, eine bislang unbekannte Ausprägung des Wassers sein.

Die Ausbeute bei der Herstellung dieses anomalen Wassers war außerordentlich gering, nur ein paar Mikrogramm. Die aber genügten, um einige Eigenschaften des Stoffs kennenzulernen. Anomales Wasser, so berichtete Fedjakin, geht bei einer Temperatur von minus vierzig Grad Celsius nicht etwa in Eis über, sondern in einen glasartigen Zustand, mit einer um vierzig Prozent höheren Dichte als gewöhnliches Wasser. Mit dem uns so vertrauten H_2O hat dieses anomale Wasser kaum mehr etwas gemein, es besitzt einen größeren Ausdehnungskoeffizienten, einen geringeren Dampfdruck und allerlei wunderliche Eigenschaften.

Die Verblüffung der Chemiker war besonders groß deshalb, weil Fedjakins Experimente im Labor für Oberflächenphänomene am Institut für physikalische Chemie in Moskau mehrfach unter wechselnden Versuchsbedingungen wiederholt und das Resultat von dem weltweit bekannten Physikochemiker Boris Derjaguin bestätigt wurden. Derjaguin gelang es auch mit einem raffinierten Trick, das anomale Wasser zu destillieren, womit er »beweisen« konnte, daß die Substanz tatsächlich aus nichts anderem als Wassermolekülen bestand.

In Ost und West machten sich Experimentatoren jetzt an die Arbeit, die Eigenschaften des »Polywassers« – so wurde es in Amerika getauft – zu ergründen. Reines Wasser, das sich so absonderlich verhält, kann sich von der uns bekannten Flüssigkeit nur dadurch unterscheiden, daß die Wasserstoff- und Sauerstoffatome, aus denen es zu bestehen hat, in ungewöhnlicher Weise miteinander zusammenhängen. Solche inneren Architekturen lassen sich mittels der Spektralanalyse studieren, bei der die zwischen den Atomen herrschenden Kräfte und die Verteilung der Elektronen indirekt erkennbar werden.

Dieser Methode bedienten sich die amerikanischen Physiker Robert Stromberg vom National Bureau of Standards und Ellis Lippincott von der Universität Maryland mit Erfolg. Die von ihnen veröffentlichten Ergebnisse waren sensationell. Nie zuvor waren solche Spektrogramme gesehen worden. Danach ließ sich die molekulare Struktur des Polywassers als ein Gefüge aus Sechsecken deuten, ähnlich einem Fliesenfußboden, mit Sauerstoffatomen als Ecken und jeweils dazwischen einem Wasserstoffatom.

Sechs Jahre lang wurde das Polywasser mit den modernsten Geräten und Methoden der Physik und Chemie untersucht – und diskutiert. Inzwischen waren einigen Wissenschaftlern Zweifel an der Existenz des wunderlichen, in seiner Stabilität die gewöhnliche Art übertreffenden Wassers gekommen. In der Wissenschaftszeitschrift »Science« erschien 1970 der Leserbrief eines anerkannten älteren Physikochemikers, Joel H. Hildebrand von der University of California in Berkeley, der mit den Sätzen begann: »Die Verfechter des Polywassers in den Seiten von ›Science‹ und anderswo mögen daran interessiert sein zu erfahren, daß einige von uns Schwierigkeiten haben, deren Produkt zu schlucken. Ein Grund dafür ist, daß uns der Inhalt eines Gefäßes skeptisch stimmt, auf dessen Etikett ein neuartiger Name steht, jedoch keine klare Inhaltsangabe.
Ein anderer Grund: Uns erscheint die Natur einer angeblich reinen Flüssigkeit, die nur von bestimmten Personen nach einem merkwürdigen Verfahren hergestellt werden kann, verdächtig. Uns bleibt die Erklärung, Wasser könne mittels Glas in eine stabilere Phase katalysiert werden, im Hals stecken. Wasser und Silikate haben sich in gewaltigen Mengen Jahrmillionen lang in innigem Kontakt miteinander befunden; wenn eine stabilere Art des Wassers möglich wäre, halten wir es für schwer verständlich, daß überhaupt noch gewöhnliches Wasser auf der Erde übriggeblieben ist.«
Der Briefschreiber führte aus, was vielen seiner Kollegen inzwischen in den Sinn gekommen war, daß sich bei der Herstellung des Polywassers in den Glas-Kapillaren ein Gemisch aus Wasser und winzigen Siliziumteilchen des Quarzröhrchens bildet.
Professor Leland C. Allen von der Princeton-Universität replizierte mit dem Vorwurf, daß es nicht gerade die feine wissenschaftliche Diktion sei, in der Kollege Hildebrand seine Bedenken geäußert habe. Zweifel an der Existenz

des Polywassers seien durchaus berechtigt, aber ehe sie widerlegt seien, solle doch nicht übersehen werden, daß es sich hier um ein Problem handle, das völlig neue Perspektiven von enormer potentieller Wichtigkeit eröffne. Weil es mit einfachen und billigen Mitteln studiert werden könne, sei es geradezu »das Modell eines idealen Forschungsthemas, das man seinen begabten jungen Studenten empfehlen kann«.

Die Redaktion von »Science« hatte es bald satt, ihre Spalten weiterhin der Kontroverse über das Polywasser zur Verfügung zu stellen, und informierte ihre Leser entsprechend. Doch der Streit schwelte weiter, die einen fanden Silizium im anomalen Wasser, andere gar ordinären Handschweiß des Experimentators, wieder andere aber sahen nur kristallklares Wasser in der neuen, die Chemie revolutionierenden Form.

In Moskau hatte es inzwischen Ärger gegeben. Bei einem Kongreß der sowjetischen Akademie der Wissenschaften im Juni 1969 hatte Derjaguin über Polywasser referiert. Danach kam es zu einer erregten Diskussion. Der Vortragende wurde hoch gelobt und vernichtend kritisiert. Ein Teilnehmer, der Spezialist für Massenspektroskopie V. L. Tal'rose, erklärte, die ihm von Derjaguin überlassenen Polywasserproben seien mit Fetten und anderen organischen Substanzen verunreinigt gewesen. Nachdem – arg verspätet – Berichte über die Moskauer Akademiesitzung in den Westen gelangt waren, nahmen insbesondere in den Vereinigten Staaten Forschungslaboratorien bester Provenienz noch einmal einen Anlauf, die Polywasser-Kontroverse zu entscheiden. Alsbald verkündeten Wissenschaftler der Tyco-Laboratorien des Batelle-Instituts, des National Bureau of Standards, der Universität von Maryland und last but not least Professor Derjaguin in Moskau: Polywasser gibt es nicht.

Plötzlich wollten sich die mit viel Trara unter der Autorenschaft angesehener Wissenschaftler veröffentlichten Experimentalergebnisse aus einem halben Dutzend Jahren intensiver, weltweiter Forschung nicht mehr einstellen. April, April.

Wie war das noch mit der wissenschaftlichen Methodik des Francis Bacon? Sie sollte mit der scholastischen Philosophie, nach der die Berufung auf eine anerkannte Autorität als Beweis für eine These ausreichte, ein für allemal Schluß machen. Gewiß, die moderne Wissenschaft richtet sich danach, aber ihre Adepten finden es immer noch schwer, sich von den berühmten Vertretern ihrer Zunft – zum Beispiel von einem Professor Derjaguin – nicht beeindrukken zu lassen.

Wie gut ist eine Theorie?

Wie eng sich eine wissenschaftliche Theorie der Wirklichkeit anpaßt, ist prinzipiell nicht zu ermitteln. Feststellen läßt sich nur, ob eine Theorie falsch ist, ob es in der Wirklichkeit etwas gibt, das der Theorie widerspricht.
Aber wir haben ein Gefühl für die Güte einer Theorie. Wir sind überzeugt davon, daß sie gut sein muß, wenn sie etwas voraussagt, was im nachhinein verifiziert werden kann. Paul Dirac errechnete aus seiner Theorie, daß es ein Antiteilchen zum Elektron geben muß. Bald darauf wurde dieses »Positron« entdeckt.
Murray Gell-Mann und Yuval Ne'eman hatten mittels einer abstrakten algebraischen Theorie – Darstellungstheorie der kontinuierlichen Gruppen – Ordnung in den »Zoo« der Elementarteilchen gebracht. Aber nach diesem Ordnungsschema – SU3-Theorie genannt – hätte an einer Stelle ein Teilchen eingeordnet werden müssen, dessen Existenz noch niemand nachgewiesen hatte. Jetzt wurde eifrig nach diesem »Omega-Minus«-Teilchen gefahndet, und bald war es gefunden.
Newtons Gravitationstheorie ließ für die geringen Bahnabweichungen des Planten Uranus nur die Erklärung zu, daß sie von einem anderen, bis dahin unbekannten Planeten stammen müßten. John Couch Adams und Urbain Jean John Leverrier berechneten nach eben dieser Theorie die Position des mutmaßlichen Wandelsterns; bald darauf wurde er von Johann Gotthard Galle entdeckt.
Das sind die Erfolgsstorys, die Physiker lieben, weil sie ihr Vertrauen in die Theorie stärken. Wahrer Jubel brach aus, als während einer Sonnenfinsternis im Jahre 1919 mit dem

Teleskop ein schwacher Punkt nahe dem Rand des abgedunkelten Zentralgestirns zu erkennen war. Es konnte nur ein bestimmter Fixstern sein, der jedoch gar nicht an dieser Himmelsposition hätte stehen dürfen: Vielmehr gehörte er an eine Stelle, die zur Zeit der Beobachtung noch näher am Rand der Sonnenscheibe gewesen wäre. Just diese Positionsverschiebung war der Anlaß zur großen Freude der Physiker. Der erwähnte Jubel galt Einsteins Allgemeiner Relativitätstheorie. Sie nämlich hatte vorausgesagt, daß jener Stern ein wenig von der Sonnenperipherie abgerückt erscheinen müsse, weil nämlich die von ihm ausgehenden Lichtstrahlen beim Passieren der Sonne zu ihr hin gekrümmt würden.

Schon 1914 hatten sich Freunde von Albert Einstein vorgenommen, diesen Beleg für die Richtigkeit seiner Theorie dingfest zu machen. Damals war eine Sonnenfinsternis angesagt, die in ihrer Totalität nur in Rußland beobachtet werden konnte. Aber es war auch der Erste Weltkrieg angesagt; seinetwegen mußte die Expedition abgeblasen werden.

Die Bestätigung einer Theorie durch Verifizierung einer aus ihr gewonnenen Voraussage wird gemeinhin überschätzt. Hätte Dirac schon gewußt, daß es Positronen gibt, wäre das Omega-Minus-Teilchen schon gefunden worden, bevor Gell-Mann und Ne'eman ihre Theorie aufgestellt hatten, wäre Planet Neptun schon Newton bekannt gewesen oder hätten Beobachter von Sonnenfinsternissen besser aufgepaßt, bevor Einstein sie mit der Nase auf den verschobenen Stern gestoßen hatte, wären die entsprechenden Theorien nicht weniger wirklichkeitsgetreu gewesen, als wir sie nach den Verifikationen empfinden.

Angenommen, ein Physiker X hätte das Teilchen Omega-Minus entdeckt, dies aber geheim gehalten. Daraufhin sei ihm die passende SU3-Theorie eingefallen, die er dann mit der Voraussage des Teilchens veröffentlicht hätte. Bald danach wäre Omega-Minus von anderen Physikern gefunden worden. Dann wäre diese Nachricht nicht weniger sensationell gewesen als die von 1964. Nur Herr Professor X wäre von der Nachricht nicht überrascht worden. Hier stellt sich die Frage: Wäre in diesem Fall die Theorie für alle übrigen Fachleute »richtiger« gewesen als für unseren Professor X?

Genaugenommen also ist der Zeitpunkt der Entdeckung eines Phänomens irrelevant für die Güte einer Theorie. Ließe sie sich vielleicht an der Anzahl der Phänomene messen, die sie erklärt? Strenggenommen auch nicht. Strenggenommen gilt eben nur Karl Poppers berühmte Forderung: »Eine akzeptable Theorie muß im Prinzip falsifizierbar sein.« Wissenschaftliche Forschung also müßte dem Ziel dienen, die jeweils gültige Theorie zu Fall zu bringen.

Gleichwohl gilt fast alle Forschungsarbeit in den Naturwissenschaften der Bestätigung von theoretischen Vorhersagen, nicht ihrer Widerlegung. Freilich läßt sich dieses Bemühen im umgekehrten Sinne deuten: Gelingt die Bestätigung nicht, kommt dies einer Falsifizierung gleich. So gesehen wäre das Streben nach Bestätigung nur ein Euphemismus für das, was tatsächlich geschieht, der Versuch, die Theorie ad absurdum zu führen?

So ist es eben nicht. Auch in der Wissenschaft sind wir nicht frei von Emotionen und Ideologien. Wer an die Gültigkeit einer Theorie glaubt, wird sie schon aus Selbstachtung nicht vernichten wollen. Dieser allzu menschliche Zug verführt selbst skeptische Gelehrte zuweilen dazu, sich in Grenzfällen, wo klare Experimentalergebnisse nicht erkennbar sind, für eine positive Deutung des strenggenommen nicht Deutbaren zu entscheiden.

Gelegentlich aber kommt es vor, daß sich eine Theorie gegen den Willen der Wissenschaftler zu bestätigen scheint. Solcherart Kopfweh bereitete den Astrophysikern

die merkwürdige Theorie des John R. Nelson von der »Radio Corporation of America« (RCA).
Seit Mitte der fünfziger Jahre verschickte Mister Nelson kostenlos an alle Stellen im In- und Ausland, die wie RCA mit drahtloser Übermittlung von Mitteilungen auf Kurzwellen zu tun haben, seine langen Tabellen, auf denen die Tage mit gutem, schlechtem und katastrophalem »Funkwetter« verzeichnet waren. Funkwetter, das gibt es tatsächlich. Es sind die Ausbreitungsbedingungen der kurzen Radiowellen, die, abhängig von der Tages- und Jahreszeit, mal gut für den einen Frequenzbereich, mal schlecht für den anderen sind.
Schuld daran ist die Ionosphäre, eine Hülle aus elektrisch geladenen Teilchen, die den Globus umgibt. Dank der Ionosphäre ist ein Funkverkehr über weite Entfernungen überhaupt nur möglich. Wie alle elektromagnetischen Wellen breiten sich auch Radiowellen geradlinig aus, weshalb sie der Erdkrümmung nicht folgen können. Doch die Ionosphäre reflektiert die Radiostrahlen, schickt sie also wieder zur Erde zurück – Fernmeldesatelliten tun dies für ultrakurze Wellen. Wie gut die Spiegelung an der Ionosphäre ist, hängt von ihrer Ladung ab. Für die sorgt die Sonne, deren »Wind« aus geladenen Partikeln zu uns herüberweht. Besonders kräftig weht er zu Zeiten, in denen die Sonne viele Flecken zeigt; Ausbrüche sind sie, die Ladungsteilchen ins All schleudern. Deshalb freuen sich Funker auf die im Rhythmus von elf Jahren wiederkehrenden Zeiten der »aktiven Sonne«, während der besonders große Reichweiten zu erzielen sind.
Diese Einflüsse sind recht gut vorherbestimmbar. Doch es gibt auch Überraschungen. Wenn plötzlich aus der Sonne Protuberanzen schießen, unvorstellbar hohe Flammenzungen, die bei einer Sonnenfinsternis am Rande des Zentralgestirns mit bloßem Auge sichtbar sind, ist kurze Zeit danach die spiegelnde Hülle arg verbeult. Funkstörungen

bis zum Blackout sind die Folge. Wäre rechtzeitig bekannt, wann diese Ausbrüche zu erwarten sind, könnten sich die Radiostationen darauf einrichten, etwa auf Frequenzbänder umschalten, die weniger stark auf solare Unregelmäßigkeiten reagieren, oder ihre Sendezeiten entsprechend ändern. Kurzum, es wäre wünschenswert, eine Vorwarnung zu bekommen. Aber die Sonne ist kapriziös.

Mister Nelson freilich war da ganz anderer Ansicht. Er glaubte, herausgefunden zu haben, daß die Stellung der Planeten zueinander und zur Sonne mit den Sonnenausbrüchen in engem Zusammenhang stehe. Planetenkonstellationen aber lassen sich auf beliebig viele Jahre vorausberechnen. Nelsons Theorie war sehr einfach. Wenn zwei Planeten mit der Sonne als Scheitelpunkt einen rechten oder einen gestreckten Winkel bilden, speit die Sonne ihr Feuer wesentlich stärker als sonst aus. Stehen gar mehrere Planeten in dieser Weise rechtwinklig zueinander oder mit der Sonne auf einer Geraden, dann schleudert die Sonne entsprechend heftiger Protuberanzen aus ihrer Oberfläche.

Für John Nelson war damit klar, daß bei jenen Planetenkonstellationen ein ungestörter Funkverkehr kaum möglich sein würde. Und weil sein Arbeitgeber mitspielte, schickte RCA seine Vorausberechnungen dieser schlechten Zeiten an jeden, der sie haben wollte. Fernmeldebehörden und internationale Radiogesellschaften erhielten sie ungefragt.

Die Vorhersagen stimmten – meistens. Dies jedenfalls behauptete nicht nur Mister Nelson, sondern wurde auch von vielen Funkstationen bestätigt. Astrophysiker sahen dies mit Unbehagen. Eine physikalische Erklärung für solchen Zusammenhang läßt sich nicht finden. Astrologen hingegen triumphierten. Konnte doch zum erstenmal ein meßbarer Einfluß der Planetenstellungen am Himmel auf irdische Verhältnisse nachgewiesen werden. Daß sich Techniker

danach richteten, die nicht gerade als Spinner verrufen sind, sondern ganz im Gegenteil mit beiden Beinen auf dem Boden der Realität stehen, erfüllte die Sterndeuter mit besonderer Freude.
Die Tatsache, daß sich seine Vorhersagemethode der physikalischen Erklärung entzog, war John Nelson gleichgültig. Er hatte einen Kausalzusammenhang entdeckt und war damit vollauf zufrieden. Die Wochenzeitung DIE ZEIT hatte über Nelsons Theorie berichtet und sich von der Hamburger Sternwarte die nächste rechtwinklige Planetenkonstellation ausrechnen lassen. An jenem Tag war prompt miserables Funkwetter. Nelson telegraphierte: »Siehste«.
Indes war ihm auf Dauer das Glück nicht hold. Je mehr sich seine Theorie verbreitete, desto sorgfältiger wurden seine Tafeln mit den Daten verglichen, die an Solarobservatorien in verschiedenen Ländern gesammelt werden. Dabei ergab sich, daß von einer Korrelation zwischen Planetenpositionen und Sonnenausbrüchen nicht die Rede sein konnte. Nelson blieben nur die Erfahrungen der Funkkollegen. Doch auch die mochten das Eintreffen der von ihm vorhergesagten Ausbreitungsbedingungen für Radiowellen nun nicht mehr bestätigen.
Die Astrophysiker waren erleichtert, die Astrologen ignorierten die neue Sachlage – niemand aber vermag zu sagen, warum John Nelson jahrzehntelang so viele Treffer verbuchen konnte.

Kapriziöse Statistik

St. Petersburg auf der Halbinsel Pinellas im US-Staat Florida ist eine für den Süden der Vereinigten Staaten verhältnismäßig alte Stadt mit einem kleinen, häßlichen Kern, aber umgeben von großen, subtropischen Gärten, die sich nur bei näherem Hinsehen als Wohnsiedlungen entpuppen. Beliebt ist St. Petersburgs weitläufiger Strand an der Tampa-Bay des Golfs von Mexiko, zumal das Wetter meistens schön ist. Wie schön, das läßt sich zum Beispiel der »St. Petersburg Times« entnehmen, die seit ihrem Bestehen täglich berichtet, wie das Wetter just zu der Zeit des Vortags war, als das Blatt – am Nachmittag – in den Druck ging.
Diesen täglichen Reports entstammt eine Statistik, aus der hervorgehen soll, daß in der Zeit vom Anfang des Jahres 1910 bis zum Ende 1957 an 211 Tagen die Sonne nicht geschienen habe. Bemerkenswert ist aber, daß unter diesen 211 Tagen nur elf Sonntage sind, nicht etwa dreißig, wie bei einer zufälligen Verteilung zu erwarten gewesen wäre. Statistiker errechnen aus einer solchen Abweichung von der erwarteten Zahl, wie wahrscheinlich es ist, daß dies allein dem Zufall zuzuschreiben sei. Diese Wahrscheinlichkeit beträgt hier 1:20000 oder, was noch eindrucksvoller aussieht, 0,005 Prozent.
Bei einer so geringen Zufallschance muß es doch wohl einen handfesten Grund dafür geben, daß die Sonntage beim Wetter bevorzugt werden. Was aber mag die Ursache sein? An Werktagen pustet die Industrie viel Abgase in die Luft; kann es daran liegen? Die Meteorologen würden dies sogar für ausgesprochene Industriegebiete verneinen; und St. Petersburg ist weder Industriestadt noch in der Nähe

eines Industriegebiets. Nein, dieser Grund entfällt. Den Autos läßt sich diesmal der Schwarze Peter auch nicht zuschieben; denn der Verkehr ist in dieser Region an allen Tagen der Woche gleich dicht. »Dann kann es wohl nur noch daran liegen, daß Petrus die Wünsche der Bevölkerung und Touristen erhört«, meinte ein Kolumnist der »Times«.

Wir finden diese Pointe lustig, weil wir die Annahme, das Wetter könne von Wünschen beeinflußt werden, für absurd halten. Nicht so absurd klingt die Möglichkeit, daß Zigarettenrauchen das Lernvermögen junger Menschen verringert. Wir können plausible Erklärungen dafür finden, etwa die Tatsache, daß Nikotin bekanntermaßen die Blutgefäße verengt, mithin das Gehirn des Rauchers schlechter durchblutet wird als bei Nichtrauchern. Tatsächlich hatte Mitte der vierziger Jahre eine großangelegte Studie an männlichen Studenten der Cornell-Universität ergeben, daß Raucher signifikant schlechtere Examens- und Seminarnoten bekommen als Nichtraucher. Die Untersuchung war mit aller statistischen Sorgfalt ausgeführt worden, an der Glaubwürdigkeit des Resultats besteht kein Zweifel. Doch darf daraus der Schluß gezogen werden, daß der Tabakkonsum die Ursache für die kläglichen Zensuren ist? Könnte es nicht zum Beispiel umgekehrt sein, daß Studenten, die schlechte Noten bekommen, aus Kummer darüber zur Zigarette greifen? Vielleicht ist keines der beiden Phänomene die Ursache des anderen, sondern haben beide eine gemeinsame Ursache, etwa in der Persönlichkeitsstruktur – jemand, der genug Selbstdisziplin hat, auf den Tabak zu verzichten, mag sich auch besser zum Lernen zwingen.

Daß das Rauchen die Lernfähigkeit mindere, ist weder glaubhafter noch unglaubhafter, als daß unser Wünschen das Wetter beeinflusse – denn beides ist weder bewiesen noch widerlegt. Das eine kommt uns nur wahrscheinlicher vor als das andere; und so geht es auch Wissenschaftlern.

Forscher aller Fachrichtungen verstoßen gegen die simple Regel, daß eine statistische Korrelation zweier Ereignisse, und sei sie noch so eng, allein nichts besagt. Und weil dies so häufig geschieht, ist die irrige Meinung entstanden, mit Statistik ließe sich alles beweisen und von jedem auch das Gegenteil. Nur falsche Anwendung von Statistik kann dies.

Zulässig ist natürlich die an eine Korrelation geknüpfte Vermutung. Als sich Anfang unseres Jahrhunderts herausstellte, daß das Arzneimittel »Aspirin« heilwirksam für den akuten Gelenkrheumatismus ist, zog diese Krankheit unter Medizinern viel Aufmerksamkeit auf sich. Vielen fiel nun auf, daß sich bei Kindern, die das Gelenkrheuma überstanden hatten, ein Herzfehler einstellte, und da die Patienten durchweg mit Aspirin behandelt worden waren, geriet die Arznei in den Ruch, das Herz zu schädigen. Es dauerte viele Jahre, ehe sich herausstellte, daß der gleiche Herzfehler mit gleicher Häufigkeit auch bei unbehandeltem akuten Gelenkrheuma auftritt – das Mittel hatte nichts damit zu tun. Die Statistik hatte eine Vermutung geliefert, die sich nicht bewahrheitete.

Der per Statistik aufgekommene Verdacht, Zigarettenrauchen könne das Entstehen von Bronchialkrebs verursachen, war Anfang der sechziger Jahre nicht besser abgestützt als die Vermutung, Rauchen könne das Lernen behindern, aber er war alarmierend genug, um Forschungen in allen Teilen der Welt in Gang zu setzen. Sie untermauerten schließlich die These vom Raucherkrebs so stark, daß sie heute als gesichert gilt – präziser gesagt: mit an Sicherheit grenzender Wahrscheinlichkeit zu Recht besteht.

Vollends sichern kann Statistik einen Kausalzusammenhang ebensowenig wie ein Experiment. Wohl aber läßt er sich in beiden Fällen höchstwahrscheinlich machen, beim statistischen Nachweis zum Beispiel dadurch, daß er viele Male unter verschiedenen Ausgangsbedingungen geführt

wird. Doch es gibt warnende Beispiele dafür, wie leicht solche Bedingungen falsch gewählt werden können.
Anfang der dreißiger Jahre hatte ein Artikel in einer medizinischen Fachzeitschrift viel Aufregung hervorgerufen, weil er in dem Verdacht gipfelte, Milch könne krebserzeugend sein. Die Aussage stützte sich auf den Befund, daß in den Gegenden der USA, in denen die meiste Milch produziert und konsumiert wird, in Neuengland, Minnesota, Wisconsin, die Krebsrate besonders hoch war. Das gleiche traf auch für die Schweiz zu, die im Milchkonsum die Spitzenposition in Europa hielt. Gestützt wurde diese statistische Ermittlung durch eine zweite: In einigen Südstaaten Amerikas, wo der Milchkonsum besonders niedrig ist, war die Krebsrate auffallend niedrig. Zudem gab es noch ein drittes statistisches Indiz: Engländerinnen, die viel Milch trinken, erkrankten achtmal so häufig an Krebs wie Japanerinnen, die nur selten Milch trinken. Auf drei Wegen also hatte sich eine Korrelation zwischen Milchkonsum und Krebskrankheit herausgestellt. Sollten wir unter der drückenden Last so vieler massiver Gründe nicht lieber auf den Milchgenuß verzichten?
Nein, das ist wohl nicht nötig. Denn es lassen sich manche andere Gründe für die drei Zusammenhänge finden, zum Beispiel diesen: Neuengland, die US-Staaten Minnesota und Wisconsin waren zu jener Zeit Gebiete, deren Einwohner mit einer wesentlich höheren Lebenserwartung geboren worden waren als die der übrigen Vereinigten Staaten, und entsprechend hob sich die Schweiz unter den Ländern Europas hervor. Krebs aber ist eine Krankheit, die hauptsächlich im höheren Lebensalter entsteht. Mithin lebten viele Bewohner jener Regionen lange genug, um »ihren Krebs« noch zu bekommen, was Amerikanern aus anderen Gegenden, insbesondere den »kurzlebigen« Südstaatlern, erspart blieb. Das gleiche galt für die Schweiz. Und was die Frauen in England und Japan betrifft: Englän-

derinnen lebten damals im Durchschnitt zwölf Jahre länger als Japanerinnen.
Viel Aufregung hat eine statistische Untersuchung hervorgerufen, die eine Korrelation zwischen oberirdischen Tests von Nuklearwaffen und der Säuglingssterblichkeit in den USA zutage brachte. Veröffentlicht hat diese Studie der amerikanische Säuglingsarzt Ernest Sternglass in der Ausgabe vom April 1969 des »Bulletin of the Atomic Scientist«. Eine Graphik in dem Artikel zeigt es unübersehbar: In dem Zeitabschnitt, da noch alle Atombombentests in der Atmosphäre stattfanden, liegt die Rate der Säuglingssterblichkeit erheblich über dem Erwartungswert. Nachdem sich aber die Nuklearmächte – bis auf Frankreich und China – verpflichtet hatten, keine Atomwaffenversuche mehr über der Erde stattfinden zu lassen, nimmt die Kurve, die der Entwicklung der Säuglingssterblichkeit entspricht, wieder ihren erwarteten Verlauf.
Bei näherer Betrachtung aber zeigt sich, daß sich die Hypothese des Professor Sternglass weder bestätigen noch widerlegen läßt. Denn die ihr zugrundeliegende Statistik ist von einer seltsamen Art: Ihre Basis ist der stete Fortschritt in der Medizin und in der Säuglingspflege, genauer, die Annahme, daß im Verhältnis zu der Gesamtzahl der Lebendgeborenen die Anzahl der im Säuglingsalter gestorbenen Kinder stetig abnimmt.
Tatsächlich ist diese Rate der Säuglingssterblichkeit in Nordamerika seit etwa 1930 von Jahr zu Jahr gesunken. 1934 betrug sie noch sechzig Promille; 1950 war sie auf dreißig Promille gefallen. Diese Abnahme fand allerdings nicht gleichmäßig statt. Vielmehr verlangsamte sie sich von Jahr zu Jahr. Graphisch als Funktion der Zeit dargestellt, nahm also die Säuglingssterblichkeitsrate den Verlauf einer nach unten gerichteten Kurve, die zunehmend flacher wird. Sie spiegelt die charakteristische Entwicklung vieler Faktoren wider, die Folge von zunehmendem Lebensstan-

dard und von Fortschritten in der Medizin, der Sozialgesetzgebung und der Hygiene sind. Anfangs machen sich diese Einflußgrößen dramatisch bemerkbar, mit der Zeit aber werden die Verbesserungen der Lebensqualität naturgemäß immer bescheidener.
Doktor Sternglass nahm als Vorgabe die Kurve der Säuglingssterblichkeitsrate von 1930 bis 1950 und setzte sie so fort, daß ihre charakteristische Form erhalten blieb. Sie wurde weiter zunehmend flacher, aber behielt ihre Tendenz, die Richtung nach unten, bei. Für solche Trendfortsetzungen gibt es mathematische Verfahren, die zum Beispiel bei Voraussagen von Wirtschaftsentwicklungen angewandt werden. Diese Kurvenfortsetzung aber stimmte gerade noch 1951 mit der Wirklichkeit überein; dann wurde die reale Abnahme der Säuglingssterblichkeit geringer, als sie es nach der Trendanalyse von Sternglass hätte werden sollen. Von 1955 bis 1960 veränderte sich die Rate bis auf statistische Fluktuationen nicht; in den folgenden Jahren aber begann sie wieder zu fallen, zunächst zaghaft, dann aber immer steiler bis auf den heutigen Tag bei einem Stand von zehn Promille.
Sternglass bringt diesen Kurvenverlauf mit den Tests der A- und H-Bomben in zeitlichen Zusammenhang. Die Kurve, so findet er, verflacht sich signifikant in der Periode, da mit den Atombombentests in Nevada begonnen wurde, und stagniert in der Zeit, während der auf Pazifikinseln die Wasserstoffbomben gezündet wurden. Die fallende Tendenz der Säuglingssterblichkeit setze erst wieder zu der Zeit ein, da Großbritannien, die USA und die Sowjetunion den Teststopp vereinbart hatten.
Die Korrelation ist zweifelsfrei richtig; zu fragen ist allerdings, ob ihr eine Kausalität zugrunde liegt. Wohlgemerkt: Die Säuglingssterblichkeit hatte in dem betrachteten Zeitraum nicht etwa zugenommen, sondern im Gegenteil, sie verringerte sich ein wenig. Doch selbst wenn sie gestiegen

wäre, hätte dies andere Gründe haben können, Epidemien zum Beispiel. In der Sternglass-Studie geht es aber, wie beschrieben, um Abweichungen von der Vorhersage einer zukünftigen Entwicklung. In diesem Fall hängt die Aussagekraft der Statistik entscheidend davon ab, wie verläßlich die Vorhersage war.

Extrapolationen von beobachteten Entwicklungen in die Zukunft sind durchaus üblich und häufig auch informativ. Die Weltbevölkerung wird im Jahr 2000 ungefähr so groß sein, wie sie 1960 von der UN vorausberechnet worden ist. Hingegen haben wir in den letzten zwanzig Jahren erlebt, daß sich die OECD mit ihren Vorhersagen des europäischen Energiebedarfs immer wieder gewaltig verschätzt hat. Beides waren Trendextrapolationen. Manche Vorausberechnung nach dieser Methode käme uns so unsinnig vor, daß wir sie gar nicht erst anstellen würden. Zum Beispiel nahm die Zahl der Käufer von Fernsehapparaten in der Bundesrepublik in den Jahren 1955 bis 1965 so rapide zu, daß die Fortschreibung dieser Entwicklung heute schon weitaus mehr Apparatekäufer als Bürger im Land ergeben würde. Hingegen erscheint uns die Annahme sinnvoll, daß der Absatz von Speiseeis im kommenden Winter ebenso zurückgehen wird wie in den Jahren davor.

Wie verhält es sich nun mit der Rate der Säuglingssterblichkeit. Doktor Sternglass hatte ihren Trend in der Zeit von 1930 bis 1950 beobachtet und dabei bemerkt, daß er sich sehr eng an den Verlauf einer Kurve anschmiegt, die einer mathematischen Funktion entspricht: Für den Beobachtungszeitraum stimmt die jährliche Rate R sehr gut mit den Werten überein, welche die Funktion – nennen wir sie F(t) – liefert, worin t jeweils das entsprechende Jahr ist. Darum glaubt der Arzt, daß die Formel auch für die folgenden Jahre zu stimmen habe; falls nicht, müsse dies an den Bombentests liegen.

Daß Kleinstkinder sterben, hat viele und im Laufe der Zeit

auch verschiedene Gründe. Mag in den dreißiger Jahren noch der Lebensstandard die Haupteinflußgröße gewesen sein, so dürften Ende der vierziger Jahre eher Infektionskrankheiten im Vordergrund gestanden haben. Auch der Rückgang dieser speziellen Sterberaten ist mit Sicherheit multikausal, und wann welche der medizinischen, sozialen und hygienischen Gründe jeweils den Ausschlag gegeben haben, ist nicht auszumachen. Mit Sicherheit richten sich solche Parameter, die von so diversen Dingen abhängen wie Erziehung, Erfindung eines Arzneimittels oder Finanzierung der Gesundheitsdienste, nicht nach einer mathematischen Formel. Der Babyboom, der in Amerika Anfang der fünfziger Jahre vehement einsetzte, ist sicher auch nicht ohne Einfluß auf die Babysterblichkeit gewesen – wegen überfüllter Entbindungsstationen, vor allem im Mittelwesten, war die bis dahin zunehmende Rate der Klinikgeburten wieder rückläufig geworden, was vielleicht zum vorübergehenden Stagnieren der Säuglingssterblichkeit-Abnahme in jener Zeit beigetragen haben mag.
Die Annahme also, daß sich ein so komplexes Zusammenspiel von Faktoren in einer Formel oder glatten Kurve ausdrücken läßt, ist unhaltbar. Deshalb ist es auch nicht verwunderlich, daß die Kurve der letzten 15 Jahre – lange nach den Bombentests! – völlig anders aussieht als die zwischen 1930 und 1950, sie ist konkav statt konvex. Mithin taugen die Abweichungen der realen Daten von einer solchen Formel nicht als Kriterium für eine Statistik.
Ergo wissen wir nach wie vor nicht, ob die oberirdischen Nuklearbombentests einen starken, einen schwachen oder überhaupt keinen Einfluß auf die Rate des Babysterbens in den USA gehabt haben. Wir wissen überhaupt so gut wie nichts über Fern- oder Spätwirkungen nuklearer Explosionen. Daß sie dennoch stattgefunden haben und weiterhin stattfinden, ist just aus diesem Grund verbrecherischer Leichtsinn.

Wenn sich der Geist trübt

Hat erst einmal ein Wissenschaftler den Status des anerkannten Forschers oder gar berühmten Gelehrten erreicht, genießt er in seinem Beruf das Privileg der wahrhaft ungehemmten Freiheit. Für gewöhnlich wird er lästiger Verpflichtungen entbunden, es gibt für ihn weder vorgeschriebene Arbeitszeiten noch eine Altersgrenze. Der Zugang zum Informationssystem »Wissenschaft« steht ihm unkontrolliert offen, kein Herausgeber oder Referent prüft das Manuskript, das er an eine Fachzeitschrift geschickt hat, auf Glaubwürdigkeit, Originalität oder Widerspruchsfreiheit; es wird unredigiert gedruckt.

Aber Wissenschaftler werden alt wie andere Menschen auch. Und wie jedem anderen kann es auch einem Gelehrten widerfahren, daß sich sein Geist verwirrt. Der große Albert Einstein wurde in Princeton vergeßlich, er zog sich von seinen Freunden zurück, mit steifen kleinen Schritten trippelte er zum Institut, das Hören fiel ihm schwer, seine Liebenswürdigkeit wich dem Starrsinn – Arteriosklerose war seine Krankheit, und er wußte es. »Jetzt möchte ich in Ruhe vertrotteln«, soll er zu John von Neumann gesagt haben. Doch hätte er sich in diesem Zustand an den Schreibtisch gesetzt und wahllos irgendwelche Formeln auf ein paar Blatt Papier geschrieben – er tat es nicht –, so wären sie unkontrolliert gedruckt worden.

Andere hatten nicht das Glück, rechtzeitig erkennen zu dürfen, daß sich ihr Denk- und Urteilsvermögen allmählich einzuengen begann. Nikola Tesla zum Beispiel vermochte es nicht. Der Erfinder des Wechselstrommotors und des Transformators (der Teslaspule) mit dem photographischen

Gedächtnis – es heißt, er habe nur einen Blick auf eine große Tabelle zu werfen brauchen, um sie fortan aus dem Gedächtnis reproduzieren und benutzen zu können – verfiel schon als Endvierziger einer zunächst nur an seinen wunderlichen Forschungen erkennbaren Geisteskrankheit. Er versuchte, eine Maschine für Todesstrahlen zu konstruieren, und baute dafür merkwürdige Apparate, die gar nicht funktionieren konnten. Seine Eifersucht auf Edison nahm krankhafte Formen an, runde Gegenstände, ob Tennisball oder die Kuppel eines Gebäudes, jagten ihm eine entsetzliche Angst ein. Bald waren ihm Menschen unerträglich, nur zu den Tauben im New Yorker Central Park, die er täglich mehrmals fütterte, hatte er Zutrauen. Seine unverständlichen Forschungsberichte wurden anfangs noch von Fachblättern angenommen, bis sie schließlich wegen absoluter Unlesbarkeit gleich im Papierkorb landeten. Nikola Tesla starb in geistiger Umnachtung.
Es ist das Wesen der Forschung, daß sie Überraschendes ans Licht bringt, weshalb in manchen Fällen nicht erkennbar ist, ob sich ein Sachverhalt tatsächlich als Ergebnis einer Untersuchung oder nur als Trugbild im verwirrten Hirn des Untersuchenden eingestellt hat. So war es auch mit den N-Strahlen des Prosper Blondlot. Seine tragikomische Geschichte hat der amerikanische Physiker Robert W. Wood der Nachwelt überliefert.
Sie beginnt mit der Entdeckung der Röntgenstrahlen und der natürlichen Radioaktivität am Ausgang des 19. Jahrhunderts, von denen an anderer Stelle ausführlich die Rede war. Nicht nur Wissenschaftler sprachen um die Jahrhundertwende von Strahlen. Alle, die das Geheimnisvolle liebten, Magnetiseure, Okkultisten, Wunderheiler, religiöse Sektierer, sahen, fühlten, hörten Strahlen aller Art, Hypochonder und einfältige Patienten von Laienärzten wähnten sich aus den Tiefen des Erdballs oder den Höhen des Kosmos bestrahlt, Geschäftemacher boten allerlei Ge-

rät gegen Strahlen an, und Militärs träumten von Todesstrahlen.
Auch der deutsche Kaiser Wilhelm II. hatte sich über Strahlen sachkundig gemacht und dabei erfahren, daß in Frankreich eine neue Sorte Strahlen gefunden worden sei. Ihr Entdecker war Prosper Blondlot, ein gestandener Physiker, Direktor des Physikalischen Instituts der Universität Nancy, Mitglied der Französischen Akademie der Wissenschaften. Im Jahr 1903 hatte der bekannte Professor zum erstenmal über seine »N-Strahlen« berichtet, »N« stand für Nancy. Ehe das Jahr zu Ende ging, waren schon zwölf weitere wissenschaftliche Arbeiten über N-Strahlen in den »Comptes rendus« erschienen, dem edelsten unter den Foren der Wissenschaft.
Der Kaiser ließ Professor Rubens von der Universität Friedrich Wilhelms zu Berlin wissen, er solle die Blondlotschen Experimente nachmachen und ihm dann in Potsdam die N-Strahlen vorführen. Rubens informierte sich über die Arbeiten seines französischen Kollegen: N-Strahlen würden von einer Reihe von Metallen spontan abgegeben. Zu ihrem Nachweis genügte ein Stück Papier in einem stark abgedunkelten Raum. Denn wenn N-Strahlen ins menschliche Auge fielen, würde die Sehkraft deutlich verstärkt; das Papier wäre dann im nahezu dunklen Raum zu sehen, als sei es beleuchtet.
Der Psychologe A. Charpentier, bekannt geworden durch spektakuläre Hypnoseexperimente, behauptete in den »Comptes rendus«, N-Strahlen würden auch von Muskeln, Nerven und dem Gehirn produziert. Das allein hätte stutzig machen sollen; doch niemand schien stutzig zu werden, am allerwenigsten Blondlot. Er konstruierte ein spezielles Spektroskop mit Linsen und einem Prisma aus Aluminium. Hiermit, so berichtete er stolz, konnte er ein Linienspektrum sichtbar machen. Damit war klar, daß es N-Strahlen mit unterschiedlichem Brechungsindex und verschiedener

Frequenz gibt. Blondlot bestimmte die Wellenlängen, und Jean Becquerel – nicht der Nobelpreisträger – wies nach, daß N-Strahlen vermittels Drähten ähnlich wie elektrischer Strom geleitet werden können.

Im Frühsommer des Jahres 1904 hatte Blondlot zwanzig Arbeiten veröffentlicht, Charpentier ebenfalls zwanzig und Becquerel zehn. Insgesamt also waren über die N-Strahlen fünfzig Abhandlungen erschienen. Kein Wunder, daß die Französische Akademie der Wissenschaften Prosper Blondlot mit dem begehrten Lalande-Preis auszeichnete; er war mit 20000 Franc dotiert, dazu gab es eine Plakette aus Gold. In der Verleihungsurkunde stand, daß der französische Physiker damit für seine »Entdeckung der N-Strahlen« geehrt würde.

In Berlin studierte Professor Rubens die fünfzig wissenschaftlichen Artikel über die neuen Strahlen; sodann machte er sich an die Arbeit, selbst welche herzustellen. Es klappte nicht. Rubens schrieb an Blondlot, der antwortete ihm freundlich, gab ein paar Ratschläge, aber in Preußen wollten die Metalle keine N-Strahlen abgeben. Nach zwei Wochen wurde Rubens zur Gewißheit, was er von Anfang an vermutet hatte: N-Strahlen gibt es nicht. Aber wie sollte er das seinem Kaiser beibringen?

Im September 1904 fand im englischen Cambridge die Jahrestagung der »British Association for the Advancement of Science« statt. Dort traf Rubens seinen amerikanischen Kollegen Robert Wood. Die beiden Gelehrten kamen eher beiläufig auf die N-Strahlen des Prosper Blondlot aus Nancy zu sprechen und beschlossen, sich nach der Tagung mit einer Anzahl englischer Physiker zusammenzusetzen, um zu besprechen, was sich machen ließe, um die N-Strahlen-Affäre zu bereinigen.

Rubens schlug vor, der Kollege Wood solle den Franzosen besuchen und ihm die N-Strahlen ausreden. Rubens selbst wollte dies nicht tun, weil er mit Blondlot einen so freundschaftlichen Briefwechsel geführt hatte. Die anderen anwesenden Physiker stimmten dem Vorschlag zu. Ja, Robert Wood sollte zu Blondlot nach Nancy fahren. Schließlich sei er Amerikaner, und Amerikaner seien doch zu allem fähig. Professor Wood begab sich nach Nancy. Unterwegs hatte er sich vorgenommen, so zu tun, als spräche und verstünde er kein Französisch – es sollte sich als ein guter Vorsatz erweisen. Blondlot erwartete Wood am frühen Abend in seinem Labor. Der Franzose sprach nicht englisch, so einigte man sich auf deutsch, das beide einigermaßen beherrschten.

Zuerst zeigte Blondlot seinem Gast eine Karte, auf der mit Leuchtschrift ein Kreis gezeichnet war. Im Gaslicht war er gut zu erkennen. Doch jetzt dämpfte der Franzose das Licht, und der Kreis war nur noch schwach zu sehen. Daraufhin holte Blondlot einen N-Strahler hervor, der Wood angeblich ins Auge strahlte. Erwartungsvoll fragte Blondlot, ob Wood nun den Leuchtschriftkreis heller sehe. Wood bemerkte nichts dergleichen, was Blondlot mit der Bemerkung quittierte, die Augen seines Gastes seien wohl nicht empfindlich genug, aber das beweise gar nichts. Wood schlug vor, eine Scheibe aus Blei durch den Strahlengang zu bewegen. Blondlot solle dann sagen, wann er den Leuchtkreis heller und wann dunkler sehe. Damit war Blondlot einverstanden, aber dieses Experiment schlug hoffnungslos fehl. Oft sah Blondlot den Kreis hell, wenn der Bleischirm die Strahlen gerade abdeckte, und dunkel, wenn der angebliche Strahl ungehindert in sein Auge fiel.

Nach ein paar weiteren Versuchen, die auch ergebnislos verliefen, führte Blondlot dem Amerikaner das N-Strahlen-Spektroskop vor. An Stelle des Okulars war an diesem Instrument ein mit Leuchtfarbe bestrichener, in horizontale Richtung verschiebbarer Faden angebracht. Blondlot setzte sich vor das Gerät und ließ den Faden von links nach rechts wandern. Offenbar sah er dabei in dem abgedunkelten Raum den Faden überall dort aufleuchten, wo sich eine Spektrallinie befand. Laut las er die von einer Skala ablesbaren Positionen vor und tat dies auch dann noch, als Wood heimlich das Aluminiumprisma, das Herzstück der Apparatur, entfernt hatte.

Ehe Licht gemacht wurde, legte Wood das Prisma wieder an seinen Platz im Instrument. Der anwesende Assistent aber schien Verdacht geschöpft zu haben. Das Experiment wurde wiederholt, jedoch mit dem Assistenten als Beobachter. Wie Blondlot las er die Positionen der Spektrallinien ab. Doch als sich Wood dem Instrument näherte, ohne es aber zu berühren, raunte der junge Mann seinem Chef in Französisch zu, er sehe keine Linien mehr, der Amerikaner habe etwas am Instrument verändert. Sofort wurde Licht gemacht, doch alles war an seinem Platz.

Wood schrieb am darauffolgenden Tag einen Brief an die Zeitschrift »Nature«, in dem er seine Skepsis gegenüber den N-Strahlen äußerte: Eine populäre Wissenschaftszeitschrift forderte die Physiker des Landes auf, ihre Meinung über die Blondlotschen Strahlen kundzutun. Weitaus die meisten hielten sie für Humbug. Die Akademie schrieb die Verleihungsurkunde für den Lalande-Preis um. Blondlot hatte ihn nach der neuen Lesart für seine Verdienste um die Physik bekommen. Das Verhalten des Physikers wurde immer seltsamer, bald mußte er in eine Nervenklinik eingeliefert werden.

»Die Funktion des Orgasmus«, »Die sexuelle Revolution«, »Die Massenpsychologie des Faschismus«, »Charakter-Analyse« – Titel, die sich in unseren Tagen im Buchangebot nicht gerade fremd ausnehmen würden. Geschrieben hat diese Bücher in den Jahren 1927 bis 1933 der Arzt und – bis 1930 – Protegé Sigmund Freuds, Dr. Wilhelm Reich (1897 bis 1957). Diese in steifer, humorloser Gelehrten-

sprache verfaßten, größtenteils langatmigen Abhandlungen orientieren sich eng an den Grundlagen der Psychoanalyse, doch das Besondere und für die Internationale Gesellschaft für Psychoanalyse arg Befremdliche war, daß ihr Autor eine enge geistige Beziehung zwischen den Lehren Freuds und dem Marxismus sah und darum eine marxistische Psychoanalyse zu etablieren gedachte.
Im ersten dieser vier Bücher geht Wilhelm Reich davon aus, daß die sexuelle Frustration des Proletariats dessen politisches Gewissen eingeschläfert habe. Nur eine sexuelle Befreiung, das ungebundene Ausleben des Geschlechtstriebs könne bei der Arbeiterklasse das revolutionäre Bewußtsein und die Erkenntnis ihrer historischen Aufgaben wecken.
Solche Thesen würden heute nicht mehr schockieren; ihre Begründungen klingen, so, wie Reich sie formulierte, nicht mehr revolutionär in unseren Ohren, eher so, daß wir uns gerne mit ihnen auseinandersetzen möchten. Damals aber, kurz vor Beginn der Nazizeit, mochten Kommunisten – für die Reich sie geschrieben hatte – und Psychoanalytiker gleichermaßen nichts von solcher Theorie hören, selbstverständlich auch die Nazis nicht. Wilhelm Reich, immerhin einer der ideenreichsten Jünger Freuds, wurde aus der Internationalen Gesellschaft für Psychoanalyse und aus der Kommunistischen Partei hinausgeworfen, bald auch aus Berlin, wo er sich niedergelassen hatte.
Der Arzt floh nach Dänemark, dann weiter nach Schweden und blieb schließlich ein paar Jahre in Norwegen, wo er in Oslo seine Forschungen fortsetzte. Doch auch hierher folgten ihm Haß und Abscheu. Die zwanziger Jahre, deren freiheitliche Atmosphäre für geistige Experimente so gedeihlich gewesen war, hatten auch außerhalb ihres, von den braunen Horden zertretenen Nährbodens Berlin aufgehört zu existieren. Doktor Reich wanderte 1939 nach Amerika aus. An der School for Social Research, im New

Yorker Stadtteil Manhattan, fand er eine Anstellung als Professor.
Hier konnte er seine These lehren und verteidigen, wonach nur eine Kultur, die sexuell gesund ist, Grundlage für ein funktionierendes Gemeinwesen sein könne. Orgastische Potenz steht der Neurose als Antipode gegenüber, Neurosen aber sind die Ursachen politischer Katastrophen, von denen sich gerade eine in Deutschland ereignete. Resignation macht sich bemerkbar: Politische Programme, und seien sie noch so überzeugend, seien nutzlos, erklärte der eingewanderte Professor, weil sie letzten Endes von Leuten ausgeführt würden, die sexuell krank seien, mithin leistungsschwach und korrupt. Das sei auch der Grund dafür, daß die Russische Revolution versagt habe. Nur gesunde, orgastisch potente Menschen könnten stabile politische und moralisch saubere Verhältnisse schaffen, die »Arbeitsdemokratie«, die sich selbst steuern würde und keine bindenden Gesetze mehr brauche.
Reich findet eine Gemeinde, die weit über den Campus der Universität hinausreicht. Seine Beiträge zur Psychiatrie erscheinen nach wie vor in internationalen Fachzeitschriften. Aber er wird zunehmend wunderlich.
Zunächst ist es nur eine seltsam anmutende Theorie, die den Gelehrten mehr und mehr gefangennimmt. Freud hatte die Hoffnung geäußert, daß sich eine biophysikalische Begründung der Libido würde finden lassen. Wilhelm Reich fand sie schon während seines Aufenthalts in Oslo – in der Orgonenergie. Sie ist eine nicht elektromagnetische Kraft, die alles durchdringt. Anfangs spricht Reich von seiner »Orgonomie« eher in abstrakten Termini, so, als könne sie lediglich eine Hilfsvorstellung sein, ein Modell zum besseren Verständnis theoretischer Überlegungen. Doch bald nimmt die Orgonenergie konkrete Gestalt an. Ihre Farbe ist blau, behauptet der Professor, und seine Belege dafür machen selbst wohlmeinende Kollegen stut-

zig. Der Himmel ist blau, aber nicht wegen der Lichtstreuung in der Atmosphäre, wie die Physiker behaupten, sondern weil die oberen Luftschichten voller Orgon sind. Aus demselben Grund sind Meere und Seen blau, erscheinen Adern blau, sind Zellen blau, ist Protoplasma blau. Orgonenergie ist die Quelle der Sexualität, weshalb der erigierte Penis eine blaue Farbe bekommt, aber Orgon ist ebenso in nicht lebenden Strukturen vorhanden, zum Beispiel im blauen Leuchten der Gasentladungsröhre, in Gewitterwolken, in Windhosen.

Bald gibt es nichts mehr, was Wilhelm Reich nicht als Orgonenergie erklären könnte; sogar die Schlieren, die in heißer Luft, zum Beispiel über einer sonnenbestrahlten Asphaltstraße, zu sehen sind, haben für ihn nichts mit der Wärme zu tun, sondern sind sichtbare Orgonenergie. Sonnenflecken sind sichtbare Orgonenergie, bei Funkstörungen wird sie sogar hörbar. Elektrische Schläge, die man bei sehr trockener Luft, vornehmlich im Winter, bekommt, wenn man elektrisch leitendes Material berührt, sind Orgonenergie, die in blauen Funken überspringt. Wolkenbildung, Gewitter, Nordlichter, Elmsfeuer – alles atmosphärische Orgonenergie.

Mit Orgon, davon ist Reich überzeugt, müssen Menschen aufgeladen werden, damit sie körperlich wie geistig gesunden. Darum erfindet er den Orgonenergie-Akkumulator, einen Kasten, der außen mit organischem Material, zum Beispiel Holz, und innen mit Metall verkleidet ist. Der Patient wird in den Kasten gesetzt. Das organische Material produziert Orgon, und das Metall strahlt es nach innen ab. Darum fühlt der Patient ein wohlig warmes Kribbeln. Rötung steigt in Gesicht und Arme, bald stellt sich ein leichtes Schwindelgefühl ein; die Sättigung mit Orgon ist erreicht, die nunmehr aufgeladene Person muß den Akkumulator verlassen.

Der simple Kasten kann leicht nachgebaut werden; das

aber ist nicht im Sinne des Erfinders, darum ersinnt er immer kompliziertere Akkumulatoren mit zahlreichen verschiedenen Schichten innen wie außen. Allerdings sollte kein Akkumulator mit mehr als drei Schichten ohne ärztliche Überwachung benutzt werden, weil sonst eine Überladung die Folge sein könnte, die – wie alles, was übertrieben wird – schädlich sei.
Für lokale Anwendungen gibt es kleine Kästchen, für Bettlägrige spezielle Orgonlaken, die ebenfalls einen Akkumulatoreffekt haben sollen. Aber ganz so einfach ist das alles nicht. Die Orgontherapie muß von der »Charakteranalyse« begleitet werden. Genaues ist über sie nicht zu erfahren, nur daß sie Muskelverspannungen zu ermitteln und aufzulösen versucht. Auch das richtige Atmen ist wichtig.
Orgonkliniken, Orgonzeitschriften, Orgonzentren, Orgonvereinigungen entstehen. Die US-Gesundheitsbehörde verbietet den Verkauf von Orgonenergie-Akkumulatoren über die Staatsgrenze des Herstellungsortes hinaus – mehr kann sie nach dem Gesetz nicht unterbinden –, Wilhelm Reich wird zusehends ein Quacksalber, sektiererischer Eifer ergreift ihn, läßt ihn redselig werden. Bald hört er nur noch sich selbst zu. Er vereinsamt inmitten seines Reichtums und stirbt 1957.

Beim Probealarm versagt

So stand es in der Zeitung (DIE ZEIT, Nr. 40, 1974): »Es klingt unglaublich. Aber das Forschungsinstitut, in dem so Unglaubliches ermittelt wurde, und eine Zeitschrift, in der dies veröffentlicht wird, genießen beide einen so guten Ruf, daß man einfach nicht ignorieren kann, was da zu lesen steht: Selbst wenn wir schon bald damit aufhören würden – was kaum zu erwarten ist –, Fluorchlorkohlenstoffe als Treibgas in der Industrie, als Haushaltssprays und als Kühlmittel in Klimaanlagen zu benutzen, wird in zehn bis fünfzehn Jahren die schützende Ozonschicht in der oberen Erdatmosphäre so sehr zerstört sein, daß die von der Sonne herrührende Ultraviolettstrahlung, die zur Erdoberfläche dringt, zu gefährlicher Stärke anwächst.
Die Warnung kommt vom Space Physics Research Laboratory der Michigan-Universität in Ann Arbor. Die Wissenschaftler, die sie aufgrund ihrer Forschungsergebnisse aussprechen, sind die Doktoren Ralph Cicerone und Richard Stolarski und der Student Stacy Walters. Veröffentlicht wird ihre Arbeit in der Zeitschrift ›Science‹ am 27. September.«
Ähnlich bedrohlich klangen die Meldungen in Zeitungen und Zeitschriften der ganzen Welt. »Newsweek« sprach vom »Doomsday-Effekt« der Sprays, vom Ende aller Zeiten, das wir mit versprühten Haarfestigern, Deodorantien, Sonnenöl, Pestiziden, Isoliermaterial oder Farben herbeiführen würden. Das angesehene Politblatt »Nation« rief den »Ozonalarm« aus und wies darauf hin, daß wir nur einen Himmel haben, »Saturday Review« fragte provozierend: »Wem gehört eigentlich unser Ozon?«

Ozon, Sauerstoff, dessen Moleküle aus drei O-Atomen bestehen, befindet sich in einer Höhe zwischen 15 und 50 Kilometern über der Erdoberfläche, der Stratosphäre, mit der maximalen Konzentration in 25 Kilometer Höhe. Es wird dort unter dem Einfluß des Sonnenlichts als Resultat einer komplexen Reihe photochemischer Reaktionen ständig neu gebildet. Dieser delikate Prozeß wird durch jede physikalische oder chemische Veränderung in der Stratosphäre in der einen oder anderen Richtung verschoben. Die Konzentration des Gases schwankt darum natürlicherweise ständig, zwischen Tag und Nacht, den Jahreszeiten entsprechend und auch mit den Schwankungen der Sonnenaktivität, zum Beispiel dem elfjährigen Rhythmus der Sonnenfleckenmaxima. Schwankungen der atmosphärischen Ozondichte bis zu zwanzig Prozent sind innerhalb der letzten zehn Jahre schon gemessen worden.
Auch Luftverschmutzung gleich welcher Art kann, sofern sie in die Hochatmosphäre eindringt, die Ozonproduktion verstärken, abschwächen oder das Konzentrationsmaximum innerhalb der Schicht nach oben oder unten verschieben. All dies ist in hohem Maße komplex und entsprechend schwierig vorherzusagen.
Die Ozonschicht spielt eine entscheidende Rolle in der Ökologie der Erde, weil sie einen erheblichen Teil des ultravioletten Sonnenlichts absorbiert, das hoch dosiert die lebenden Organismen zerstören würde. Es wird angenommen, daß erst zur Zeit, da sich – vor 400 Millionen Jahren – der Ozonschirm über der Atmosphäre gebildet hatte, das Leben aus dem – gegen UV-Licht schützenden – Wasser auf das Land übersiedeln konnte.
Wenn also der natürliche Sonnenschutz permanent ausgedünnt würde, wären die Folgen für die irdische Fauna und Flora katastrophal. Schon eine vergleichsweise geringfügige, jedoch dauerhafte Abnahme der Ozonkonzentration in der Stratosphäre hätte eine stärkere Ultraviolettbestrah-

lung unserer Haut zur Folge und könnte das Risiko, an Hautkrebs zu erkranken, erhöhen.
Die Sorge, die von den amerikanischen Forschern geäußert wurde, war mithin vollauf berechtigt, und wenngleich der Verdacht, die Fluorchlorkohlenwasserstoffe (FCKW) der Treibgase könnten den Ozonschirm beschädigen, noch auf relativ groben Abschätzungen beruhte, wäre dies doch Grund genug gewesen, die Verwendung dieser Gase zu verbieten oder jedenfalls auf das Allernötigste zu beschränken. Jeder verantwortliche Wissenschaftler rief dazu auf, Wissenschaftsjournalisten in aller Welt unterstützten die Aktion mit der Feder. Doch die meisten Regierungen reagierten träge. Nur in den USA wurden die Fluorchlorkohlenwasserstoffe in den Jahren 1977 bis 1979 als Treibgase für Sprühdosen verboten.
Die Behörden der Bundesrepublik verhielten sich – wie immer – abwartend. Die Industrie hingegen legte sich vielerorts Selbstbeschränkung auf. Wo sie nicht wie in Amerika vom Staat dazu gezwungen waren, brachten viele Firmen dennoch ihre früher als Sprays feilgebotenen Produkte in Behältern mit Pumpmechanismen heraus. Denn die ökobewußte Kundschaft mochte die Sprühdosen nicht mehr kaufen; sogar hierzulande, wo Umweltprobleme zwar gerne ausgiebig diskutiert, jedoch im täglichen Verhalten ignoriert werden, kam die Spritzpumpe aus Großmutters Zeiten wieder zu Ehren. Freilich war von alledem in den Ländern des Ostblocks und in den Entwicklungsländern Afrikas und Asiens nichts zu spüren.
Daß die Gefahr ausgerechnet von einer »quasi-inerten« Substanz ausgehen sollte, einer Chemikalie also, die sich mit so gut wie keinem anderen Stoff verbindet – deshalb kann nahezu alles mit FCKW-Aerosolen aus der Dose gesprüht werden –, sah nur auf den ersten Blick befremdlich aus. Gerade weil sich die Gase an nichts binden, mithin nicht vom Boden, nicht von Pflanzen oder Mikroben aufge-

nommen werden, diffundieren sie – langsam, jedoch in gewaltigen Mengen von mehreren Millionen Pfund pro Jahr – durch die Atmosphäre in immer höhere Schichten vor, bis sie eine Höhe intensivster Sonnenstrahlung erreicht haben. Diese Strahlung bricht – so die Theorie – die Moleküle des Fluorchlorkohlenwasserstoffs auf, so daß Chlor und Chloroxide freigesetzt werden, die als Katalysatoren wirksam sind. In deren Gegenwart kann Ozon unter Bestrahlung mit dem ultravioletten Licht der Sonne zu gewöhnlichem Sauerstoff abgebaut werden.

An diesem Vorgang aber sind mindestens 192 verschiedene chemische Reaktionen beteiligt und 48 photochemische Prozesse. Die meisten vollziehen sich unvorstellbar schnell; höchst reaktionsfreudige Substanzen, vor allem freie Radikale, sind daran beteiligt, die möglicherweise schon in geringen Mengen erhebliche Wirkungen in der Stratosphäre hervorbringen können. Viele dieser Reaktionen sind in Laboratorien experimentell nicht zu imitieren. Außerordentlich komplizierte und aufwendige Apparaturen, in denen Laser mit hoher Leistung die Höhenstrahlung imitieren, sind erfunden worden, um wenigstens einige dieser Reaktionen studieren zu können. Wo immer solche Simulationen stratosphärischer Verhältnisse ausgeführt worden sind, erbrachten sie jedoch ein eher beruhigendes Ergebnis. Die Zerstörung des Ozons durch Freon oder andere Fluorchlorkohlenwasserstoffe fand nicht oder nur in geringem Maße statt. Aber diese Untersuchungen waren unvollständig.

Den Alarm hatte ein mathematisches Computermodell ausgelöst. Weil die Wirkung der Treibgase im Experiment nicht bis ins letzte nachgeahmt werden kann, hatten zuerst Sherwood Rowland an der Harvard-Universität und bald danach das schon genannte Trio Cicerone, Stolarski, Walters die komplizierten chemischen Reaktionen in einem Computerprogramm ablaufen lassen. Nicht alle chemi-

schen und photochemischen Reaktionen konnten dabei berücksichtigt werden.
Ein Programm, das mit 240 Einflußgrößen zu rechnen hat, die untereinander in vielfachen Beziehungen stehen, ist selbst mit großen Elektronenrechnern nicht zu bewältigen, zumal dann nicht, wenn, wie in diesem Fall, der Effekt eines großen Teils dieser Parameter auf das komplexe Geschehen nur unvollkommen bekannt ist. Da sind ultrakurze Reaktionszeiten zu berücksichtigen, die bei nur geringfügiger Fehleinschätzung ihrer Dauer das simulierte Reaktionsgefüge völlig umkrempeln. Reihenfolgen von Einzelereignissen müssen zum Teil willkürlich angenommen, Entfernung und Energiedaten geschätzt werden. Kurzum, nur ein vereinfachtes Modell mit allenfalls 150 Parametern und vielen Unsicherheiten konnte am Computer durchgespielt werden. Schon das aber ist eine delikate Struktur aus ineinander verschachtelten Gleichungen, die auf bestimmte Parameteränderungen abrupt reagiert und so das Endergebnis sprunghaft verändert.
Auf diese Unsicherheit hatten die Forscher von Anfang an hingewiesen und davor gewarnt, die Zerstörung der Ozonschicht durch Treibgase als wissenschaftlich gesicherte Tatsache hinzunehmen. So aber wurde sie hingenommen. Innerhalb kurzer Zeit war jedermann davon überzeugt, daß Sprühdosen erwiesenermaßen gefährlich seien.
Im Lauf der Jahre haben verbesserte Computermodelle der Stratosphäre laufend weniger bedrohliche Resultate ausgegeben. War noch Ende 1977 von einer möglichen Ozonverdünnung um 15 bis 18 Prozent die Rede, ließen neue Berechnungen zwei Jahre später nur noch auf 5 bis 9 Prozent schließen. Doch im Herbst 1985 wurde über dem Südpol das »Ozonloch« entdeckt, eine Gebiet starker Ozonverdünnung in der Stratosphäre, das nach dem antarktischen Winter auftritt und sich erst nach einiger Zeit wieder mit dem strahlenschützenden Sauerstoffgas füllt.

Seine Größe hatte von Jahr zu Jahr zugenommen; kein Wunder, daß einige Wissenschaftler befürchteten, die Fluorchlorkohlenwasserstoffe rissen dieses gewaltige Loch auf. Doch als im Oktober 1988 wieder einmal der südpolare Winter zur Neige ging, hatte das Loch erheblich an Ausmaß verloren. Da sich die von der Sonne herrührenden Materie-Schauer bis 1987 beständig verringert hatten und seither wieder einem Maximum zustreben, nehmen die Fachleute nun an, daß das Ozonloch ein natürliches, vom elfjährigen Rhythmus der Sonnenaktivität gesteuertes Phänomen ist und nichts mit den FCKW-Gasen zu tun hat.
Damit freilich ist noch keine Entwarnung gegeben. Gewiß, es sieht so aus, als hätten wir uns die Sorge um unseren Schutzschild umsonst gemacht, zumal nach konservativsten Abschätzungen die erste große, vom Spraydosenboom der mittsechziger Jahre herrührende Treibgasfracht längst in der Stratosphäre angekommen sein müßte. Eine entsprechende Zunahme an UV-Strahlung auf der Erdoberfläche ist indes nicht registriert worden. Solange aber der Verdacht gegen die FCKW-Gase nicht völlig ausgeräumt ist, sollten die inzwischen international – wenngleich erst für Mitte der neunziger Jahre – vereinbarten Einschränkungen des Treibgasverbrauchs nicht abgeblasen, sondern – im Gegenteil – erheblich beschleunigt werden. Der Himmel gebe, daß sie sich letzten Endes als unnötig erweisen und alles nur ein Probealarm gewesen sein wird. Peinlich genug wäre er ohnehin; denn die Lehre, die wir aus ihm ziehen müßten, lautet: Für die rasche Abwendung einer globalen Katastrophe ist die Menschheit nicht gerüstet. Doch morgen schon könnte der Ernstfall eintreten, der just dies erforderte.
Ist er nicht schon eingetreten?
Der Wald stirbt in vielen Teilen der Welt. Hauptbetroffen davon ist die Bundesrepublik Deutschland. Zur Zeit der Niederschrift dieses Kapitels im Frühjahr 1985 soll schon

fast die Hälfte des gesamten Baumbestandes der Bundesrepublik beschädigt sein. Das Schlimme ist: Die angegriffenen Baumteile verlieren ihren natürlichen Schutz gegen das Eindringen des Hauptbaumschädlings, des Borkenkäfers, der sich in dem nunmehr für ihn paradiesischen Zustand enorm vermehrt. Einer massiven Attacke dieses Schädlings hält aber auch ein gesunder Baum nicht stand. Mithin findet hier eine Rückkoppelung statt, die das Tempo des Baumsterbens beschleunigt – ein Teufelskreis, der sich wie ein Wirbel vergrößert und verstärkt. Zerstörter Wald ist ein Verlust für lange Zeit. Selbst wenn es gelingen sollte, seinem Absterben Einhalt zu gebieten, würden noch viele Generationen an dem Schaden zu tragen haben, der schon bis heute eingetreten ist.

Bis jetzt aber kennt niemand die Ursache der bedrohlichen Pflanzenkrankheit, die insbesondere Nadelbäume befällt. In dieser Hilflosigkeit können wir nichts Besseres tun, als jede mögliche Ursache für diese Katastrophe so zu behandeln, als sei sie der wahre Grund.

Es gilt also, »so zu tun«, als machten Abgase von Automobilen, Kohlekraftwerken und Industriewerken die Bäume krank, obwohl dies alles andere als erwiesen ist. Ergo müßte der Ausstoß dieser Gase unverzüglich, so weit es eben geht, reduziert werden. Wir können es uns nicht leisten, lange darüber zu diskutieren, ob die eine oder andere Maßnahme auch wirklich zur Linderung beitragen mag. Gefahr ist im Verzug, also müßte alles sofort geschehen. Sofort sollte demnach die Höchstgeschwindigkeit der Kraftfahrzeuge auf den Autobahnen und Landstraßen drastisch herabgesetzt werden, ab sofort sollten nur noch abgasarme Kraftfahrzeuge neu zugelassen werden, sofort sollte der Verkauf bleihaltiger Kraftstoffe gedrosselt werden. Wo irgend möglich müßten Kohlekraftwerke stillgelegt und durch Wasser-, Wind-, Sonnen- und Kernkraftwerke ersetzt werden; und wir müßten auf alle entbehrlichen

Industrieprodukte verzichten, deren Herstellung zur Luftverschmutzung beiträgt.
Gewiß, wirtschaftlich würde uns dies in Schwierigkeiten bringen, aber wir haben keine andere Wahl.
Doch wir richten uns nicht danach. Schleppend wird ein bißchen Förderung des Abgaskatalysators betrieben, begleitet von europäischem Gezänk um Auto- und Kraftstoffabsatz. Das Tempolimit soll zunächst auf seine Wirksamkeit hin getestet werden, bis dahin wird auf den Autobahnen und Landstraßen weitergerast.
Auf dem riesigen nordamerikanischen Kontinent mit seinen vielen, sehr auf Selbständigkeit bedachten Einzelstaaten war während der Energiekrise von einem auf den anderen Tag eine generelle Tempobegrenzung für Kraftfahrzeuge auf 88 km/h durchgesetzt worden. Obwohl in den USA und in Kanada nicht im entferntesten ein mit Europa vergleichbarer Umweltnotstand herrschte, wurde dort der Verkauf neuer Automobile ohne Katalysator vor Jahren schon kurzerhand verboten. Innerhalb weniger Monate gab es an allen Tankstellen bleifreies Benzin. Warum sollte das nicht in Europa möglich sein?
Weil Europäer meinen, auf allerlei Interessengruppen Rücksicht nehmen zu müssen, weil sich europäische Politiker ihren Parteien mehr verpflichtet fühlen als der Gesundheit und der Lebensbasis der europäischen Bürger. Weil unseren Staatsmännern die Wiederwahl so wichtig ist, daß sie sich scheuen, unpopuläre Notstandsmaßnahmen zu ergreifen, vor allem solche, die sich hinterher vielleicht als unnötig herausstellen. Wir haben – dies bezieht sich auf das Frühjahr 1985 – keine Zeit mehr zu warten, bis die Wissenschaft die wahre(n) Ursache(n) des Waldsterbens und die richtige Therapie für diese Seuche gefunden hat.
Das entlastet die Forschung natürlich nicht von ihrer Aufgabe, so schnell wie irgend möglich herauszufinden, wie wahrscheinlich es wohl ist, daß Verkehrs- und Industrieab-

gase tatsächlich Schuld oder Mitschuld am Waldsterben tragen. Viel spricht nicht dafür.
Die ersten Meldungen über grassierende Schäden am Waldbestand kamen 1959 aus Skandinavien, besonders aus den verkehrsarmen und industriefreien Waldgebieten in Finnland und Schweden. Damals wurde zwar schon der saure Regen und dessen Herkunft aus den Industriegebieten Mitteleuropas damit in Zusammenhang gebracht. Doch wesentlich saurer waren zur selben Zeit die Niederschläge im südlichen Kanada, und die vermochten den Bäumen dort nichts anzuhaben. Der Kausalzusammenhang schien darum nicht allzu überzeugend, und er ist es heute immer noch nicht.
In Mitteleuropa traten die ersten größeren Schäden im Böhmerwald auf. Wurde er von den reichlichen Abgasen des nahegelegenen tschechischen Industriegebiets krank? Wenn ja, wie kommt es dann, daß ein Wald mitten im Ballungsraum New York, der Central Park, in dem alle nur denkbaren Baumsorten stehen, bis heute vom Waldsterben verschont geblieben ist. Schon vor vierzig Jahren war hier die Konzentration von Auto-, Kraftwerk- und Industrieabgasen um Größenordnungen stärker als irgendwo anders in der Welt von heute – und sie hatte sich bis 1975 noch vervielfacht. Nicht in der Megapolis Los Angeles mit ihrem notorischen Smog, nicht im Stahlzentrum Pittsburgh, nicht in den Industriezentren von New Jersey oder Michigan hat jetzt das amerikanische Baumsterben begonnen, sondern in den höher gelegenen Regionen der Mittelgebirge im Nordosten von Georgia.
Vieles ist rätselhaft in dieser unheimlichen Szene. Warum ist Deutschland das am meisten betroffene Gebiet, warum nicht zum Beispiel Großbritannien mit dessen dichtem Verkehr ohne Abgaskontrolle, mit dessen Schwerindustrie und Kohlekraftwerken ohne Filter und dem häufigen Großstadtsmog? Warum ist der Schwarzwald viel schlim-

mer dran als das dem Ruhrpott nahe Sauerland?
Die Krankheit breitet sich aus wie ein Feuer, sie frißt sich fort, überspringt kein Gebiet, so, als handle es sich um eine Infektion mit einem Bakterium oder Virus oder um die Infestation eines Schädlings, vielleicht eines der unzähligen, bis dato nicht erforschten Winzlinge aus der Insektenwelt. Der Gedanke an das Ulmensterben im ersten Viertel unseres Jahrhunderts drängt sich auf; plötzlich war es da, niemand wußte, warum, jahrzehntelang tappten die Biologen im dunkeln.
Im Schwarzwald wurde eine außergewöhnlich hohe Ozonkonzentration ermittelt. Ist es das? Auf dem Hohenpeissenberg im bayerischen Alpenvorland hat das Sauerstoffgas die höchste, je auf der Erde gemessene Konzentration erreicht. In den vergangenen zehn Jahren hat sie um mehr als die Hälfte zugenommen, das heißt: pro Jahr um vier Prozent – die Bäume sind hier noch zum größten Teil gesund. Die Giftigkeit des Ozons wird leicht unterschätzt, wohl, weil es reiner Sauerstoff ist (vielleicht auch, weil es in letzter Zeit wegen der Ozonschirm-Diskussion unversehens zu gutem Ruf gekommen ist). Tatsächlich ist Ozon wegen seiner aggressiven chemischen Reaktionsbereitschaft besonders für Pflanzen äußerst toxisch. Wie aber kommt es zu dem Anstieg?
Ozon entsteht auf vielfache Weise in photochemischen Prozessen, an denen zum Beispiel Stickstoffoxide beteiligt sein können, die den Auspuffs unserer Autos entweichen, aber auch Methan. Der Methangehalt der Atmosphäre nimmt weltweit kontinuierlich zu. Methan gerät bei der Erdgasgewinnung und anderen industriellen Prozessen in die Luft. Doch hauptschuldig an dessen Zunahme ist eine Umweltverschmutzung, die bislang noch nicht häufig ins Gerede gekommen ist: die in den Entwicklungsländern übliche Brandrodung von Wäldern und Grasflächen.
Das Studium von Luftbläschen, die im Gletschereis einge-

schlossen sind, hat ergeben, daß der Methangehalt der Luft noch vor 300 Jahren nur halb so groß war wie heute. Sein Anstieg hat sich vor allem in den letzten zwanzig Jahren erheblich beschleunigt.

In den tropischen Gebieten dürfte der natürliche Mechanismus für die Beseitigung des Methans nach Berechnungen von Paul J. Crutzen vom Mainzer Max-Planck-Institut für Chemie inzwischen überfordert sein, weshalb sich der Abbau des Gases immer weiter in die mittleren Breiten verlagert, mit ihm das bei diesem Prozeß entstehende Ozon.

Möglich also ist es, daß wir dem Dahinsiechen unserer Wälder nicht eher Einhalt gebieten können, bis die Brandrodungen in Afrika eingestellt werden. Auch das müßte augenblicklich angestrebt werden. Solange wir die Ursache(n) des Waldsterbens nicht kennen, ist jede Hypothese darüber gleich wahrscheinlich.

Die weitverbreitete Überzeugung, wonach es erwiesen sei, daß zwischen Luftverschmutzung und Baumseuche ein Zusammenhang bestehe, ist für die Forschung wenig hilfreich. Wissenschaft verläuft nämlich nicht so objektiv, wie sie uns gerne dargestellt wird – mit Vorliebe von den Funktionären der Wissenschaft selbst. Ideologie hat von jeher die Forschung beeinflußt. Wir schütteln den Kopf über Darwin, weil er sich nicht traute, nota bene im Jahre 1859, den Menschen in seine Abstammungslehre miteinzubeziehen. Aber im Jahr 1985 mußte sich ein Botaniker, der hypothetisch eine andere Ursache als die Umweltverschmutzung für das Baumsterben annahm, die Unterstellung bieten lassen, er sei von der Industrie gekauft.

Wie stark sich in diesen Fragen Vorurteile festsetzen können, zeigt das – ansonsten recht gut informierende und im allgemeinen auch kompetent unterrichtende – Ökohandbuch »Die Lage der Nation« von Egmont R. Koch, 1985. Der Autor hat darin einen Atlas der Luftqualität für einzelne Gebiete der Bundesrepublik Deutschland zusammengestellt. Doch da wohl die Immissionswerte, auf die es ankommt, aus verschiedenen Bereichen gar nicht vorliegen, hat er außer diesen noch andere Indikatoren für die Luftverschmutzung als gleichwertige Parameter herangezogen, nämlich den Säuerungsgrad des Regens, die Häufigkeit von Lungenkrebs und das Ausmaß des Waldsterbens im jeweiligen Gebiet.

Abgesehen davon, daß bei diesen drei Größen völlig offen ist, ob sie überhaupt von der Luftqualität beeinflußt werden und falls ja, in welchem Ausmaß, kommt beim sauren Regen noch hinzu, daß ein einfacher Zusammenhang zwischen der Säuerung des Niederschlags und der örtlichen Luftqualität mit Sicherheit nicht gegeben ist. Saurer Regen fällt zum Beispiel in Lappland und in Labrador, in Gebieten also mit der denkbar saubersten Luft. Analoges gilt für das Waldsterben – weshalb der gelegentlich als Argument verwendete Hinweis darauf, daß doch an den Rändern der Autobahnen auffallend gesunde Bäume stünden, unsinnig ist.

Es ist keineswegs etwa ausgeschlossen, daß jemand auf den Gedanken kommt, den Atlas der Luftqualität in deutschen Landen aus Kochs Handbuch als Grundlage für eine Untersuchung des Waldsterbens zu benutzen. Er wird dann überall dort, wo die Luft schlecht ist, besonders hohe Baumverluste konstatieren, weil ein Indiz, das in eine Statistik hineingesteckt wurde, auch wieder aus ihr herausgeholt werden kann.

Ideologie verstellt den Blick

»Hatte die Menschheit sich vor noch nicht gar so langer Zeit mit größter Selbstverständlichkeit für den denkenden Mittelpunkt des Alls gehalten, so führen Experiment und logische Deduktion in unseren Tagen die Einsicht herbei, daß sich Leben an unzähligen Stellen des Kosmos entwikkelt haben muß, und zwar in einer Mannigfaltigkeit der Formen, die unser irdisches Vorstellungsvermögen weit übersteigt«, schreibt Hoimar v. Ditfurth in der anregenden und anrührenden Sammlung naturwissenschaftlicher Essays »Zusammenhänge«, 1974. Ein anderer Sachbuch-Autor, der allzu früh verstorbene Walter R. Fuchs, formuliert es in seinem Buch »Leben unter fremden Sonnen«, 1973, so: »Es wäre eine Art Anflug von Größenwahn, wollten wir Erdbewohner behaupten, wir und nur wir allein seien die einzig denkbaren ›Intelligenzler‹ im Weltall. Nein: Vermutlich wimmelt es geradezu von intelligenten Lebewesen im Universum.« Und der bekannte Astronom Sebastian von Hoerner schrieb in der Wochenzeitung DIE ZEIT (Nr. 11, 1962): »Es wäre Größenwahn, wollten wir annehmen, daß wir die einzigen intelligenten Wesen im Weltall seien. Vernünftig dagegen ist es, die Entwicklung unseres Lebens und unserer Intelligenz als einen Normalfall zu betrachten, wie er im Durchschnitt einzutreten pflegt, wenn auf einem Planeten für eine hinreichende lange Zeitdauer geeignete Umweltbedingungen bestehen. Vernünftig ist diese Vermutung, weil ihr die höchste Wahrscheinlichkeit zukommt.« Astrowissenschaftler wie Harlow Shapley, Fred Hoyle, Carl Sagan und Frank Drake haben sich in ähnlicher Weise geäußert. Kein Wunder, daß inzwischen die meisten Leute glauben, es sei wissenschaftlich erwiesen oder als höchst wahrscheinlich erkannt, daß es außerhalb des Planeten Erde Leben gebe oder gar intelligente Wesen existierten. Wie stark dieser Glaube ideologisch untermauert ist, geht daraus hervor, daß Menschen, die ihn nicht teilen, mit Prädikaten wie »größenwahnsinnig«, »erdchauvinistisch« oder »einem ›Rest des ptolomäischen Vorurteils‹ verfallen« (Ditfurth) gekennzeichnet werden.

Tatsächlich gibt es nicht den geringsten Anlaß für die Annahme extraterrestrischen Lebens, freilich auch keinen Grund dafür, das Gegenteil anzunehmen. Denn wir wissen es ganz einfach nicht. Mehr noch, es gibt gegenwärtig keinerlei Berechnungsgrundlage für die Abschätzung der Wahrscheinlichkeit, mit der Leben auf einem Planeten entstanden sein kann. Würden wir von dem ausgehen, was wir mit Sicherheit wissen, nämlich daß jede irdische Form von Leben von ein und demselben genetischen Code gesteuert wird, und annehmen, daß nur dieser Code Leben steuern kann, dann ließe sich abschätzen, wie wahrscheinlich es wäre, daß sich zufällig dieses genetische Informationssystem biochemisch manifestiert habe. Der Wert dieser Wahrscheinlichkeit ist, wie der französische Biochemiker Jacques Monod gezeigt hat, unvorstellbar gering, und das bleibt auch so, wenn die Zahl mit der hypothetischen Anzahl von zehn hoch dreißig Planeten multipliziert wird. Mit anderen Worten: Gingen wir von der Einzigartigkeit unseres genetischen Codes als notwendige Bedingung für Leben aus, wäre es höchst unwahrscheinlich, daß es auch auf einem anderen Himmelskörper entstanden sein könnte – es wäre sogar auf der Erde ein unvorstellbarer »Glücksfall« gewesen.

Freilich braucht dieser Code nicht die einzige Lebensgrundlage zu sein. Der Göttinger Nobelpreisträger Manfred Eigen hat eine Theorie ersonnen, nach der es durchaus andere Steuerungsprogramme für sich selbst replizierende

Systeme geben könnte. Doch solange wir nicht explizit wissen, welche es sein mögen, läßt sich darauf keine Wahrscheinlichkeitsberechnung aufbauen, ganz abgesehen davon, daß es sich um eine Theorie handelt, die nicht der Realität zu entsprechen braucht.
Es ist nicht einmal bekannt, ob es außerhalb des Sonnensystems Planeten gibt, geschweige denn, mit welcher Häufigkeit sie auftreten. Bis jetzt jedenfalls ist noch kein extrahelischer Planet entdeckt worden. Immerhin gibt es Grund für die Annahme, daß sich zumindest ein großer Teil der Sterne nicht anders gebildet hat als die Sonne, mithin dabei auch kalte Trabanten, die sie umkreisen, entstanden sein könnten. Doch selbst wenn wir wüßten, daß es zehn hoch elf Planeten allein in unserer Galaxis, der Milchstraße, gäbe, wie kühne Astrophysiker geschätzt haben, brächte uns diese Kenntnis nicht einen Schritt weiter in der Frage nach extraterrestrischem Leben.
Eine Reihe von Astronomen haben – jeder nach seiner Art – ausgerechnet, wie viele Planeten im Durchschnitt gerade so weit von ihrem Zentralgestirn entfernt sein könnten, daß dort für hinreichend lange Zeit gemäßigte und darum lebensfreundliche Temperaturen herrschen würden. Ausgehend von der Voraussetzung, daß alles, was möglich ist, auch tatsächlich geschähe, also sich auf jenen Planeten lebende Wesen entwickelt hätten, wurde dann ausgezählt, wieviel belebte Himmelskörper die Milchstraße oder das ganze Universum beherberge. Einige Astronomen gingen noch weiter und kalkulierten sogar die Wahrscheinlichkeit für die Existenz von Zivilisationen intelligenter Wesen, wobei in die Rechnung auch die Schätzung einbezogen wurde, wie lange es dauere, bis sich eine Zivilisation – offenbar per Nuklearbombe oder Umweltzerstörung – selbst vernichtet.
In einer solchen Rechnung kam Sebastian von Hoerner zu dem Ergebnis, daß die uns nächste extraterrestrische Zivili-

sation etwa 18 Lichtjahre entfernt sei. Selbstverständlich hatte der Wissenschaftler diese Schätzung unter dem ausdrücklichen Hinweis veröffentlicht, daß sie unter vielen unbewiesenen Annahmen zustande gekommen sei. Doch nur die 18 Lichtjahre scheinen in das Bewußtsein der Wissenschaftsverbreiter gedrungen zu sein sowie eine Meldung aus Virginia, wo in einem Forschungsprojekt, genannt »Ozma«, nach Radiolockrufen aus dem All Ausschau gehalten wurde.

Der »Ozma«-Versuch ist zu früh abgebrochen worden, leider. Viel – irdische – Intelligenz war darauf verwendet worden, im Rauschen galaktischer Radiosignale Signalsequenzen auszumachen, die sich von Zufallsfolgen abheben. Allein der informationstheoretische »Abfall« dieser Forschung, neue Methoden des – sogar militärisch verwertbaren – »image enhancement« (Signalverdeutlichung) und der Datenverarbeitung hätten das Projekt wahrscheinlich bezahlt gemacht. Zudem ist es immer nur eine Art Nebenbeschäftigung für das Team und die Instrumente des großen Radioteleskops der Sternwarte Green Banks gewesen, also nicht sonderlich aufwendig. Schließlich ist es ja nicht ausgeschlossen, daß es irgendwo im Universum vor Jahrtausenden oder Jahrmilliarden – so lange müßten wohl die Signale unterwegs gewesen sein – denkfähige Organismen gegeben hat, die auf die Idee gekommen waren, Radioastronomie zu betreiben und mit ihren Parabolantennen Botschaften in die Welt zu morsen.

Aber weder mit »Experimenten« noch etwa mit »logischen Deduktionen« ist bis jetzt irgendwer auch nur der vagen Möglichkeit nahegekommen, die Frage, ob es außerhalb der Erde Leben gibt, im positiven oder negativen Sinn zu beantworten. Warum aber wird das Gegenteil so gerne behauptet?

Abgesehen davon, daß die Vorstellung, irgendwo da draußen leben Leute wie du und ich, vielleicht sogar Superdus und Superichs, zu erregenden Träumen und Phantasien anregt und sich darum gut verkauft, gibt es sicher noch andere Motive. Eines ist der Induktionsschluß: Zuerst dachten wir, die Erde sei der Mittelpunkt der Welt, dann verlegten wir ihn in die Sonne, das aber war bald auch nicht mehr haltbar; also wird es mit dem Leben nicht anders sein, mithin müssen wir uns an den Gedanken gewöhnen, im All nicht allein zu sein.

Induktionsschlüsse haben jedoch mit logischer Deduktion nichts zu tun. Andernfalls müßte es beliebig große Tiere geben, denn: Unsere Vorfahren glaubten, das Pferd sei das größte Tier, dann aber wurden die Elefanten entdeckt, und man nahm an, die Elefanten seien die größten Tiere; doch bald hatte jemand eine Giraffe gefangen, sie war noch größer als der Elefant, ergo wird es auch ein Tier geben, das noch größer als eine Giraffe ist, folglich ein weiteres, das wiederum größer ist...

Ein anderes Motiv könnte emanzipatorischer Natur sein. So, wie wir uns den Vorurteilen etwa der Bibel über Entstehung und Bestimmung des Lebens entwunden und damit von Fesseln befreit haben, die uns die damit verbundenen Lehren anlegten, möchten wir uns weiter aus der Enge unserer Daseinsvorstellungen lösen. Natürlich hat auch dies nichts mit Wissenschaft zu tun.

Schließlich dürfte die Zwangsvorstellung der Wissenschaftler eine Rolle spielen, sie müßten auf jede an sie gestellte Frage eine Antwort geben können. Jeder Naturforscher kann auf die Frage »Gibt es außerhalb der Erde Leben?« nur die eine zutreffende Antwort geben: »Ich weiß es nicht.« Nichts scheint einem Gelehrten schwerer über die Lippen zu gehen.

Diese Zwanghaftigkeit kann seltsame Blüten treiben. Anfang der achtziger Jahre hatte sich eine Frauenvereinigung bei dem Ökoinstitut in Freiburg erkundigt, ob es ratsam sei, Säuglinge zu stillen. Der Grund für diese Anfrage: In der Milch bundesdeutscher Mütter sind allerlei Chemikalien entdeckt worden, die im Körperfett der Menschen gespeichert werden, unter anderem Pestizide. Diese fraglos gesundheitsgefährdenden Stoffe waren bei Probeuntersuchungen zum Teil in einer Konzentration gefunden worden, die weit über der in Lebensmitteln zulässigen Höchstmenge dieser Substanzen lag. Seither befürchten Mütter verständlicherweise, sie könnten mit ihrer Milch ihr Kind schädigen oder gar vergiften.

Andererseits halten wir es seit langem schon für erwiesen, daß Brustkinder besser gegen Infektionen geschützt seien als Flaschenkinder. Neuerdings kommt die These hinzu, das Stillen habe segensreiche psychische Wirkungen auf das Baby. Beide Überzeugungen sind zwar nicht erwiesen, jedoch sprechen jedenfalls für die erste einige Statistiken, vornehmlich aus den USA.

Das Ökoinstitut und ein Institut der Universität Freiburg waren jetzt vor die Aufgabe gestellt, die Vorzüge des Stillens gegen die Gefährdung des Säuglings durch die mit der Muttermilch aufgenommenen Schadstoffe abzuwägen. Dies aber erwies sich als unmöglich. Denn weder ist auch nur im weitesten Rahmen bekannt, wie groß der Infektionsschutz durch das Stillen plus dessen angeblich psychischem Segen ist, noch kennt jemand die wahren Höchstmengen der Fremdchemikalien in der Muttermilch, von deren Überschreitung an sie gefährlich sind. Vom möglicherweise potenzierenden Effekt des Zusammenwirkens dieser Stoffe ganz zu schweigen.

Die befragten Wissenschaftler hätten darum einräumen müssen, sie könnten den erbetenen Rat mangels ausreichender Kenntnis nicht geben. Just das aber brachten sie nicht über sich. Statt dessen nahmen sie es bewußt auf sich, den Frauen mit fünfzigprozentiger Wahrscheinlichkeit einen schlechten Rat zu geben, nämlich, die Säuglinge zu stillen. Auf Befragen meinten sie blauäugig, sie hätten

die jungen Mütter doch nicht ratlos allein lassen können. Offenbar waren die Wissenschaftler der Meinung, eine falsche Auskunft sei immer noch besser als gar keine.
Daß ausgerechnet ein Ökoinstitut eine Schadstoffbelastung empfahl und damit in Kauf nahm, daß Kinder eine Schädigung für ihr ganzes Leben davontragen, ist wohl nur ideologisch zu verstehen. Das Kind am Busen der Mutter ist ein für natürliches Leben geradezu symbolisches Bild, von dem einer schwer lassen kann, der sich der Naturerhaltung verpflichtet fühlt. Das Gift in der Muttermilch hingegen ist unsichtbar, kein Bild, darum wohl leichter zu verdrängen – leichter jedenfalls als die Unannehmlichkeit, als Wissenschaftler sagen zu müssen: »Ich weiß es nicht.«

Quellen und Literatur

Kein Mitleid mit Hexen

Baschwitz, K.: Hexen und Hexenprozesse. Die Geschichte eines Massenwahns, München 1963

Ennen, E.: Frauen im Mittelalter, München 1984

Hansen, J.: Zauberwahn, Inquisition und Hexenprozeß im Mittelalter und die Entstehung der großen Hexenverfolgung (Historische Bibliothek, herausgegeben von der Historischen Zeitschrift, 12. Band), München und Leipzig 1900

Ders.: Quellen und Untersuchungen zur Geschichte des Hexenwahns und der Hexenverfolgung im Mittelalter, Bonn 1901

Heinsohn, G./Steiger, O.: Die Vernichtung der weisen Frauen. Beiträge zur Theorie und Geschichte von Bevölkerung und Kindheit, Hemsbach über Weinheim 1985

Hemleben, J.: Johannes Kepler in Selbstzeugnissen und Bilddokumenten, Reinbek bei Hamburg 1971

Soldan, W. G./Heppe, H.: Geschichte der Hexenprozesse. Neu bearbeitet und herausgegeben von Max Bauer (Nachdruck der 3., letzten, Auflage), Hanau/M. o. J. (1912)

Spee, F. von: Cautio Criminalis oder Rechtliche Bedenken wegen der Hexenprozesse. Aus dem Lateinischen übertragen und eingeleitet von Joachim-Friedrich Ritter, dtv, München 1982

Sprenger, J./Institoris, H.: Der Hexenhammer (Malleus maleficarum). Aus dem Lateinischen übertragen und eingeleitet von J. W. R. Schmidt, Berlin 1906 (Nachdruck der Wissenschaftl. Buchgesellsch., Darmstadt 1980)

Tuchman, B.: Der ferne Spiegel. Das dramatische 14. Jahrhundert (Deutsche Ausgabe in der Übersetzung von U. Leschak, M. Friedrich), Düsseldorf 1980

Wolf, H.-J.: Hexenwahn und Exorzismus. Ein Beitrag zur Kulturgeschichte. Historia Verlag, Kriftel/Ts. 1980

Zwetsloot, H.: Friedrich Spee und die Hexenprozesse. Die Stellung und Bedeutung der Cautio Criminalis in der Geschichte der Hexenverfolgungen, Trier 1954

Massenmord aus Rassenwahn

Bitterli, U.: Die »Wilden« und die »Zivilisierten«. Die europäisch-überseeische Begegnung, München 1976
Bracher, K. D.: Zeit der Ideologien. Eine Geschichte politischen Denkens im 20. Jahrhundert, Stuttgart 1982
Bracher, K. D./Funke, M./Jacobsen, H.-A. (Hg.): Nationalsozialistische Diktatur 1933–1945. Eine Bilanz, Düsseldorf 1983
Cohn, N.: Die Protokolle der Weisen von Zion. Der Mythos von der jüdischen Weltverschwörung, Köln und Berlin 1969
Daim, W.: Der Mann, der Hitler die Ideen gab. Von den religiösen Verirrungen eines Sektierers zum Rassenwahn des Diktators, München, 2. Aufl. 1985
Fest, J.: Hitler. Eine Biographie, Berlin 1973
Günther, H. F. K.: Rassenkunde des deutschen Volkes, München 1922
Ders.: Rassenkunde Europas, München 1924
Ders.: Der Nordische Gedanke unter den Deutschen, München 1925
Ders.: Adel und Rasse, München 1926
Ders.: Rasse und Stil, München 1926
Ders.: Rassenkunde des jüdischen Volkes, München 1930
Ders.: Die Nordische Rasse bei den Indogermanen Asiens, München 1934
Ders.: Herkunft und Rassengeschichte der Germanen, München 1935
Ders.: Führeradel durch Sippenpflege. Vier Vorträge, München 1936
Hitler, A.: Mein Kampf, 9. Aufl., München 1941
Hofer, W. (Hg.): Der Nationalsozialismus. Dokumente 1933–1945, Frankfurt a. M. 1957
Jäckel, E.: Hitlers Weltanschauung. Entwurf einer Herrschaft, Tübingen 1969
Kudlien, F. (unter Mitarbeit von G. Baader, M. Gaspar, A. Haug, M. H. Kater, W. F. Kümmel, G. Lilienthal, K.-H. Roth, R. Winau): Ärzte im Nationalsozialismus, Köln 1985
Merkenschlager, F.: Götter, Helden und Günther. Eine Abwehr der Güntherschen Rassenkunde, Nürnberg o. J. (1927)
Mühlen, P. von zur: Rassenideologien. Geschichte und Hintergründe. Berlin und Bonn 1977, 2. Aufl. 1979
Müller-Hill, B.: Tödliche Wissenschaft. Die Aussonderung von Juden, Zigeunern und Geisteskranken 1933–1945, Reinbek bei Hamburg 1984
Poliakov, L./Wulf, J.: Das Dritte Reich und die Juden, Berlin 1955
Poliakov, L./Delacampagne, Ch./Girard, P.: Über den Rassismus. Sechzehn Kapitel zur Anatomie, Geschichte und Deutung des Rassenwahns, Stuttgart 1976

Saller, K.: Die Rassenlehre des Nationalsozialismus in Wissenschaft und Propaganda, Darmstadt 1961

Freuds Loblied auf das Kokain

Gross, F. (Hg.): Immanuel Kant. Sein Leben in Darstellungen von Zeitgenossen. Die Biographien von L. E. Borowski, R. B. Jachmann und A. Ch. Wasianski. 1804; Berlin 1912
Jones, E.: Das Leben und Werk von Sigmund Freud, 3 Bde. (aus dem Englischen von K. Jones), Bern und Stuttgart 1960–1962
Mannoni, O.: Sigmund Freud in Selbstzeugnissen und Bilddokumenten, Reinbek bei Hamburg 1971
Prause, G.: Genies ganz privat. Tratschkes aktuelle Weltgeschichten, Düsseldorf und Wien 1975
Scheidt, J. v.: Sigmund Freud und das Kokain, in: Psyche 27, 385–430, 1973
Täschner, K.-L./Richtenberg, W.: Kokain-Report (Akademische Verlagsgesellschaft), Wiesbaden 1982

Fruchtbare Irrtümer

Copernicus, N.: Commentariolus, hg. von F. Roßmann, München 1948
Copernicus, N.: Über die Kreisbewegungen der Weltkörper. Erstes Buch. Zweisprachige Ausgabe, hg. von G. Klaus, Berlin 1959
Dijksterhuis, E. J.: Die Mechanisierung des Weltbildes, Berlin, Göttingen und Heidelberg 1956
Edwards, H. M.: Fermat's Last Theorem, in: Scientific American, Oktober 1978, S. 104–122
Hallam, A.: A Revolution in the Earth Sciences, Oxford 1973
Hemleben, J.: Johannes Kepler in Selbstzeugnissen und Bilddokumenten, Reinbek bei Hamburg 1971
Hoppe, E.: Geschichte der Physik, Braunschweig 1926
Hoppe, J.: Johannes Kepler, Leipzig 1978
Kepler, J.: Neue Astronomie. Übers. von M. Caspar, München und Berlin 1929
Mason, S. F.: Geschichte der Naturwissenschaften in der Entwicklung ihrer Denkweisen, Stuttgart 1961
Multhauf, R. P.: The Origins of Chemistry, New York 1967
Runcorn, K. K. (Hg.): Continental Drift, London 1962
Ströker, E.: Denkwege der Chemie. Elemente ihrer Wissenschaftstheorie, Freiburg und München 1967
Strube, I.: Der Beitrag G. E. Stahls (1659–1734) zur Entwicklung der Chemie, Inaugural-Dissertation, Leipzig 1961

Takeuchi, H./Uyeda, S./Kanamori, H.: Debate about the Earth, San Francisco 1967
Vening Meinesz, F. A.: The Earth's Crust and Mantle, New York 1964
Zinner, E.: Astronomie, Geschichte ihrer Probleme, Freiburg und München 1966

Sünden wider die Methodik

Bacon, F.: Novum organon, London 1620
Brand, H. W.: Die Legende von den »geheimen Verführern«, Weinheim und Basel 1978
Einstein, A.: Zur Elektrodynamik bewegter Körper, in: Annalen der Physik, Bd. 17 (1905), S. 891–921
Ellenberger, H. F.: The Discovery of the Unconscious, New York 1970
Frost, W.: Bacon und die Naturphilosophie, München 1927
Hall, A. R.: Die Geburt der naturwissenschaftlichen Methode, Gütersloh 1965
Heath, D. D.: The Works of Francis Bacon, London 1887–1892
Mauthner, F.: Aristoteles, Berlin 1904
Mitscherlich, A.: Der Kampf um die Erinnerung, München und Zürich 1975
Rossi, P.: Francesco Bacone; Dalla magica alla scienza, Bari 1957

Von Autorität verführt

Allen, L.: Polywater: Ideal Research Topic, in: Science, Nr. 169 (1970), S. 718
Allen, L.: The Rise and Fall of Polywater, in: New Scientist, 16.8.1973, S. 376–380
Forrester, J. W.: Der teuflische Regelkreis, Stuttgart 1971
Helmer, O.: Fünfzig Jahre Zukunft, Hamburg 1966
Hildebrand, J. H.: Polywater Is Hard To Swallow, in: Science, Nr. 168 (1970), S. 1397
Meadows, Dennis/Meadows, Donella/Zahn, E./Milling, P.: The Limits to Growth, New York 1972

Untergang im Meer des Rauschens

Boughn, S.: Detecting Gravitational Waves, in: American Scientist, Nr. 68 (1980), S. 174–183
Holcomb, R. W.: Quarks Down Under, in: Science, Nr. 168 (1969), S. 1397
Logan, J. L.: Gravitational Waves – Progress Report, in: Physics Today, Nr. 44 (März 1973)
Polanyi, M.: Personal Knowledge, London 1958
Santayana, G.: Reason in Science, New York 1962

Wie gut ist eine Theorie?

Gell-Mann, M.: In: Physics Today, Mai 1971
Körner, S.: Experience and Theory, London 1966
Popper, K. R.: Logik der Forschung, Tübingen 1973

Kapriziöse Statistik

Cox, W. E.: Can Wishing Affect Weather, in: Wood, I. J.: The Scientist Speculates, London, Melbourne und Toronto 1962
Reichmann, W. J.: Use and Abuse of Statistics, London 1961
Sternglass, E. J.: Infant Mortality and Nuclear Tests, in: Bulletin of the Atomic Scientist, Nr. 18 (April 1969)

Wenn sich der Geist trübt

Gardner, M.: Fads and Fallacies, New York 1952
Reich, W.: Listen Little Man, New York 1948
Seabrook, W.: Dr. Wood, Modern Wizard of the Laboratory, London 1941

Beim Probealarm versagt

Cicerone, R. J.: Stratospheric Ozone Destruction by Man-Made Cloro-fluoromethans, in: Science, Nr. 185 (1974), S. 1165 ff.
Koch, E. R.: Die Lage der Nation 85/86, Hamburg 1985
N. N.: Ozone Controversy (Briefe & Bibliographie), in: Science, Nr. 191 (1976), S. 1124 ff.
Simon, C.: Lower Estimates for Ozone Decrease, in: Science News, Nr. 125 (1984), S. 134
N. N.: Ozone; the Crisis that wasn't, in: Science Digest, Nr. 92 (1984), S. 30

Ideologie verstellt den Blick

Bracewell, R. N.: The Galactic Club, Stanford 1974
Ditfurth, H. v.: Zusammenhänge, Hamburg 1974
Eigen, M./Winkler, R.: Das Spiel, München und Zürich 1975
Fuchs, W. R.: Leben unter fernen Sternen, München und Zürich 1973
Monod, J.: Zufall und Notwendigkeit, München 1971
O'Neill, G. K.: The High Frontier, New York 1977
Sagan, C.: The Dragons of Eden, New York 1977

Register